EL GRAN LIBRO DEL

CUERPO HUMANO

EL GRAN LIBRO DEL

CUERPO HUMANO

ANATOMÍA · FISIOLOGÍA · SALUD

Proyecto y realización
Parramón Ediciones, S.A.

Dirección editorial
Lluís Borràs

Ayudante de edición
Cristina Vilella

Textos
Adolfo Cassan

Diseño gráfico y maquetación
Estudi Toni Inglés

Fotografías
**AGE Fotostock, Archivo Parramón, Getty Images,
Manel Clemente, Prisma**

Ilustraciones
Archivo Parramón, Marcel Socías

Dirección de producción
Rafael Marfil

Producción
Manel Sánchez

Preimpresión
Pacmer, S.A.

Segunda edición: octubre 2007

El Gran Libro del Cuerpo Humano
ISBN: 978-84-342-2868-9

Depósito Legal: V-3.707-2007

Impreso en España
© Parramón Ediciones, S.A. - 2006
Ronda de Sant Pere, 5, 4ª planta
08010 Barcelona (España)
Empresa del Grupo Editorial Norma de América Latina

www.parramon.com

Presentación

El Gran Libro del Cuerpo Humano es una obra de la máxima utilidad para conocer los aspectos fundamentales de nuestro organismo, teniendo en cuenta que es más complejo que el más sofisticado de los ingenios diseñados por el hombre: cómo está formado y cómo funciona, cuáles son sus componentes y estructuras básicas y cuáles son los mecanismos que nos permiten desarrollar una vida autónoma y relacionarnos con el mundo que nos rodea.

Para facilitar la exposición, y aunque el cuerpo humano siempre debe considerarse como un todo, se ha optado por ofrecer una visión didáctica que lo divide en diferentes sistemas orgánicos. Cada apartado consta de múltiples láminas y figuras, algunas más anatómicas y otras eminentemente esquemáticas, pero siempre rigurosas, complementadas con textos explicativos donde se exponen los principales conceptos de la anatomía y la fisiología. A ello se suma un índice alfabético exhaustivo que permite localizar con facilidad las cuestiones de interés.

Al emprender esta edición nos marcamos como objetivo ofrecer una obra completa, clara y asequible para toda la familia, pero de una absoluta seriedad científica. Esperamos que los lectores consideren cumplido nuestro propósito.

Sumario

Introducción

Suele afirmarse que el cuerpo humano es infinitamente más complejo que la máquina más compleja que se pueda construir. Y no es una afirmación gratuita: es, pura y simplemente, una evidencia, pues no hay aparato que pueda asemejarse al prodigio de nuestro cuerpo. A diferencia de cualquier ingenio artificial, nuestro organismo se forma, crece y se regenera de manera autónoma, mantiene un constante intercambio con el medio externo, del que obtiene cuanto necesita para la supervivencia y se adapta sin cesar a los constantes cambios que acontecen en su entorno. Para ello, cuenta con millones de millones de componentes que están interrelacionados a la perfección.

Células y tejidos

El cuerpo humano está formado por una enorme cantidad de células, las unidades básicas de todo ser vivo. Se calcula que el organismo de una persona adulta cuenta con más de doscientos billones de células, que tienen unos elementos básicos semejantes pero presentan diversas formas y están capacitadas para desarrollar distintas funciones específicas. Estas células diferenciadas no se disponen de forma anárquica sino que, según sus características, están agrupadas, en ocasiones combinadas con materias inertes como sales minerales o fibras producidas por ellas mismas, formando tejidos.

En el cuerpo hay básicamente cuatro tipos de tejidos, cada uno encargado de cumplir misiones particulares: el tejido epitelial, cuyas funciones más importantes son las de revestimiento y la de secreción; el tejido conjuntivo, compuesto por células de distinto tipo entre las cuales hay interpuestas sustancias de consistencia variable así como fibras de naturaleza proteica, cuya función más importante estriba en proporcionar sostén a las estructuras corporales; el tejido muscular, formado por células alargadas que son capaces de contraerse ante un estímulo y luego recuperar sus dimensiones iniciales, encargado de proporcionar movilidad al cuerpo y sus estructuras internas, y el tejido nervioso, constituido por unas células capaces tanto de recibir como de generar estímulos y de transmitir en forma de impulsos eléctricos informaciones que rigen la actividad de músculos y glándulas o realizar las funciones intelectuales superiores.

La especialización de algunas células y la combinación de diferentes tejidos da lugar a la formación de órganos específicos, es decir, unidades estructurales encargadas de desempeñar tareas específicas, como la piel, el estómago, el hígado, los pulmones o el corazón.

Órganos

Cada órgano tiene una forma precisa, una situación particular y una misión concreta; algunos son sólidos y otros corresponden a conductos huecos, aunque todos están compuestos por varios tejidos elementales. Algunos órganos cuentan con tejidos que no están presentes en ninguna otra parte del cuerpo, como ocurre con la epidermis, que es la capa superficial de la piel, o bien con el tejido óseo, que es el principal componente de los huesos. En cambio, hay órganos muy diferentes cuyas propiedades dependen de la presencia de un mismo tejido: los numerosos músculos del cuerpo, el corazón y diversas vísceras huecas, por ejemplo, pueden contraerse y relajarse porque disponen de tejido muscular. Lo que caracteriza a los órganos, más que su constitución anatómica, por lo tanto, es su función, porque cada uno desarrolla una actividad específica que resulta indispensable para el conjunto.

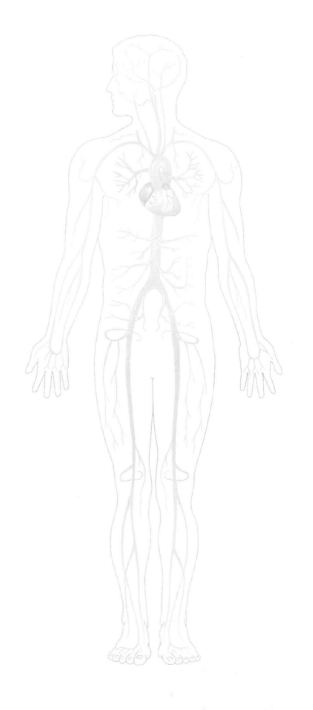

Aparatos y sistemas orgánicos

Algunos órganos desempeñan por sí mismos unas funciones concretas, como la piel que recubre todo nuestro cuerpo y proporciona protección a las estructuras internas, aunque tiene otros destacados cometidos. Sin embargo, hay numerosos órganos que sólo pueden desarrollar sus actividades en combinación con otros íntimamente relacionados y que, en conjunto, constituyen una unidad funcional: un aparato o sistema.

En realidad, si bien los términos "aparato" y "sistema" se emplean como sinónimos, los diferencian algunos matices. Así pues, se habla de aparato cuando el conjunto de órganos integrantes está formado por distintos tejidos: por ejemplo, el aparato digestivo está compuesto entre otros por órganos tan dispares como la boca, el estómago y el hígado; el aparato respiratorio está formado, entre otros órganos, por la nariz, la laringe, los bronquios y los pulmones, y el aparato circulatorio está compuesto por el corazón, las arterias y las venas. En cambio, se habla de sistema cuando todos los componentes están constituidos por un mismo tejido: por ejemplo, el sistema nervioso consta básicamente de tejido nervioso; el sistema óseo y el sistema muscular en esencia están compuestos respectivamente por tejido óseo y tejido muscular,

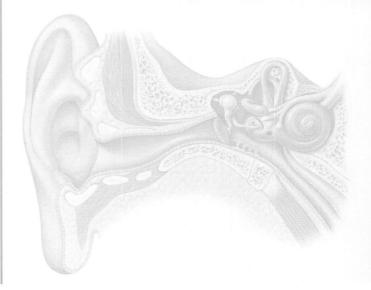

aunque ambos forman parte del aparato locomotor, y el sistema endocrino está integrado por diferentes órganos glandulares que secretan hormonas a la sangre.

Todos los aparatos y sistemas, sin embargo, están relacionados entre sí y las funciones de cada uno de ellos sólo pueden desarrollarse plenamente en dependencia con los otros: todos son necesarios para conformar un organismo autónomo. Así pues, limitándonos a los aparatos y sistemas ya mencionados, el aparato digestivo se encarga de la nutrición y el aparato respiratorio nos permite obtener oxígeno del medio ambiente, mientras que el sistema circulatorio hace posible que llegue la sangre cargada de nutrientes y oxígeno a todos los tejidos, el aparato locomotor nos permite los movimientos requeridos para la vida cotidiana y el sistema respiratorio, junto con el sistema endocrino, regulan toda la actividad corporal. Pero tan importantes como los descritos son muchos otros órganos: los de los sentidos, los del aparato urinario, los que participan en la reproducción...

A continuación se describen sucintamente tanto los componentes de las células como los diferentes sectores del cuerpo humano, y luego se exponen extensamente los principales conceptos de la anatomía y la fisiología de los diversos aparatos y sistemas del cuerpo humano.

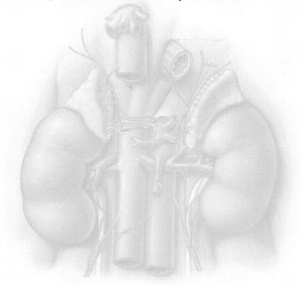

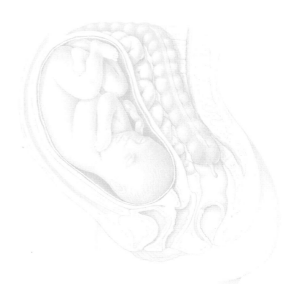

Célula
y cromosomas

La célula es la unidad estructural básica de todo ser vivo
y constituye el componente esencial de nuestro organismo: cuenta con
los elementos indispensables para efectuar los oportunos intercambios
con el medio externo destinados a obtener cuanto necesita para
mantener su integridad y también con los elementos precisos para
reproducirse, los cromosomas.

Componentes de la célula humana

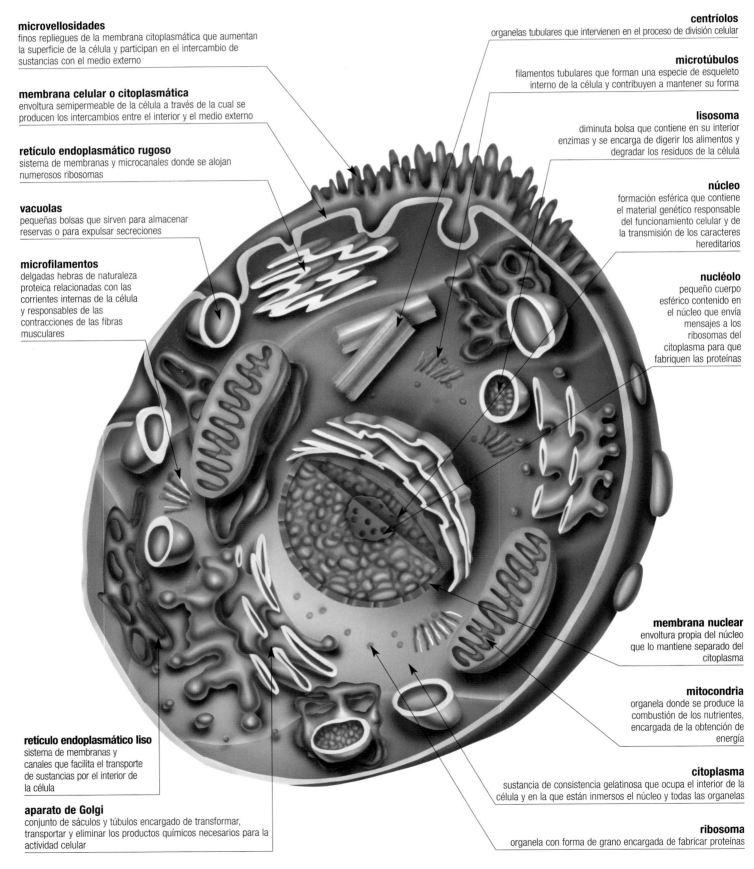

microvellosidades
finos repliegues de la membrana citoplasmática que aumentan
la superficie de la célula y participan en el intercambio de
sustancias con el medio externo

membrana celular o citoplasmática
envoltura semipermeable de la célula a través de la cual se
producen los intercambios entre el interior y el medio externo

retículo endoplasmático rugoso
sistema de membranas y microcanales donde se alojan
numerosos ribosomas

vacuolas
pequeñas bolsas que sirven para almacenar
reservas o para expulsar secreciones

microfilamentos
delgadas hebras de naturaleza
proteica relacionadas con las
corrientes internas de la célula
y responsables de las
contracciones de las fibras
musculares

retículo endoplasmático liso
sistema de membranas y
canales que facilita el transporte
de sustancias por el interior de
la célula

aparato de Golgi
conjunto de sáculos y túbulos encargado de transformar,
transportar y eliminar los productos químicos necesarios para la
actividad celular

centríolos
organelas tubulares que intervienen en el proceso de división celular

microtúbulos
filamentos tubulares que forman una especie de esqueleto
interno de la célula y contribuyen a mantener su forma

lisosoma
diminuta bolsa que contiene en su interior
enzimas y se encarga de digerir los alimentos y
degradar los residuos de la célula

núcleo
formación esférica que contiene
el material genético responsable
del funcionamiento celular y de
la transmisión de los caracteres
hereditarios

nucléolo
pequeño cuerpo
esférico contenido en
el núcleo que envía
mensajes a los
ribosomas del
citoplasma para que
fabriquen las proteínas

membrana nuclear
envoltura propia del núcleo
que lo mantiene separado del
citoplasma

mitocondria
organela donde se produce la
combustión de los nutrientes,
encargada de la obtención de
energía

citoplasma
sustancia de consistencia gelatinosa que ocupa el interior de la
célula y en la que están inmersos el núcleo y todas las organelas

ribosoma
organela con forma de grano encargada de fabricar proteínas

ADN, cromosomas y genes

Toda la información que rige el desarrollo y la actividad del organismo está almacenada en el ácido desoxirribonucleico (ADN) que constituye los cromosomas presentes en el núcleo de las células y sus unidades funcionales básicas, los genes. El ADN está formado por dos largas cadenas macromoleculares paralelas y enroscadas entre sí a modo de doble hélice, compuestas por tres elementos básicos: moléculas de fosfatos, moléculas de un azúcar tipo pentosa denominado desoxirribosa, y bases nitrogenadas de cuatro tipos, llamadas adenina, guanina, timina y citosina. Cada cadena está constituida por una sucesión de eslabones elementales conocidos como nucleótidos: unos puentes de hidrógeno enlazan las bases nitrogenadas de uno y otro filamento, de modo que la doble hélice de ADN presenta una estructura semejante a una escalera de caracol.

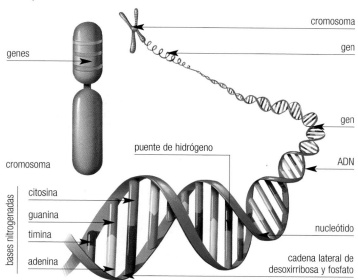

Replicación del ADN

La división de todas las células del organismo, excepto las células germinales, está precedida por la duplicación del material cromosómico, pues cada una de las células hijas debe recibir una copia exacta del ADN de la célula madre. En este proceso, llamado replicación, las dos cadenas del ADN se separan y, gracias a la acción de una enzima específica, junto a cada una de las dos cadenas se forma una nueva cadena complementaria: cada cadena original sirve como "molde" para una cadena nueva que, dada la estricta correspondencia entre unas y otras bases nitrogenadas (sólo son posibles las uniones entre adenina y timina o entre citosina y guanina), resulta complementaria a la misma. De este modo, se reconstituyen dos macromoléculas de ADN idénticas, cada una compuesta por una cadena original y una cadena nueva.

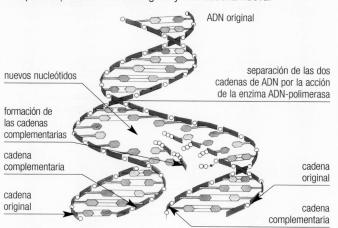

Estructura de los cromosomas

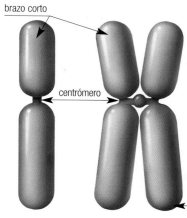

Aunque hay cromosomas de diferente tamaño, todos tienen una forma semejante: un diminuto bastoncillo con una constricción, el centrómero, que lo divide en dos brazos por lo común de desigual longitud. Sin embargo, la imagen típica de los cromosomas corresponde a un estadio del proceso de división celular en que el ADN ya se ha duplicado, momento en que semejan una X, con dos brazos cortos y dos brazos largos.

Dotación cromosómica

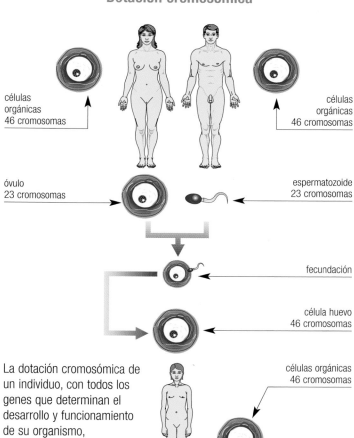

La dotación cromosómica de un individuo, con todos los genes que determinan el desarrollo y funcionamiento de su organismo, corresponde a la suma de los cromosomas del óvulo materno y el espermatozoide paterno que se unen en el momento de la fecundación.

Esto es posible porque, a diferencia de las demás células del organismo humano, que cuentan con 46 cromosomas, los gametos sólo disponen de 23 cromosomas: precisamente, la fusión de un óvulo y un espermatozoide da origen a una célula huevo con 46 cromosomas (23 pares de cromosomas homólogos), de cuyas sucesivas divisiones surge un embrión formado por células que tienen idéntica dotación cromosómica. Así pues, todo individuo recibe una mitad de sus cromosomas de la madre, y la otra, del padre.

Genes
y herencia

Los genes, las unidades funcionales de los cromosomas, son los elementos encargados de transmitir a la descendencia toda la información necesaria para el desarrollo de nuevos seres: una información que constituye la base de la herencia y pasa de generación en generación, posibilita la continuidad de las especies y, al mismo tiempo, determina que cada individuo tenga unos rasgos propios, únicos e irrepetibles.

Código genético

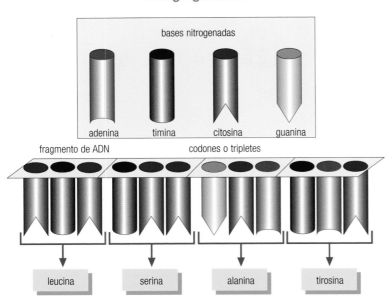

bases nitrogenadas

adenina | timina | citosina | guanina

fragmento de ADN   codones o tripletes

leucina | serina | alanina | tirosina

aminoácidos codificados

Los genes codifican la información requerida para la síntesis de proteínas, constituidas por una combinación específica de aminoácidos. Todos los compuestos proteicos, aunque existen miles distintos, están formados por la combinación de veinte aminoácidos diferentes, y precisamente tal combinación es la que se encuentra codificada en los genes. Aunque a primera vista parece algo muy complejo, en realidad el mecanismo que rige el código genético es bastante sencillo: se basa en la secuencia de las bases nitrogenadas que constituyen los fragmentos de ADN correspondientes a los diversos genes.

Los cuatro tipos de bases nitrogenadas forman una especie de alfabeto cuya lectura se realiza considerando grupos de tres: cada triplete, o codón, codifica un aminoácido, y la sucesión de tripletes determina la composición de la cadena polipeptídica. Este código genético es idéntico en todas las especies vivientes, universal.

Genes dominantes y recesivos

Cada persona recibe la mitad de su dotación genética de cada progenitor y, por lo tanto, dos unidades de cada gen. Cada gen, pues, está presente en cada uno de los dos cromosomas homólogos y situado en un lugar específico, denominado *locus*. Sin embargo, cabe destacar que hay genes que, aunque su misión es la misma, presentan variantes, denominadas alelos. Por ejemplo, el gen que determina el color de los ojos tiene variantes responsables de que el iris adopte una tonalidad azul o una tonalidad marrón. Y, a veces, la información contenida en un alelo se impone sobre la contenida en el otro: el primero se denomina entonces "dominante", mientras que el segundo se llama "recesivo".

Así, no todos los genes necesariamente se expresan: algunos son dominantes y su presencia en un solo cromosoma del par homólogo basta para que se expresen, mientras que otros son recesivos y únicamente se expresan cuando la misma versión está presente en ambos cromosomas del par. En el ejemplo, el alelo del color marrón de los ojos es dominante, por lo que basta con que esté presente en un solo cromosoma para que se imponga, mientras que el del color azul es recesivo, y por tanto sólo se manifestará cuando la misma versión del gen esté presente en los dos cromosomas homólogos.

Herencia del color de los ojos

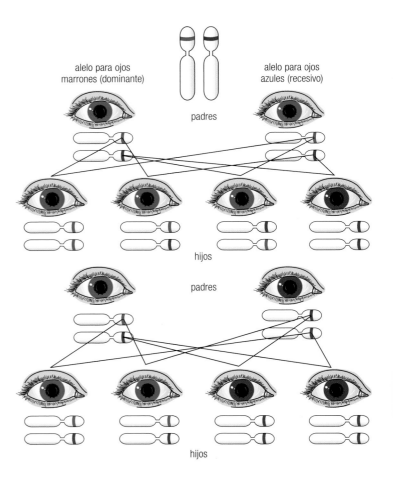

alelo para ojos marrones (dominante)

alelo para ojos azules (recesivo)

padres

hijos

padres

hijos

Todas las células del organismo humano poseen 46 cromosomas, a excepción de los gametos, óvulos y espematozoides, que sólo cuentan con la mitad. Tomando en consideración su forma y tamaño, se considera que en realidad se trata de 23 pares de cromosomas homólogos, es decir, semejantes o equivalentes. En 22 de estos pares de cromosomas homólogos, denominados autosomas, ambos componentes son idénticos entre sí en todos los individuos. En cambio, los cromosomas que constituyen el par restante, denominados cromosomas sexuales, difieren en las personas de uno y otro sexo: en las hembras, este par está compuesto por dos cromosomas X, iguales entre sí, mientras que en los varones está compuesto por un cromosoma X y otro designado como cromosoma Y. La transmisión de las características anatómicas y fisiológicas de los padres a la descendencia, tanto los rasgos normales como los patológicos, se rige por unas estrictas leyes que dependen tanto de la ubicación de los genes como de si éstos son dominantes o recesivos.

Tipos de herencia autosómica

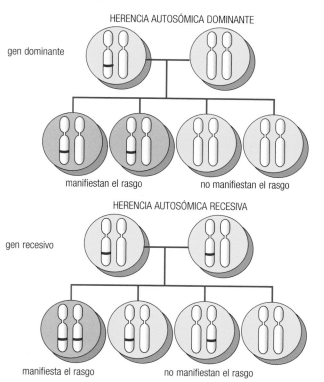

Se habla de herencia autosómica dominante cuando un rasgo o una enfermedad depende de la presencia de un gen dominante en un cromosoma tipo autosoma: basta con que se reciba de un solo progenitor para que se exprese, ya que el gen recesivo se eclipsa ante el dominante. En cambio, se habla de herencia autosómica recesiva cuando un rasgo o una enfermedad depende de la presencia de un gen recesivo en los dos cromosomas constituyentes de un par: para que se exprese, es preciso que dicho gen sea transmitido tanto por el padre como por la madre.

Herencia ligada al cromosoma Y

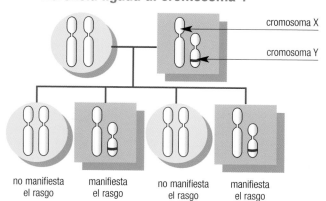

En la herencia ligada al cromosoma Y, el rasgo o la enfermedad se manifestará siempre y únicamente en el hombre, puesto que este cromosoma sexual está ausente en la dotación cromosómica de la mujer.

Tipos de herencia ligada al cromosoma X

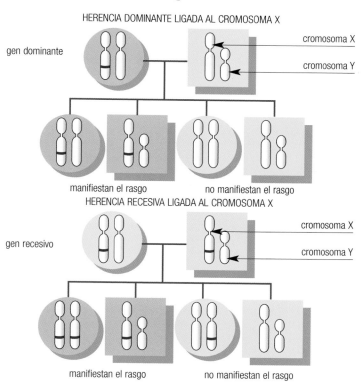

La herencia ligada al cromosoma X puede ser dominante o recesiva en el caso de la mujer, pero siempre es determinante en el hombre, porque éste cuenta con un solo cromosoma X.

El genoma humano

Se denomina genoma a la dotación completa de genes de una especie. Gracias a un esfuerzo titánico realizado por un amplio grupo de investigadores, ya se ha podido descifrar el genoma del ser humano, tras analizar los aproximadamente 3,5 millones de pares de las bases nitrogenadas contenidas en los 46 cromosomas. El estudio, sin embargo, sólo ha permitido identificar alrededor de 35.000 genes encargados de codificar proteínas, lo que corresponde a una reducida parte del ADN cromosómico: el resto, por mecanismos hasta ahora poco esclarecidos, se encarga de modular la acción del conjunto. Gracias a ello, por ejemplo, es posible que en cada célula algunos genes se pongan en acción y otros se mantengan inactivos, condición básica para que las distintas células del organismo, aunque todas cuenten con la misma dotación genética, adopten una morfología y una función diferentes. Aunque ya se conoce mucho acerca del genoma humano, el funcionamiento del conjunto de la dotación cromosómica aún sigue siendo un misterio.

Las partes del cuerpo

El cuerpo humano está formado por diversos aparatos y sistemas orgánicos, cada uno adaptado para una función específica pero todos ellos interrelacionados, de tal modo que la actividad del conjunto, que nos permite mantener un adecuado grado de salud y disfrutar de la vida, se desarrolla de manera coordinada.

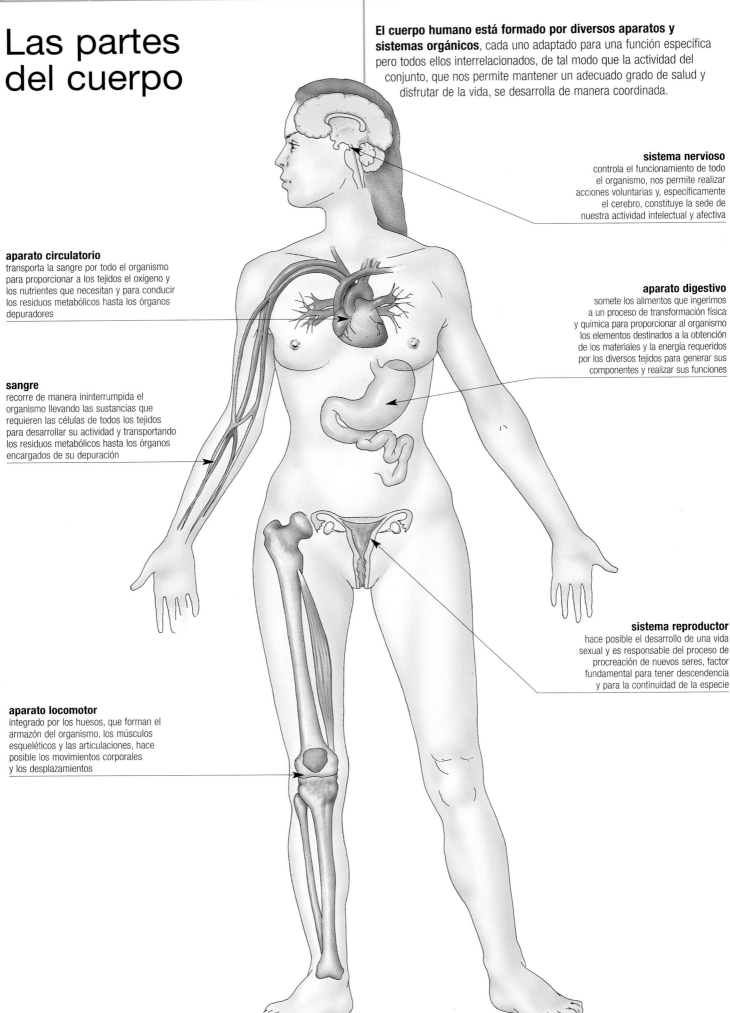

sistema nervioso
controla el funcionamiento de todo el organismo, nos permite realizar acciones voluntarias y, específicamente el cerebro, constituye la sede de nuestra actividad intelectual y afectiva

aparato circulatorio
transporta la sangre por todo el organismo para proporcionar a los tejidos el oxígeno y los nutrientes que necesitan y para conducir los residuos metabólicos hasta los órganos depuradores

aparato digestivo
somete los alimentos que ingerimos a un proceso de transformación física y química para proporcionar al organismo los elementos destinados a la obtención de los materiales y la energía requeridos por los diversos tejidos para generar sus componentes y realizar sus funciones

sangre
recorre de manera ininterrumpida el organismo llevando las sustancias que requieren las células de todos los tejidos para desarrollar su actividad y transportando los residuos metabólicos hasta los órganos encargados de su depuración

sistema reproductor
hace posible el desarrollo de una vida sexual y es responsable del proceso de procreación de nuevos seres, factor fundamental para tener descendencia y para la continuidad de la especie

aparato locomotor
integrado por los huesos, que forman el armazón del organismo, los músculos esqueléticos y las articulaciones, hace posible los movimientos corporales y los desplazamientos

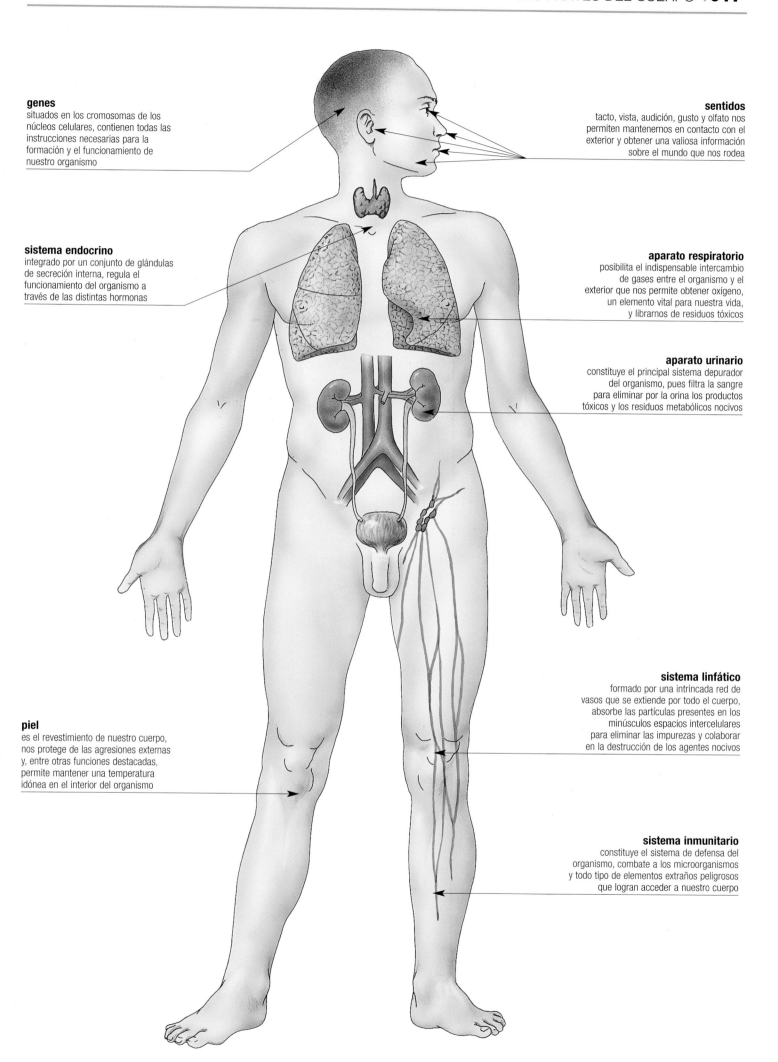

genes
situados en los cromosomas de los
núcleos celulares, contienen todas las
instrucciones necesarias para la
formación y el funcionamiento de
nuestro organismo

sentidos
tacto, vista, audición, gusto y olfato nos
permiten mantenernos en contacto con el
exterior y obtener una valiosa información
sobre el mundo que nos rodea

sistema endocrino
integrado por un conjunto de glándulas
de secreción interna, regula el
funcionamiento del organismo a
través de las distintas hormonas

aparato respiratorio
posibilita el indispensable intercambio
de gases entre el organismo y el
exterior que nos permite obtener oxígeno,
un elemento vital para nuestra vida,
y librarnos de residuos tóxicos

aparato urinario
constituye el principal sistema depurador
del organismo, pues filtra la sangre
para eliminar por la orina los productos
tóxicos y los residuos metabólicos nocivos

sistema linfático
formado por una intrincada red de
vasos que se extiende por todo el cuerpo,
absorbe las partículas presentes en los
minúsculos espacios intercelulares
para eliminar las impurezas y colaborar
en la destrucción de los agentes nocivos

piel
es el revestimiento de nuestro cuerpo,
nos protege de las agresiones externas
y, entre otras funciones destacadas,
permite mantener una temperatura
idónea en el interior del organismo

sistema inmunitario
constituye el sistema de defensa del
organismo, combate a los microorganismos
y todo tipo de elementos extraños peligrosos
que logran acceder a nuestro cuerpo

Los huesos

Los huesos son unas piezas duras y resistentes, de forma muy diversa y tamaño variado, que constituyen el armazón de nuestro cuerpo, proporcionan protección a los órganos vitales y hacen posibles los movimientos corporales, por lo que son componentes esenciales del aparato locomotor.

Tejido óseo

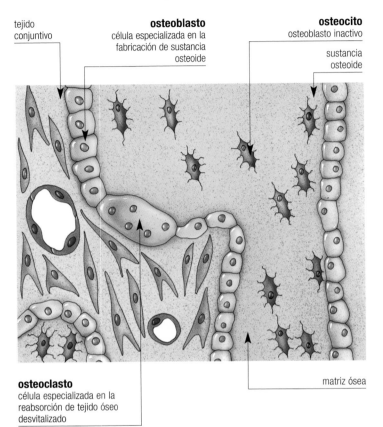

tejido conjuntivo

osteoblasto
célula especializada en la fabricación de sustancia osteoide

osteocito
osteoblasto inactivo

sustancia osteoide

osteoclasto
célula especializada en la reabsorción de tejido óseo desvitalizado

matriz ósea

Los huesos están formados por tejido óseo, un tejido vivo que mantiene, durante toda la vida, una constante actividad. El tejido óseo está compuesto por una matriz integrada por células, fibras colágenas y una sustancia amorfa sobre la cual se depositan calcio y fósforo, minerales que proporcionan su típica dureza a los huesos. Este tejido cuenta con unas células especializadas que, bajo la influencia de diversas hormonas, remodelan los huesos a lo largo del tiempo: unas reabsorben el tejido desvitalizado y otras elaboran material nuevo.

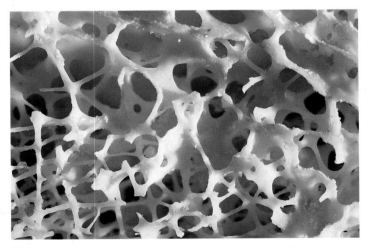

Visión microscópica del interior del hueso: pueden apreciarse con claridad las características trabéculas del tejido óseo, que forman arcos semejantes a los de una catedral.

Funciones de los huesos

■ Son el armazón del organismo, determinan su forma y tamaño.

■ Unidos a músculos y tendones, que usan los huesos como palancas para efectuar movimientos, nos permiten mantener una posición, caminar y realizar todo tipo de gestos.

■ Protegen ciertas partes del cuerpo, sobre todo órganos blandos y vulnerables.

■ Son una importante reserva orgánica de minerales como el calcio y el fósforo.

■ Contienen la médula ósea que fabrica las células de la sangre.

Esquema tridimensional de la estructura del hueso

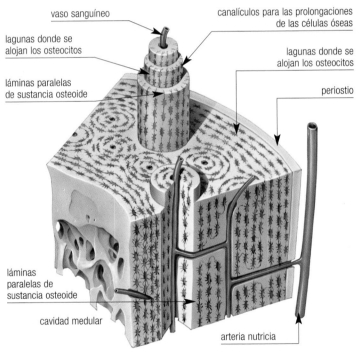

vaso sanguíneo

canalículos para las prolongaciones de las células óseas

lagunas donde se alojan los osteocitos

lagunas donde se alojan los osteocitos

láminas paralelas de sustancia osteoide

periostio

láminas paralelas de sustancia osteoide

cavidad medular

arteria nutricia

La sustancia osteoide fabricada por los osteoblastos y sobre la que se depositan los minerales se dispone de manera muy particular. En la parte externa del hueso, rodeado por una capa de tejido resistente denominado periostio, las láminas óseas son concéntricas, se disponen alrededor de un conducto central por donde pasa un vaso sanguíneo y están atravesadas por múltiples canalículos que dejan pasar las ramificaciones del mismo. El conjunto, donde las láminas óseas están íntimamente adosadas entre sí, sin resquicios, forma una masa dura que proporciona resistencia al hueso y se denomina tejido óseo compacto. En cambio, en el interior del hueso las láminas óseas se disponen en trabéculas irregulares que dejan espacios libres entre sí, lo cual constituye un tejido óseo esponjoso, menos denso y de aspecto poroso.

Tipos de hueso

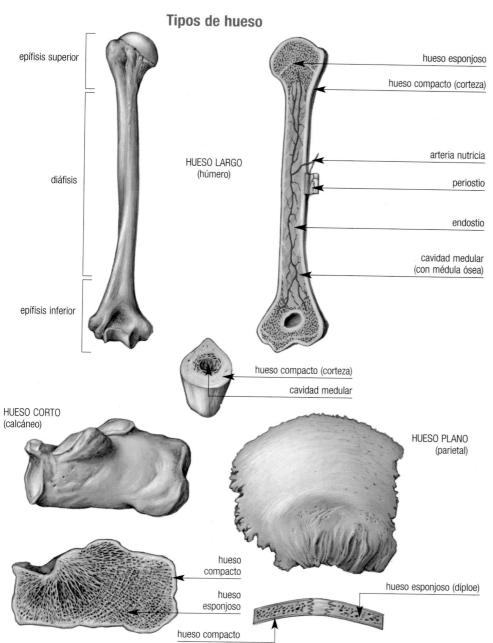

epífisis superior

diáfisis

HUESO LARGO
(húmero)

epífisis inferior

hueso esponjoso

hueso compacto (corteza)

arteria nutricia

periostio

endostio

cavidad medular
(con médula ósea)

hueso compacto (corteza)

cavidad medular

HUESO CORTO
(calcáneo)

HUESO PLANO
(parietal)

hueso
compacto

hueso
esponjoso

hueso compacto

hueso esponjoso (díploe)

Aunque todos los huesos están constituidos por tejido óseo y cada uno tiene una forma característica, se diferencian básicamente en tres tipos:

• **Huesos largos:** son cilíndricos, con un cuerpo central alargado, la **diáfisis**, y dos extremos, las **epífisis**, destinados a articularse con los huesos adyacentes. Están constituidos por una capa externa de tejido óseo compacto de varios milímetros de espesor, la **corteza**, recubierta por fuera por una membrana dura, el **periostio**, y tapizada por dentro por una membrana resistente, el **endostio**. Los extremos contienen un tejido óseo esponjoso cuyas trabéculas albergan la médula ósea roja donde se elaboran los componentes celulares de la sangre, mientras que en la diáfisis la capa externa delimita un espacio hueco, la cavidad medular, ocupado por médula ósea amarilla, que es inactiva.

• **Huesos planos:** de diversas formas y dimensiones, más o menos anchos, están constituidos por dos capas de tejido óseo compacto que delimitan un estrecho espacio ocupado por tejido óseo esponjoso, denominado en este caso díploe, en cuyas trabéculas alberga también médula ósea.

• **Huesos cortos:** de tamaño pequeño, cilíndricos o cúbicos, aunque su forma es variable, están constituidos por una delgada capa de tejido óseo compacto y rellenos de tejido óseo esponjoso trabecular, que en ocasiones alberga médula ósea.

Evolución de la masa ósea según el sexo y la edad

La formación de los huesos comienza en la gestación pero tarda mucho tiempo en completarse, pues el esqueleto completa su desarrollo hacia el final de la adolescencia. La masa ósea aumenta de manera progresiva durante la infancia y experimenta un notable incremento en la adolescencia. A partir de la tercera década de vida comienza a disminuir, aunque, en condiciones normales, los huesos siguen siendo suficientemente resistentes hasta edades avanzadas.

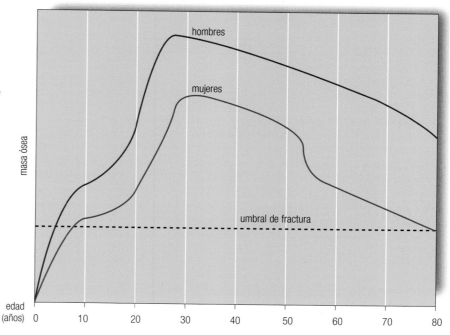

hombres

mujeres

umbral de fractura

masa ósea

edad
(años) 0   10   20   30   40   50   60   70   80

Huesos:
el esqueleto

El esqueleto humano está compuesto por 208 huesos dispuestos en estricta simetría, algunos de los cuales son únicos o impares, situados en la línea media, y muchos de ellos pares, situados a ambos lados del cuerpo, combinados todos de tal forma que constituyen la estructura de nuestro cuerpo.

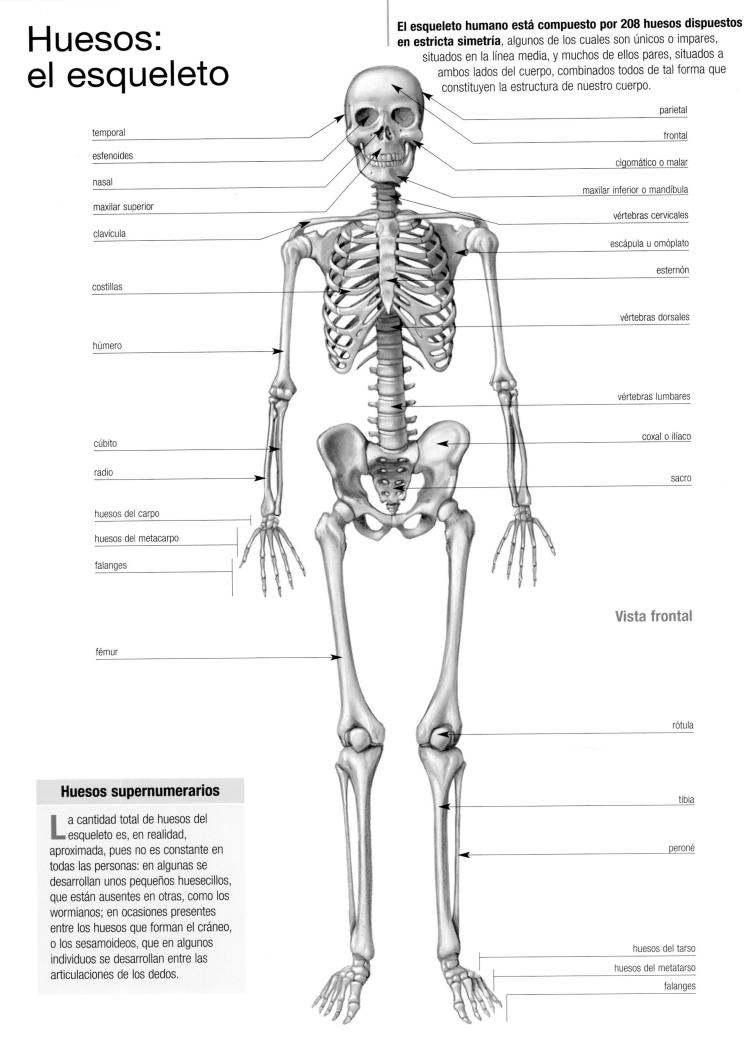

temporal

esfenoides

nasal

maxilar superior

clavícula

costillas

húmero

cúbito

radio

huesos del carpo

huesos del metacarpo

falanges

fémur

parietal

frontal

cigomático o malar

maxilar inferior o mandíbula

vértebras cervicales

escápula u omóplato

esternón

vértebras dorsales

vértebras lumbares

coxal o ilíaco

sacro

Vista frontal

rótula

tibia

peroné

huesos del tarso

huesos del metatarso

falanges

Huesos supernumerarios

La cantidad total de huesos del esqueleto es, en realidad, aproximada, pues no es constante en todas las personas: en algunas se desarrollan unos pequeños huesecillos, que están ausentes en otras, como los wormianos; en ocasiones presentes entre los huesos que forman el cráneo, o los sesamoideos, que en algunos individuos se desarrollan entre las articulaciones de los dedos.

Vista dorsal

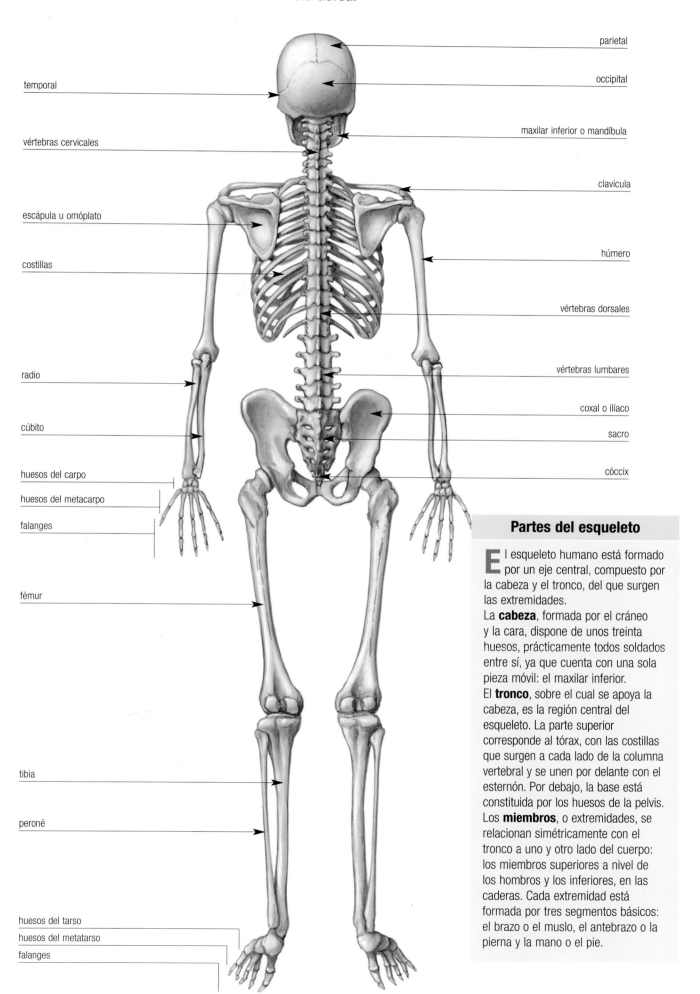

parietal

temporal

occipital

vértebras cervicales

maxilar inferior o mandíbula

clavícula

escápula u omóplato

costillas

húmero

vértebras dorsales

radio

vértebras lumbares

cúbito

coxal o ilíaco

sacro

huesos del carpo

cóccix

huesos del metacarpo

falanges

fémur

tibia

peroné

huesos del tarso

huesos del metatarso

falanges

Partes del esqueleto

El esqueleto humano está formado por un eje central, compuesto por la cabeza y el tronco, del que surgen las extremidades.

La **cabeza**, formada por el cráneo y la cara, dispone de unos treinta huesos, prácticamente todos soldados entre sí, ya que cuenta con una sola pieza móvil: el maxilar inferior.

El **tronco**, sobre el cual se apoya la cabeza, es la región central del esqueleto. La parte superior corresponde al tórax, con las costillas que surgen a cada lado de la columna vertebral y se unen por delante con el esternón. Por debajo, la base está constituida por los huesos de la pelvis.

Los **miembros**, o extremidades, se relacionan simétricamente con el tronco a uno y otro lado del cuerpo: los miembros superiores a nivel de los hombros y los inferiores, en las caderas. Cada extremidad está formada por tres segmentos básicos: el brazo o el muslo, el antebrazo o la pierna y la mano o el pie.

Los huesos de la cabeza

La cabeza está integrada por unos treinta huesos que forman dos partes diferenciadas: el cráneo, que corresponde a la parte superior y posterior, constituido por ocho huesos soldados entre sí que albergan el encéfalo, y la cara, que corresponde a la parte inferior y anterior, compuesta por diversos huesos recubiertos por músculos y donde se encuentra el inicio de los aparatos respiratorio y digestivo.

Cráneo

Vista frontal

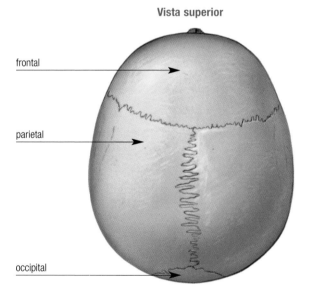

frontal
nasal
lacrimal
esfenoides
parietal
etmoides
vómer
cornetes
maxilar superior
maxilar inferior o mandíbula
cigomático o malar

Vista lateral

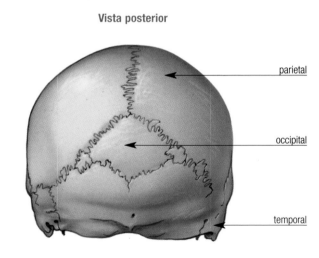

etmoides
frontal
esfenoides
parietal
nasal
temporal
occipital
cigomático o malar
maxilar superior
maxilar inferior o mandíbula

Vista superior

frontal
parietal
occipital

Vista posterior

parietal
occipital
temporal

Huesos del cráneo

- frontal (hueso impar)
- parietal (hueso par)
- temporal (hueso par)
- occipital (hueso impar)
- esfenoides (hueso impar)
- etmoides (hueso impar)

Huesos de la cara

- maxilar superior (hueso impar)
- maxilar inferior o mandíbula (hueso impar)
- cigomático o malar (hueso par)
- vómer (hueso impar)
- nasal o hueso propio de la nariz (hueso impar)
- cornete (hueso par)
- lacrimal o unguis (hueso par)
- palatino (hueso par)
- hioides (hueso par)
- yunque (hueso par)
- martillo (hueso par)
- estribo (hueso par)

Los huesos más pequeños

En la cabeza se encuentran los huesos más diminutos del cuerpo humano: el yunque, el martillo y el estribo, los huesecillos situados en el oído medio.

Huesos de la cabeza

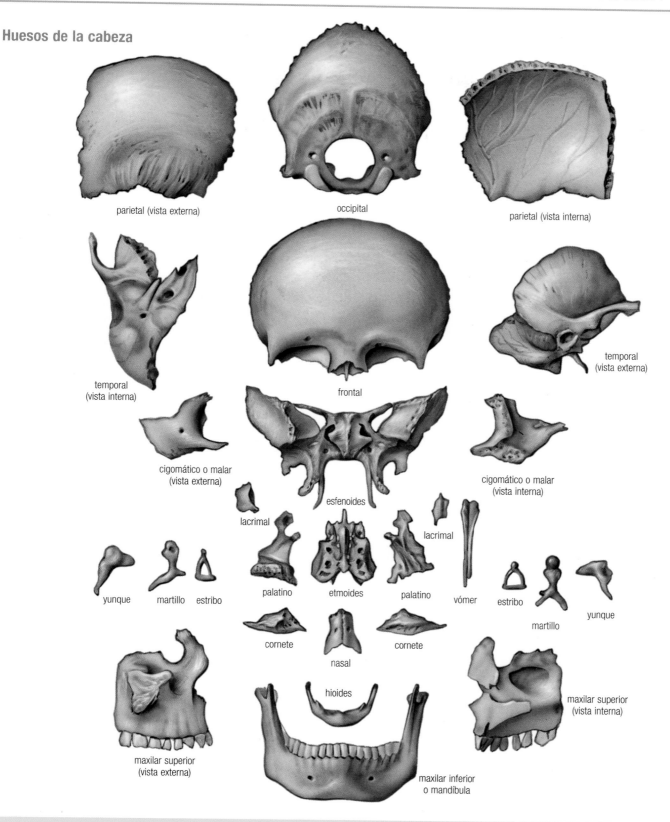

parietal (vista externa)

occipital

parietal (vista interna)

temporal
(vista interna)

frontal

temporal
(vista externa)

cigomático o malar
(vista externa)

cigomático o malar
(vista interna)

esfenoides

lacrimal

lacrimal

yunque   martillo   estribo

palatino   etmoides   palatino

vómer   estribo

yunque

martillo

cornete   cornete

nasal

hioides

maxilar superior
(vista interna)

maxilar superior
(vista externa)

maxilar inferior
o mandíbula

Crecimiento de la cabeza en relación con el cuerpo

Al nacer, la cabeza es notoriamente grande en relación con el tamaño del cuerpo: representa casi un tercio del total. De hecho, al final del embarazo, la cabeza es la porción del cuerpo más voluminosa, y por eso es la primera que sale al exterior en el momento del parto. Pero la relación pronto se modifica: al año de edad sólo corresponde a una cuarta parte, y ya en la edad adulta, a la octava parte.

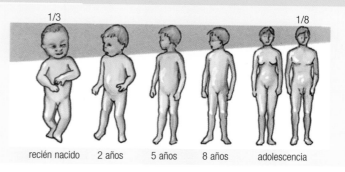

1/3

1/8

recién nacido   2 años   5 años   8 años   adolescencia

Los huesos del tronco

El esqueleto del tronco –que corresponde a la parte superior del cuerpo humano, en la cual se implantan la cabeza y los miembros– está formado por diversos elementos: la columna vertebral, las costillas, el esternón, los omóplatos o escápulas, las clavículas y los huesos ilíacos o coxales.

Columna vertebral

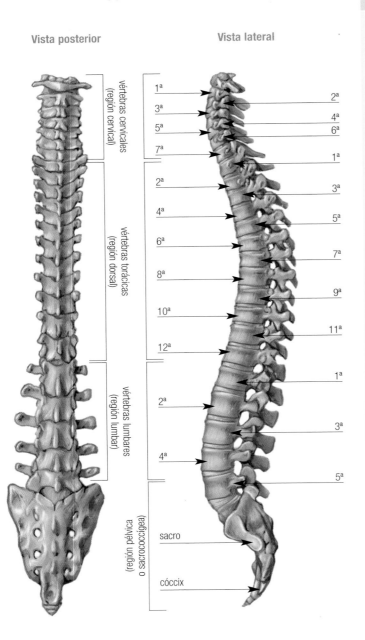

Vista posterior

Vista lateral

vértebras cervicales (región cervical)

1ª
2ª
3ª
4ª
5ª
6ª
7ª

vértebras torácicas (región dorsal)

1ª
2ª
3ª
4ª
5ª
6ª
7ª
8ª
9ª
10ª
11ª
12ª

vértebras lumbares (región lumbar)

1ª
2ª
3ª
4ª
5ª

(región pélvica o sacrococcígea)

sacro

cóccix

La columna vertebral se extiende a lo largo de toda la línea media de la espalda, desde la base del cráneo hasta la pelvis. Está compuesta por una serie de huesos superpuestos uno sobre otro, las vértebras. En total, hay 34 vértebras, aunque sólo las 24 superiores son huesos independientes, mientras que las últimas están fundidas y forman los huesos sacro y cóccix. La columna se divide de arriba abajo en cuatro sectores: la región cervical, que corresponde a la zona del cuello; la región torácica o dorsal, que corresponde a la zona del tórax; la región lumbar, que corresponde a la parte baja de la espalda; y la región sacrococcígea, formada por el sacro y el cóccix.

Vértebras

Son unos huesos de forma compleja: todas son diferentes entre sí pero con características comunes. Cada vértebra consta de una masa compacta, el cuerpo vertebral, y unas prolongaciones denominadas apófisis: las apófisis espinosas, que se dirigen hacia atrás, y las apófisis transversas y las articulares, que se orientan hacia los lados. Las apófisis están unida al cuerpo vertebral por unos pedículos óseos, de tal forma que queda conformado un agujero, el orificio vertebral, por donde discurre, a lo largo de toda la columna, la médula espinal.

Estructura de una vértebra: VI vértebra dorsal

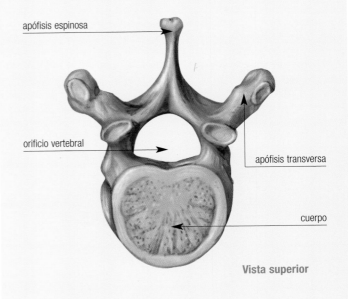

apófisis espinosa

orificio vertebral

apófisis transversa

cuerpo

Vista superior

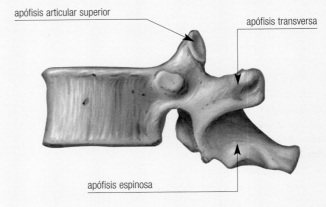

apófisis articular superior

apófisis transversa

apófisis espinosa

Vista lateral

Atlas y axis

L as dos primeras vértebras cervicales son tan especiales que tienen un nombre propio. La primera vértebra cervical se denomina atlas, en honor al mitológico titán que aguantaba el mundo sobre sus hombros: se articula con la base del cráneo, concretamente con el hueso occipital, de tal modo que se encarga de sostener la cabeza. La segunda vértebra cervical se llama axis y su principal peculiaridad es que cuenta en la parte superior con una eminencia vertical que sirve como eje en torno al cual puede girar el atlas, lo que permite girar la cabeza a uno y otro lado.

Atlas (vista superior)

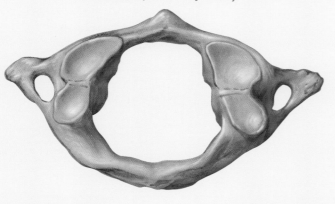

Axis (vista posterosuperior)

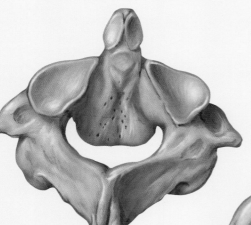

En la parte inferior del tronco se encuentran los ilíacos o coxales, dos huesos simétricos que están articulados entre sí por delante y con el sacro por detrás, de tal modo que queda formada una cavidad denominada pelvis. En realidad, cada hueso ilíaco está formado por tres huesos que se funden durante la etapa de crecimiento: el ilion, el isquion y el pubis, unido con el del otro lado en un punto conocido como sínfisis.

Huesos del tórax

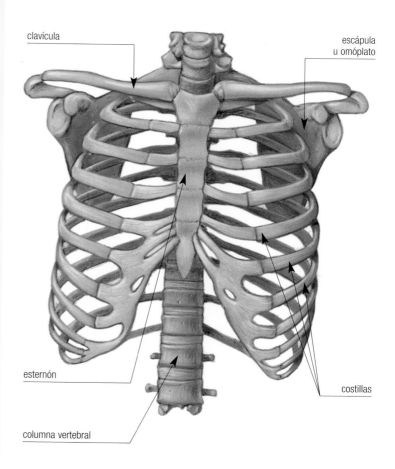

clavícula

escápula u omóplato

esternón

costillas

columna vertebral

Huesos de la pelvis

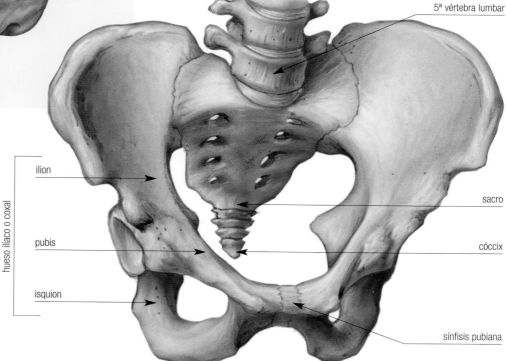

5ª vértebra lumbar

hueso ilíaco o coxal

ilion

pubis

isquion

sacro

cóccix

sínfisis pubiana

Los huesos del miembro superior

El esqueleto del miembro superior está constituido por un conjunto de elementos relacionados entre sí de manera muy particular: el único hueso del brazo, denominado húmero; los dos huesos del antebrazo, el cúbito y el radio, y los diversos huesos de la mano que forman el carpo, el metacarpo y los dedos.

Esqueleto del miembro superior

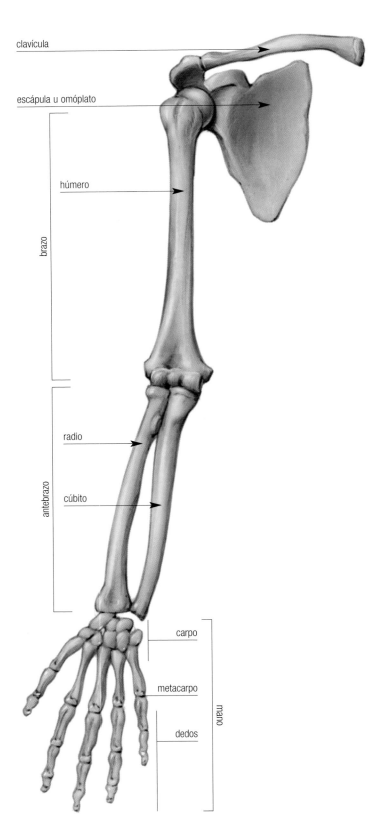

clavícula

escápula u omóplato

húmero

brazo

radio

cúbito

antebrazo

carpo

metacarpo

dedos

mano

Húmero

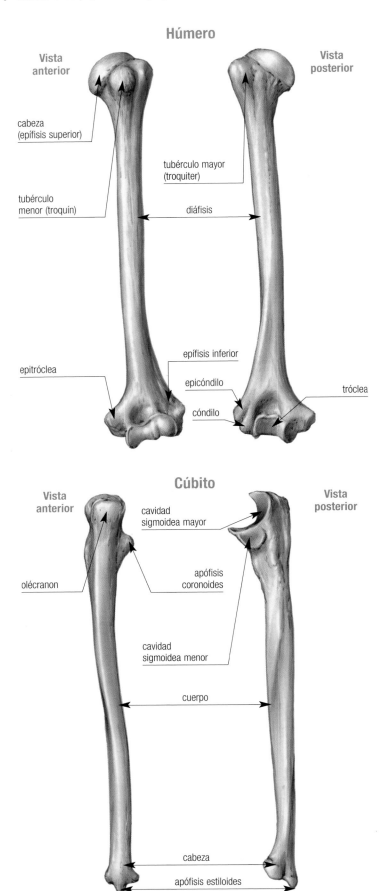

Vista anterior

Vista posterior

cabeza (epífisis superior)

tubérculo mayor (troquiter)

tubérculo menor (troquín)

diáfisis

epitróclea

epífisis inferior

epicóndilo

cóndilo

tróclea

Cúbito

Vista anterior

Vista posterior

cavidad sigmoidea mayor

apófisis coronoides

olécranon

cavidad sigmoidea menor

cuerpo

cabeza

apófisis estiloides

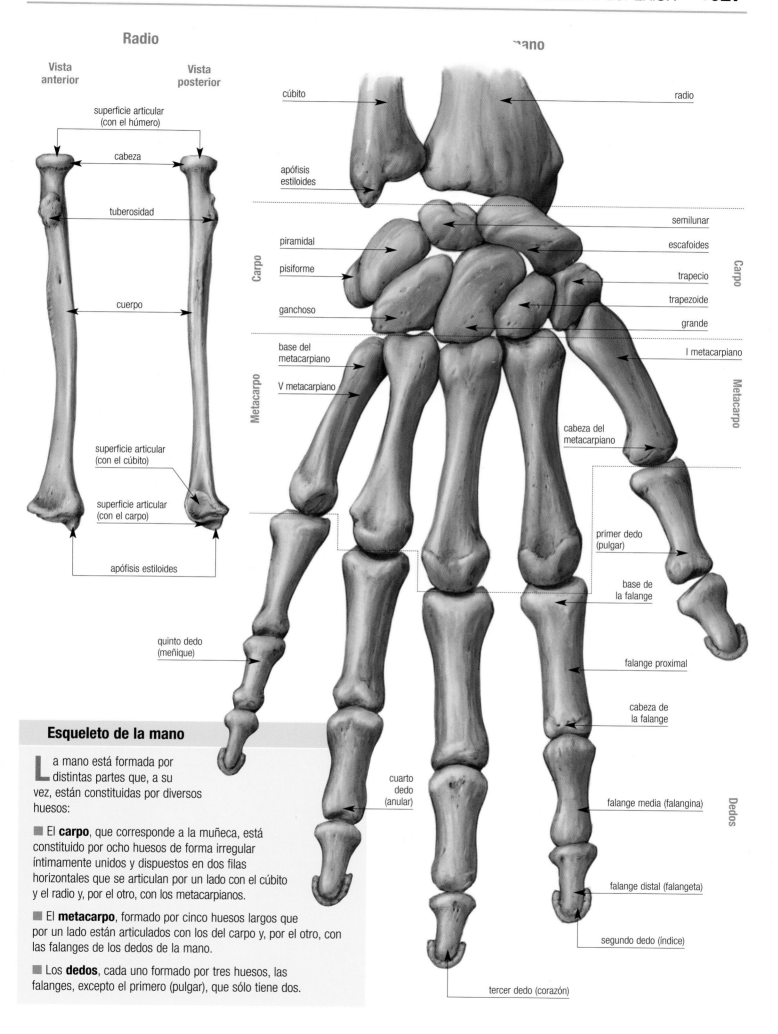

Radio

Vista anterior

Vista posterior

superficie articular (con el húmero)

cabeza

tuberosidad

cuerpo

superficie articular (con el cúbito)

superficie articular (con el carpo)

apófisis estiloides

cúbito

radio

apófisis estiloides

semilunar

piramidal

escafoides

pisiforme

trapecio

trapezoide

ganchoso

grande

Carpo

Carpo

base del metacarpiano

I metacarpiano

V metacarpiano

Metacarpo

Metacarpo

cabeza del metacarpiano

primer dedo (pulgar)

base de la falange

quinto dedo (meñique)

falange proximal

cabeza de la falange

cuarto dedo (anular)

falange media (falangina)

Dedos

falange distal (falangeta)

segundo dedo (índice)

tercer dedo (corazón)

Esqueleto de la mano

La mano está formada por distintas partes que, a su vez, están constituidas por diversos huesos:

■ El **carpo**, que corresponde a la muñeca, está constituido por ocho huesos de forma irregular íntimamente unidos y dispuestos en dos filas horizontales que se articulan por un lado con el cúbito y el radio y, por el otro, con los metacarpianos.

■ El **metacarpo**, formado por cinco huesos largos que por un lado están articulados con los del carpo y, por el otro, con las falanges de los dedos de la mano.

■ Los **dedos**, cada uno formado por tres huesos, las falanges, excepto el primero (pulgar), que sólo tiene dos.

Los huesos del miembro inferior

El esqueleto del miembro inferior está constituido por un conjunto de elementos relacionados entre sí de manera muy particular: el único hueso del muslo, denominado fémur; los dos huesos de la pierna, la tibia y el peroné, y los diversos huesos del pie que forman el tarso, el metatarso y los dedos.

Esqueleto del miembro inferior

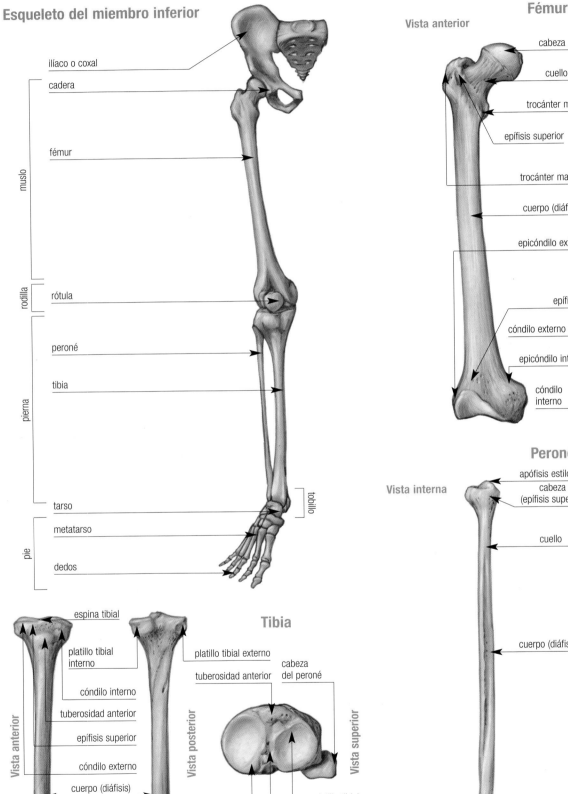

- ilíaco o coxal
- cadera
- fémur
- muslo
- rodilla
- rótula
- peroné
- tibia
- pierna
- tarso
- tobillo
- metatarso
- pie
- dedos

Fémur

Vista anterior

Vista posterior

- cabeza
- cuello
- trocánter menor
- epífisis superior
- trocánter mayor
- cuerpo (diáfisis)
- epicóndilo externo
- epífisis inferior
- cóndilo externo
- epicóndilo interno
- cóndilo interno

Peroné

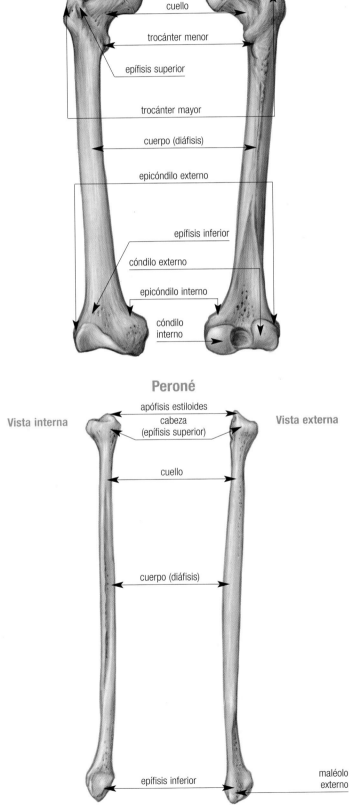

Vista interna

Vista externa

- apófisis estiloides
- cabeza (epífisis superior)
- cuello
- cuerpo (diáfisis)
- epífisis inferior
- maléolo externo

Tibia

- espina tibial
- platillo tibial interno
- cóndilo interno
- tuberosidad anterior
- epífisis superior
- cóndilo externo
- cuerpo (diáfisis)
- epífisis inferior
- Vista anterior

- platillo tibial externo
- Vista posterior
- maléolo interno

- tuberosidad anterior
- cabeza del peroné
- platillo tibial interno
- platillo tibial externo
- espina tibial
- Vista superior

La rótula, un hueso singular

La rótula es un hueso muy particular que forma parte de la articulación de la rodilla. En realidad, no tiene un papel significativo en la articulación, pues se limita a contactar por detrás con el fémur, sobre el que se desplaza en los movimientos de flexión y extensión. Sin embargo, su misión fundamental sí es importante: consiste en proteger los componentes más importantes de la rodilla frente a los traumatismos.

Rótula

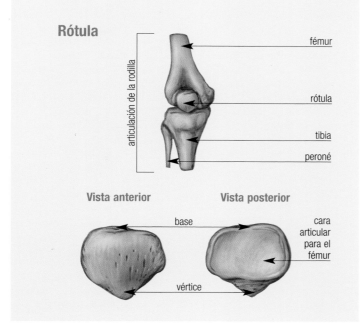

articulación de la rodilla

fémur

rótula

tibia

peroné

Vista anterior

base

vértice

Vista posterior

cara articular para el fémur

Esqueleto del pie

El pie está formado por distintas partes que, a su vez, están constituidas por diversos huesos:

■ El **tarso**, la parte posterior del pie, que incluye el talón, integrado por siete huesos estrechamente unidos y dispuestos en dos filas, uno de los cuales se articula con la tibia y el peroné.

■ El **metatarso**, que corresponde al empeine y la planta del pie, integrado por cinco huesos largos.

■ Los **dedos**, cada uno formado por tres huesos, las falanges, excepto el primero (dedo gordo), que sólo tiene dos.

Huesos del pie

Vista superior

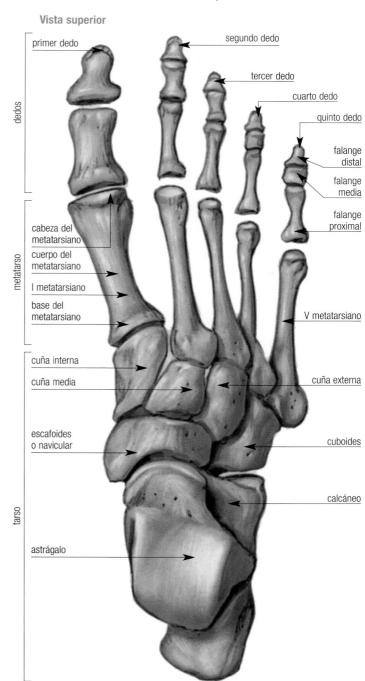

dedos

primer dedo

segundo dedo

tercer dedo

cuarto dedo

quinto dedo

falange distal

falange media

falange proximal

metatarso

cabeza del metatarsiano

cuerpo del metatarsiano

I metatarsiano

base del metatarsiano

V metatarsiano

cuña interna

cuña media

cuña externa

tarso

escafoides o navicular

cuboides

calcáneo

astrágalo

Vista lateral externa

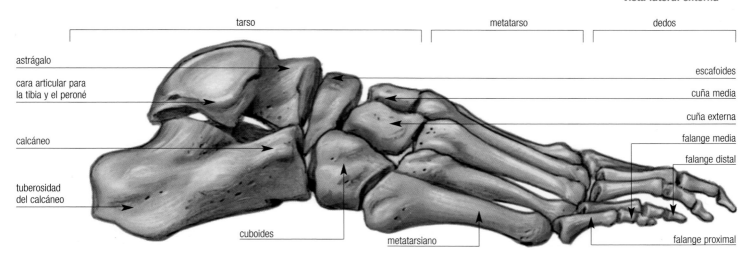

tarso

metatarso

dedos

astrágalo

cara articular para la tibia y el peroné

calcáneo

tuberosidad del calcáneo

cuboides

metatarsiano

escafoides

cuña media

cuña externa

falange media

falange distal

falange proximal

Los músculos: generalidades

Los músculos esqueléticos son unas masas carnosas con capacidad de contraerse y de relajarse para modificar su longitud, que se insertan en los huesos y otras estructuras mediante unas bandas fibrosas denominadas tendones: las contracciones de los músculos son responsables de los movimientos de nuestro cuerpo.

Estructura de un músculo esquelético

músculo
está formado por un conjunto de células alargadas que se llaman fibras musculares y que se agrupan en haces rodeados por vainas de tejido conjuntivo

tendón

fibra muscular
está surcada por cientos o miles de miofibrillas, muy delgadas, que se extienden a lo largo de toda la célula

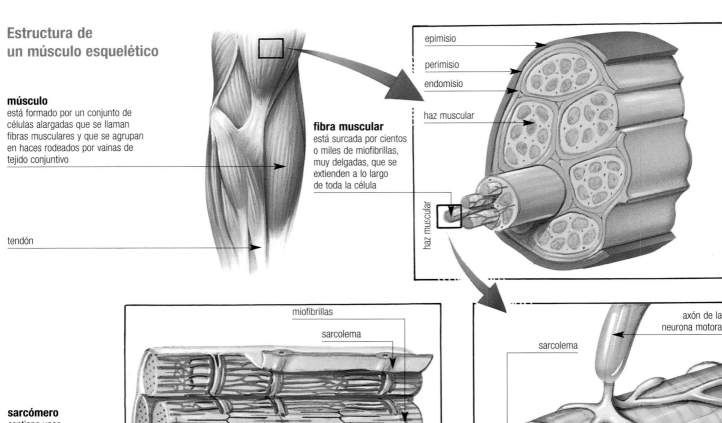

epimisio
perimisio
endomisio
haz muscular
haz muscular

miofibrillas
sarcolema

sarcómero
contiene unos delgados filamentos proteicos de actina y miosina intercalados entre sí y que, cuando reciben estímulos nerviosos apropiados, se deslizan unos sobre otros, lo que da como resultado la contracción muscular

axón de la neurona motora
sarcolema
núcleo
fibra muscular
placa motora

miofibrilla
observada al microscopio electrónico, se aprecia que tiene una serie de estrías regulares que forman bandas de diferente coloración, éstas a su vez forman las unidades funcionales del músculo, denominadas sarcómeros

Cada sarcómero está delimitado por unas estrías oscuras denominadas discos Z y en su interior presenta una estría central también de tonalidad más oscura, la banda A, y dos estrías transversales más claras, las bandas I. Estas bandas corresponden a la presencia de filamentos proteicos de actina, más gruesos, y de miosina, más delgados, intercalados entre sí. Cuando la fibra muscular está relajada, la superficie de contacto entre ambos tipos de filamentos es mínima. Sin embargo, cuando recibe el estímulo nervioso

oportuno, los filamentos delgados se deslizan por entre los filamentos gruesos, haciendo que la distancia entre los discos Z que delimitan a los sarcómeros se estreche, con lo que se reduce la longitud de

las miofibrillas y la fibra muscular estimulada se acorta. Cuando cesa el estímulo, los filamentos de actina y miosina recuperan su situación anterior y el músculo se relaja.

Estructura microscópica de la miofibrilla

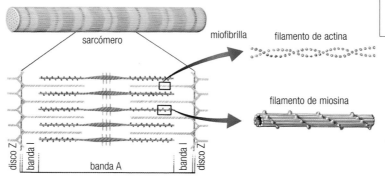

sarcómero
miofibrilla
filamento de actina
filamento de miosina

disco Z
banda I
banda A
banda I
disco Z

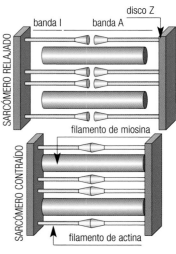

SARCÓMERO RELAJADO
disco Z
banda I
banda A
filamento de miosina

SARCÓMERO CONTRAÍDO
filamento de actina

Contracción muscular

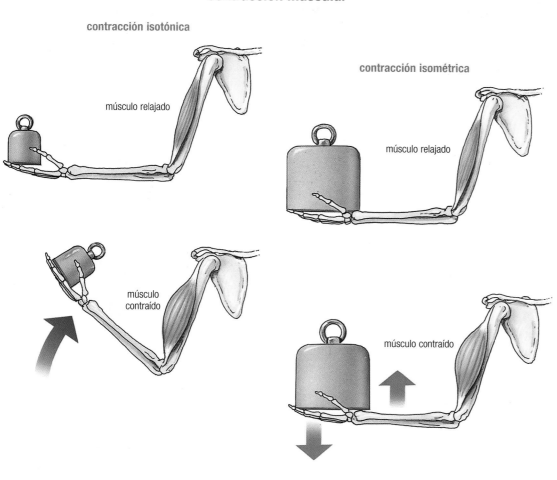

contracción isotónica

músculo relajado

músculo contraído

contracción isométrica

músculo relajado

músculo contraído

Ante un determinado estímulo nervioso, el músculo se tensa. Si esta tensión interna es superior a la resistencia que oponen la fuerza de gravedad o un segmento corporal determinado, el músculo se contrae y se acortan las distancias que existen entre sus puntos de inserción; por tanto, se produce un movimiento. Este tipo de contracción muscular, o **contracción isotónica**, es la responsable de todos los movimientos corporales. Pero si la tensión interna que se genera en el músculo estimulado es inferior a la que opone la fuerza de gravedad o un determinado segmento corporal, el resultado es que el músculo se "hincha" pero las distancias entre sus puntos de inserción no se estrechan y no se produce un movimiento. Este fenómeno, que se conoce como **contracción isométrica**, es el responsable del tono muscular que mantiene el equilibrio del cuerpo en su conjunto y de los segmentos corporales en las distintas posiciones.

Músculos agonistas y antagonistas

Para que se produzca un movimiento, la actividad de diferentes músculos debe estar coordinada, pues hay grupos musculares con una acción contraria: hace falta que al mismo tiempo que los músculos encargados de provocar un determinado movimiento, llamados agonistas, se contraen, los que tienen una función opuesta, llamados antagonistas, se relajen.

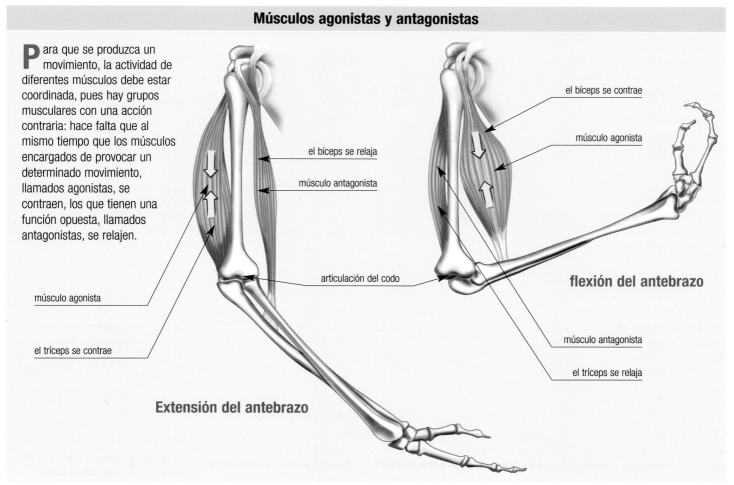

el bíceps se relaja

músculo antagonista

articulación del codo

músculo agonista

el tríceps se contrae

Extensión del antebrazo

el bíceps se contrae

músculo agonista

flexión del antebrazo

músculo antagonista

el tríceps se relaja

Los músculos del cuerpo

El cuerpo humano cuenta con alrededor de 600 músculos esqueléticos diferentes: unos más largos y otros más cortos, de muy diverso volumen y con una potencia muy variada, son los elementos responsables de los movimientos del cuerpo en su conjunto y de cada uno de los distintos segmentos corporales.

Vista frontal de los músculos del cuerpo humano

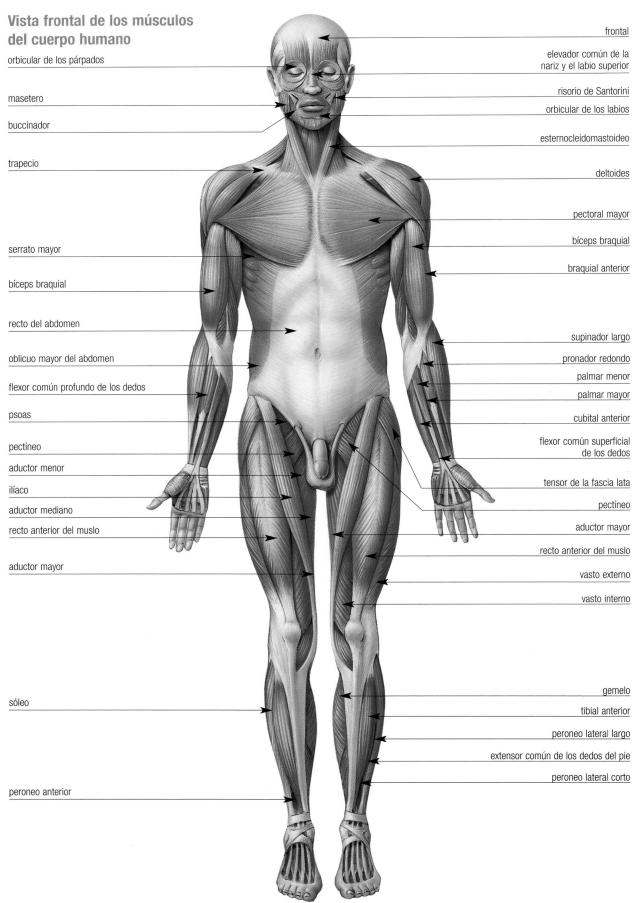

orbicular de los párpados

masetero

buccinador

trapecio

serrato mayor

bíceps braquial

recto del abdomen

oblicuo mayor del abdomen

flexor común profundo de los dedos

psoas

pectíneo

aductor menor

ilíaco

aductor mediano

recto anterior del muslo

aductor mayor

sóleo

peroneo anterior

frontal

elevador común de la nariz y el labio superior

risorio de Santorini

orbicular de los labios

esternocleidomastoideo

deltoides

pectoral mayor

bíceps braquial

braquial anterior

supinador largo

pronador redondo

palmar menor

palmar mayor

cubital anterior

flexor común superficial de los dedos

tensor de la fascia lata

pectíneo

aductor mayor

recto anterior del muslo

vasto externo

vasto interno

gemelo

tibial anterior

peroneo lateral largo

extensor común de los dedos del pie

peroneo lateral corto

Vista dorsal de los músculos del cuerpo humano

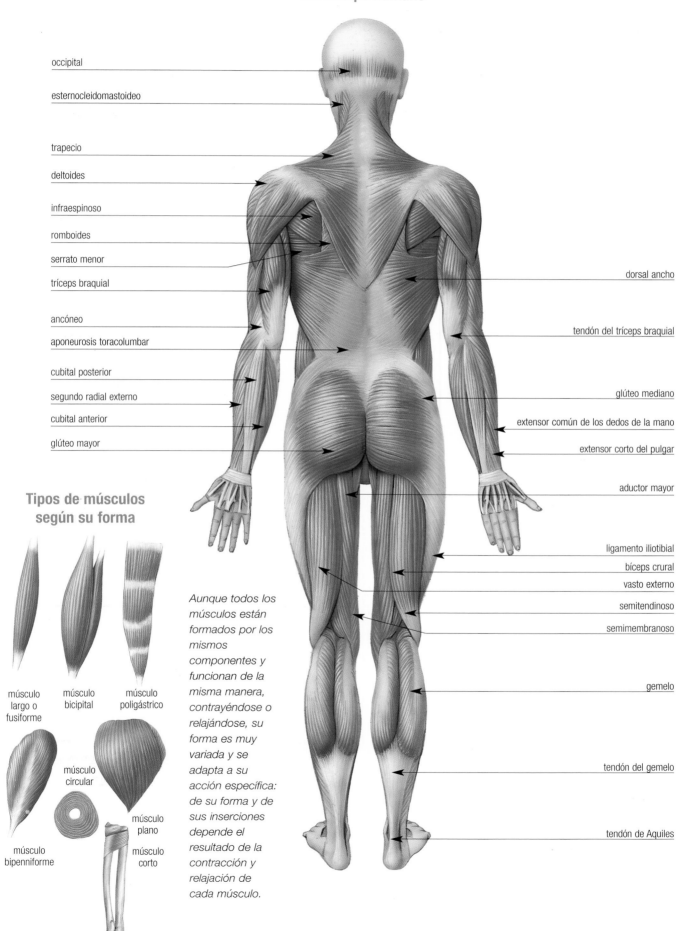

occipital

esternocleidomastoideo

trapecio

deltoides

infraespinoso

romboides

serrato menor

tríceps braquial

ancóneo

aponeurosis toracolumbar

cubital posterior

segundo radial externo

cubital anterior

glúteo mayor

dorsal ancho

tendón del tríceps braquial

glúteo mediano

extensor común de los dedos de la mano

extensor corto del pulgar

aductor mayor

ligamento iliotibial

bíceps crural

vasto externo

semitendinoso

semimembranoso

gemelo

tendón del gemelo

tendón de Aquiles

Tipos de músculos según su forma

músculo largo o fusiforme

músculo bicipital

músculo poligástrico

músculo circular

músculo plano

músculo bipenniforme

músculo corto

Aunque todos los músculos están formados por los mismos componentes y funcionan de la misma manera, contrayéndose o relajándose, su forma es muy variada y se adapta a su acción específica: de su forma y de sus inserciones depende el resultado de la contracción y relajación de cada músculo.

Articulaciones: tipos

Las articulaciones, que constituyen los puntos de contacto entre los diversos huesos que componen el esqueleto, están formadas por las superficies de contacto de dos o más huesos y por una serie de elementos blandos que garantizan dicha unión. Existen diferentes tipos de articulaciones, unas fijas y la mayoría más o menos móviles, cada una con unas funciones específicas.

Tipos de articulaciones

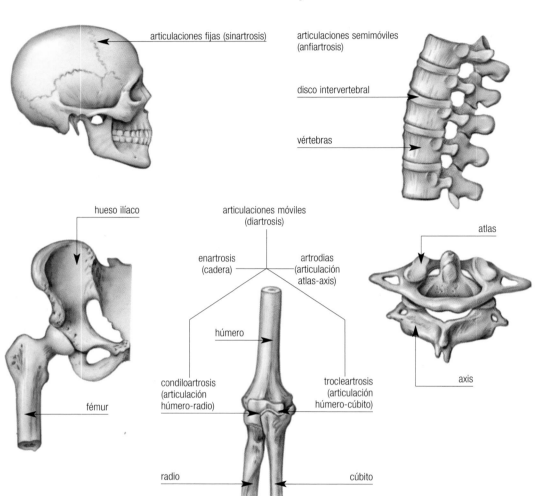

articulaciones fijas (sinartrosis)

articulaciones semimóviles (anfiartrosis)

disco intervertebral

vértebras

hueso ilíaco

fémur

articulaciones móviles (diartrosis)

enartrosis (cadera)

artrodias (articulación atlas-axis)

húmero

condiloartrosis (articulación húmero-radio)

trocleartrosis (articulación húmero-cúbito)

radio

cúbito

atlas

axis

El cuerpo humano tiene aproximadamente 200 articulaciones que hacen posible los movimientos de las distintas partes del esqueleto y nos permiten los desplazamientos.

Meniscos

Algunas articulaciones móviles cuentan con unas estructuras fibrocartilaginosas elásticas destinadas a favorecer el acoplamiento de unos segmentos óseos que no encajan bien entre sí: los meniscos. Los más grandes, y también los más populares, son los meniscos de la rodilla. Sin embargo, hay otras articulaciones que también constan de estructuras de este tipo, como la temporomandibular, la esternoclavicular o la acromioclavicular.

Tipos de articulaciones

Según su grado de movilidad, se distinguen tres tipos básicos de articulaciones: fijas, semimóviles y móviles.

Articulaciones fijas (sinartrosis). Desprovistas de movimiento, están constituidas por la unión sólida de dos o más segmentos óseos y su principal cometido es formar una capa protectora para los tejidos blandos, como ocurre con las articulaciones de los huesos del cráneo que protegen al encéfalo.

Articulaciones semimóviles (anfiartrosis). Las superficies óseas no están vinculadas directamente, sino separadas por una estructura fibrocartilaginosa que sólo permite ligeros movimientos, como ocurre con las articulaciones de las vértebras de la columna, separadas entre sí por un disco intervertebral: aunque cada articulación tiene escasa movilidad, la columna puede flexionarse hacia delante o inclinarse hacia los lados.

Articulaciones móviles (diartrosis). Permiten una amplia gama de movimientos: a este tipo pertenecen las articulaciones de los miembros, como el hombro, la cadera, el codo o la rodilla. Según la conformación y el tipo de encaje de los segmentos óseos, se distinguen diversos tipos:

Enartrosis: formada por un segmento óseo esférico que encaja dentro de una cavidad, puede moverse en todos los sentidos, como la articulación de la cadera, correspondiente a la vinculación de la cabeza del fémur y el hueso ilíaco.

Condiloartrosis: corresponde al encaje de un segmento óseo con forma redondeada o elíptica y otro que presenta una concavidad a modo de molde del primero, como la articulación del radio con el cóndilo humeral.

Trocleartrosis: corresponde a la vinculación de un segmento óseo con forma de polea que tiene una depresión en el centro y otro segmento óseo que consta de una cresta que encaja en el canal de la polea, como la articulación del cúbito con el húmero.

Artrodias: las caras articulares son lisas y planas, por lo que sólo pueden deslizarse entre sí, como ocurre entre las dos primeras vértebras cervicales.

Tipos de articulaciones móviles

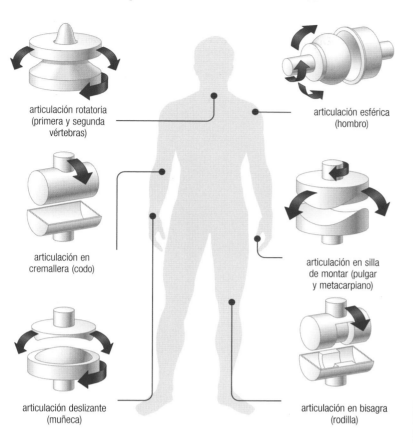

articulación rotatoria
(primera y segunda
vértebras)

articulación en
cremallera (codo)

articulación deslizante
(muñeca)

articulación esférica
(hombro)

articulación en silla
de montar (pulgar
y metacarpiano)

articulación en bisagra
(rodilla)

Según sea la forma y el encaje de los segmentos óseos que vinculan, se distinguen varios tipos de articulaciones móviles: cada una permite unos movimientos específicos.

Componentes de una articulación móvil (hombro)

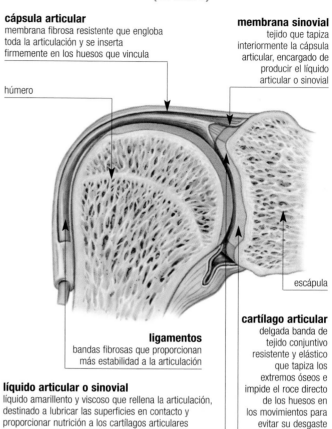

cápsula articular
membrana fibrosa resistente que engloba toda la articulación y se inserta firmemente en los huesos que vincula

membrana sinovial
tejido que tapiza interiormente la cápsula articular, encargado de producir el líquido articular o sinovial

húmero

escápula

ligamentos
bandas fibrosas que proporcionan más estabilidad a la articulación

cartílago articular
delgada banda de tejido conjuntivo resistente y elástico que tapiza los extremos óseos e impide el roce directo de los huesos en los movimientos para evitar su desgaste

líquido articular o sinovial
líquido amarillento y viscoso que rellena la articulación, destinado a lubricar las superficies en contacto y proporcionar nutrición a los cartílagos articulares

En las articulaciones móviles, además de los segmentos óseos relacionados en cada caso, existen otros tejidos y elementos indispensables para lograr una correcta función y la necesaria estabilidad de la articulación.

Movimientos del hombro

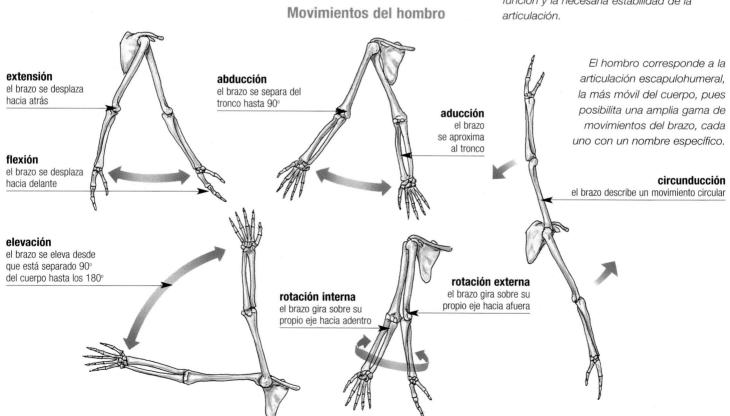

extensión
el brazo se desplaza hacia atrás

flexión
el brazo se desplaza hacia delante

elevación
el brazo se eleva desde que está separado 90° del cuerpo hasta los 180°

abducción
el brazo se separa del tronco hasta 90°

aducción
el brazo se aproxima al tronco

rotación interna
el brazo gira sobre su propio eje hacia adentro

rotación externa
el brazo gira sobre su propio eje hacia afuera

circunducción
el brazo describe un movimiento circular

El hombro corresponde a la articulación escapulohumeral, la más móvil del cuerpo, pues posibilita una amplia gama de movimientos del brazo, cada uno con un nombre específico.

Articulaciones: problemas

Las articulaciones son estructuras más complejas de lo que aparentan y al mismo tiempo frágiles, pues deben soportar las fricciones que suponen los movimientos y en muchos casos también la carga que comporta el propio peso corporal: no es raro, por tanto, que las enfermedades articulares sean frecuentes y además, en muchos casos, de larga evolución.

Evolución de la artrosis

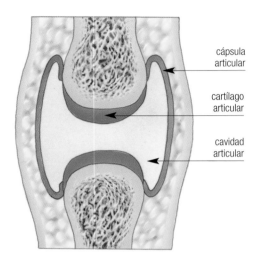

cápsula articular

cartílago articular

cavidad articular

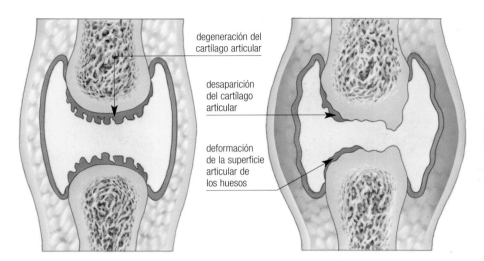

degeneración del cartílago articular

desaparición del cartílago articular

deformación de la superficie articular de los huesos

Artrosis

Es un trastorno crónico debido a una progresiva degeneración del cartílago articular que en condiciones normales evita el roce directo de los extremos óseos de las articulaciones móviles y los protege del desgaste: a medida que este cartílago pierde su elasticidad y se adelgaza, los extremos óseos quedan en contacto directo y, por tanto, sufren un progresivo deterioro que compromete la función de la articulación afectada. El trastorno tiene una evolución lenta y progresiva, de modo que las lesiones articulares suelen desarrollarse de manera silenciosa y sin dar lugar a síntoma alguno durante un tiempo prolongado. Pero cuando el cartílago articular está muy deteriorado, ya casi destruido, su ausencia compromete la integridad del resto de estructuras articulares, lo que depara diversas consecuencias: dolor y rigidez articular, así como una limitación de movimientos.

Localización de la artrosis

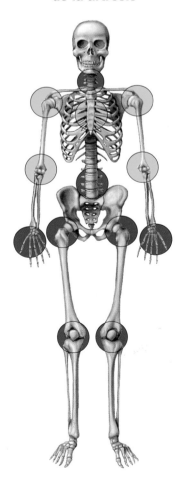

La artrosis de columna cervical puede causar crisis de dolor en la zona del cuello que requieran el uso temporal de un collarín ortopédico.

Artrosis y obesidad

El sobrepeso corporal no es una causa directa de artrosis, pero favorece notablemente su evolución porque comporta una sobrecarga para las articulaciones afectadas.

La artrosis puede producirse prácticamente en todas las articulaciones móviles del cuerpo, pero las que resultan afectadas con mayor frecuencia son la rodilla, las de la mano, la cadera y las de la columna vertebral, sobre todo en las regiones cervical y lumbar.

● localizaciones más frecuentes

○ localizaciones menos frecuentes

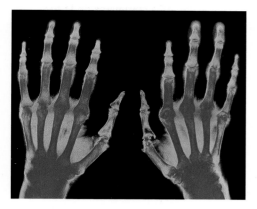

Radiografía de las manos de una persona afectada de artritis reumatoide.

Artritis reumatoide

Es un enfermedad crónica que afecta simétricamente a diversas articulaciones, especialmente las de los miembros. Su origen íntimo no se conoce, aunque se sabe que es un trastorno autoinmune: el sistema de defensa reacciona de manera anormal y fabrica anticuerpos contra los tejidos del propio organismo, en este caso contra los componentes de las articulaciones, que se inflaman y, con el paso del tiempo, se deforman y pierden su funcionalidad. La enfermedad tiene una evolución caracterizada por períodos alternantes de agudizaciones y remisiones; aunque, a la larga, en los casos más graves, lleva a una auténtica incapacidad.

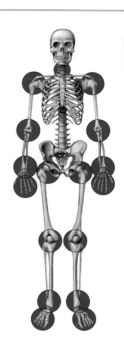

Localización de la artritis reumatoide

Adaptaciones en el hogar para los enfermos con artritis reumatoide avanzada

en el baño

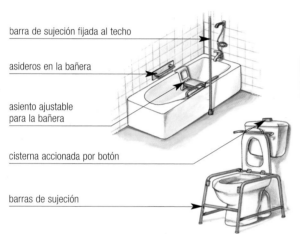

barra de sujeción fijada al techo

asideros en la bañera

asiento ajustable para la bañera

cisterna accionada por botón

barras de sujeción

en la cocina

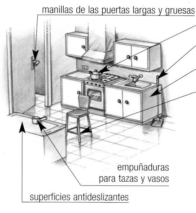

manillas de las puertas largas y gruesas

cazuelas de doble asa

mangos de escobas y recogedores largos

muebles más bajos de lo habitual

asientos con respaldo y apoyo para los pies

empuñaduras para tazas y vasos

superficies antideslizantes

La ilustración muestra algunas de las modificaciones que conviene introducir en la cocina y el baño del hogar de las personas afectadas de artritis reumatoide en fase avanzada, a fin de paliar los inconvenientes que comporta en la vida cotidiana la progresiva pérdida de funcionalidad articular.

La sustitución de los segmentos óseos de una articulación por prótesis artificiales es un recurso muy útil para solucionar molestias dolorosas y fallos funcionales incapacitantes derivados de afecciones como la artrosis o la artritis reumatoide en fases avanzadas. Hoy en día se cuenta con diversos tipos de prótesis, fabricadas con aleaciones de metales y materiales plásticos perfectamente tolerables por el organismo, pues no generan ninguna reacción de rechazo por parte del sistema inmunitario, y al mismo tiempo resistentes para soportar los roces y fricciones que comportan los movimientos.

La más común es la sustitución de cadera por una prótesis compuesta por dos elementos: uno de forma esférica que reemplaza la cabeza del fémur, provisto de un tallo que se inserta en el interior del hueso, y otra de forma cóncava que se implanta en el hueso ilíaco, fijada con un cemento especial: como ambas partes se acoplan perfectamente, se logra que la articulación pueda efectuar todos los movimientos que le son propios.

Prótesis de cadera

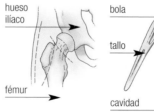

hueso ilíaco

fémur

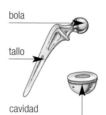

bola

tallo

cavidad

Prótesis de rodilla

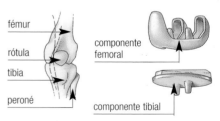

fémur

rótula

tibia

peroné

componente femoral

componente tibial

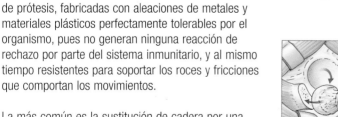

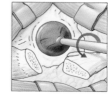

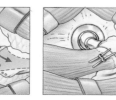

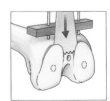

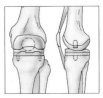

Deformaciones de los pies

Los pies, que soportan todo el peso corporal, pueden sufrir diversos tipos de deformaciones que pueden tener múltiples repercusiones en el esqueleto o, sin ser peligrosas, resultar molestas. Algunas son típicas de la infancia, como el pie plano, y otras son propias de la edad adulta, como el *hallux valgus,* al que se asocia el juanete.

Arcos normales de la bóveda plantar

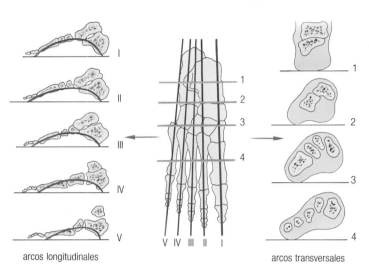

arcos longitudinales

arcos transversales

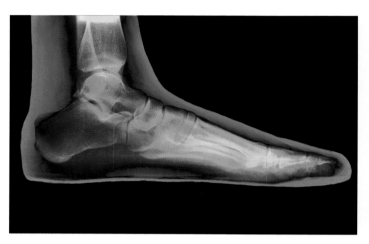

Claro ejemplo de pie plano.

Pie plano

El pie plano consiste en la ausencia o el hundimiento de la curvatura plantar normal, lo que puede dar lugar a molestias locales y, más importante aun, repercutir en otros sectores del esqueleto. El pie es una estructura compleja que soporta el peso corporal al permanecer en posición erecta y al caminar. En condiciones normales, la planta del pie es abovedada, con forma de semicúpula abierta hacia la parte interna, con lo que el peso corporal se reparte entre diversos puntos de apoyo. En caso de pie plano, los arcos de la bóveda plantar tienen una altura inferior a la normal o están ausentes, por lo que el talón resulta desviado hacia afuera.

Repercusiones

Inicialmente, la deformación sólo causa molestias si se permanece mucho tiempo de pie o tras una marcha prolongada. En esta etapa, el problema puede resolverse con un sencillo tratamiento encaminado a entrenar y fortalecer la musculatura de los pies. Si no se hace nada, el defecto se acentúa con el paso de los años y los huesos del pie terminan por adaptarse a la deformación, que se vuelve permanente y fija. En esta fase, es habitual que tras caminar un rato aparezca dolor en los pies, a veces propagado a las piernas. Por otra parte, el hundimiento de la bóveda plantar puede repercutir en otros sectores del esqueleto: para compensar el defecto, las rodillas pueden desviarse, y si el hundimiento de la bóveda plantar es más acentuada en un pie que en el otro, existirá una diferencia de longitud entre ambos miembros que, además de comportar una cojera más o menos evidente, puede provocar una desviación compensatoria de la columna vertebral, con muchas consecuencias.

Ejercicios recomendados para la corrección del pie plano

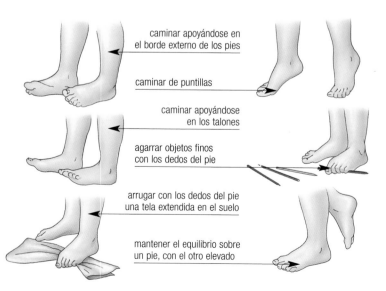

caminar apoyándose en el borde externo de los pies

caminar de puntillas

caminar apoyándose en los talones

agarrar objetos finos con los dedos del pie

arrugar con los dedos del pie una tela extendida en el suelo

mantener el equilibrio sobre un pie, con el otro elevado

Huellas plantares

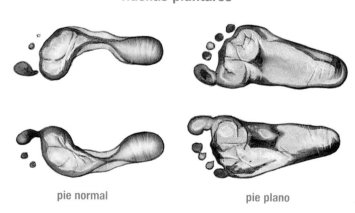

pie normal

pie plano

Las huellas plantares son muy útiles para detectar el pie plano, ya que revelan un apoyo anormal de la planta del pie en la zona que normalmente no entra en contacto con el suelo.

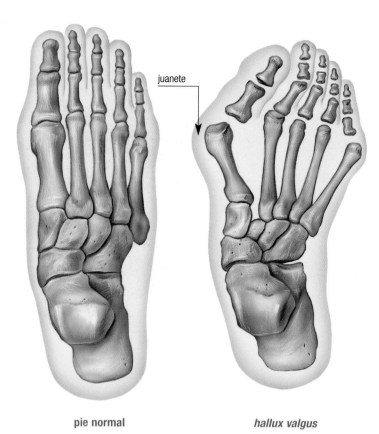

juanete

pie normal

hallux valgus

Hallux valgus y juanete

El *hallux valgus* es una deformación del dedo gordo del pie, cuya punta se desvía hacia los otros dedos, lo que favorece la aparición de una típica prominencia en su base, denominada juanete, responsable de molestias dolorosas. En condiciones normales, el dedo gordo del pie, cuya denominación latina es *hallux*, está perfectamente alineado con el primer hueso metatarsiano. En caso de *hallux valgus*, el metatarsiano está desviado hacia el borde interno del pie y el dedo gordo, por el contrario, está inclinado hacia los otros dedos del pie, superponiéndose o "empujándolos" hacia el borde externo. De tal modo, queda constituida una prominencia en la base del dedo gordo, el juanete, porque la articulación que vincula la primera falange y el metatarsiano forma un ángulo cerrado orientado hacia el borde interno del pie.

Mientras la articulación metatarsofalángica conserva su movilidad, es posible frenar el desarrollo de la desviación y atenuar las molestias mediante unas pequeñas férulas que mantienen las estructuras del pie en la posición adecuada, como esta almohadilla de silicona. Pero cuando ya se ha establecido una auténtica desviación de los huesos, el único tratamiento efectivo corresponde a la cirugía.

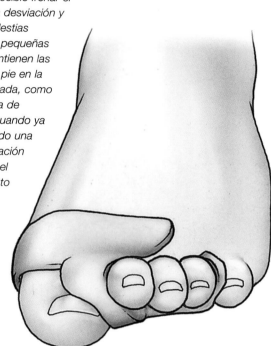

Evolución

La desviación del dedo gordo del pie suele desarrollarse de manera lenta y progresiva, de tal modo que en la mayor parte de los casos sólo resulta evidente hacia la cuarta década de vida. En una primera fase, el principal síntoma es un dolor inconstante localizado en el metatarso: suele tratarse de una molestia dolorosa no demasiado intensa que aparece sobre todo tras permanecer mucho tiempo de pie o después de una larga caminata, máxime cuando se usan zapatos de punta estrecha y tacón alto, para atenuarse y desaparecer con el reposo. Más adelante, cuando la deformación está ya más establecida, el dolor suele ser intenso y constante, sin que ceda tan fácilmente con el reposo.

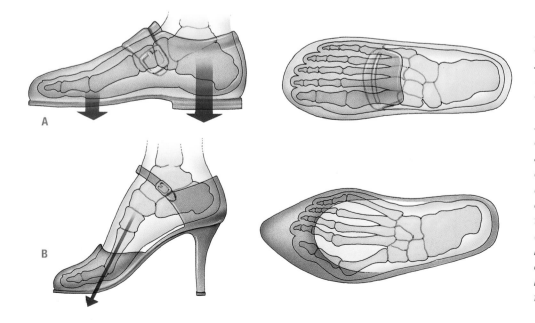

A

B

La deformación suele ser consecuencia del uso de un calzado inadecuado: zapatos cortos y de punta estrecha que fuerzan el dedo gordo hacia al eje del pie, contra los otros dedos, y sobre todo de tacón alto, con lo que el dedo gordo soporta además buena parte del peso corporal y se acentúa la compresión que, a la larga, propicia una auténtica deformación anatómica. De hecho, con un calzado apropiado (A), el peso del cuerpo se reparte correctamente sobre todo el pie. Con un zapato de tacón alto (B), el peso del cuerpo se soporta en la mitad delantera del pie, y si el calzado es de punta estrecha, ejerce presión sobre la zona del dedo gordo y favorece la formación del juanete.

Dolor cervical y lumbar

Los dolores en la región del cuello y en la lumbar son muy comunes, constituyen uno de los motivos de consulta médica más frecuentes y también una de las principales causas de absentismo laboral: no es de extrañar, pues en la vida cotidiana se somete a la columna vertebral a esfuerzos, posturas incorrectas y movimientos bruscos que son fuente de alteraciones musculoesqueléticas en estas zonas.

Dolor en el cuello

Las causas del dolor cervical son muy diversas, pues son variadas las estructuras de la zona cuyas alteraciones pueden comportar molestias. Suele tratarse de algún problema mecánico, relacionado con trastornos que provocan irritación de las terminaciones nerviosas localizadas en las estructuras articulares, ligamentosas, óseas y musculares de la columna cervical. Incluso, la molestia puede ser debida a una contracción sostenida de los músculos del cuello provocada por el estrés.

La evolución puede ser aguda o crónica. El dolor cervical agudo se caracteriza por la brusca aparición de un dolor en el cuello que a veces se irradia hacia la nuca, los hombros o la parte anterior del tórax. Su intensidad es variable, pero en muchas ocasiones es muy acusado y se exacerba con cualquier

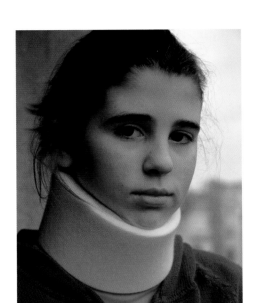

movimiento: en tal caso, puede acompañarse de una contractura refleja de la musculatura de la zona que limite la movilidad del cuello. Lo más habitual es que se prolongue durante algunos días o como mucho unas semanas, para luego remitir hasta desaparecer. El dolor cervical crónico puede tener también un inicio brusco, como secuela de una crisis aguda que no remite, aunque es más frecuente que se establezca de manera progresiva. Suele ser un dolor persistente, intermitente u oscilante, de intensidad variable.

El uso de un collarín ortopédico es una excelente fórmula para mantener en reposo la zona del cuello y, en numerosas ocasiones, es suficiente para solucionar una crisis de dolor cervical.

Tortícolis

Es una contractura dolorosa de los músculos del cuello que impide la movilización normal de la zona y bloquea la cabeza en una posición fija o impide girarla hacia un lado. El trastorno suele presentarse de golpe, muchas veces desencadenado por traumatismos o movimientos bruscos y en ocasiones como consecuencia de dormir en una mala postura. En general se produce la contractura espasmódica de uno de los dos músculos esternocleidomastoideos, que participan en la inclinación y la rotación lateral de la cabeza: dado que uno de los músculos está contraído y el otro, relajado, la cabeza queda bloqueada en una posición fija hacia un lado y cualquier movimiento hacia el otro resulta doloroso o impracticable. El tratamiento se basa en mantener la zona en reposo, por ejemplo mediante el uso de un collarín ortopédico, a lo que puede añadirse la administración de analgésicos, antiinflamatorios y relajantes musculares, así como sesiones de masajes u otros procedimientos de fisioterapia.

Músculos de la zona del cuello

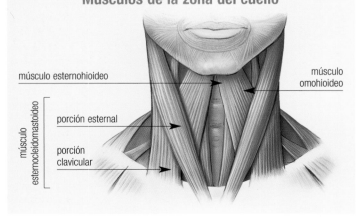

músculo esternohioideo

músculo omohioideo

músculo esternocleidomastoideo

porción esternal

porción clavicular

Neuralgia cervicobraquial

La irritación o compresión de las raíces nerviosas que emergen de la médula espinal en la región cervical de la columna puede dar lugar a un cuadro de intenso dolor en el cuello, la parte superior de la espalda y uno de los miembros superiores. La localización exacta depende de la raíz espinal comprometida, según sea la zona a la que proporcione inervación sensitiva. La causa más habitual es una hernia discal, fruto de un traumatismo o bien derivada de un proceso degenerativo crónico. La crisis dolorosa suele presentarse bruscamente y puede acompañarse de otros síntomas neurológicos en la zona afectada, como hormigueos, sensación de frío o calor, pinchazos y calambres. En general, las molestias ceden de manera espontánea en algunas semanas, pero es fundamental mantener la zona en reposo. Sólo en los casos graves es preciso recurrir a la cirugía para efectuar una descompresión y reparar las lesiones responsables.

Localización del dolor en la neuralgia cervicobraquial

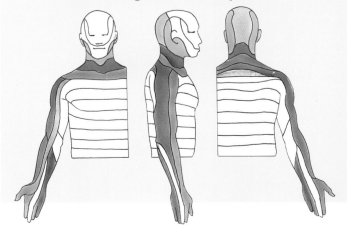

Hernia discal

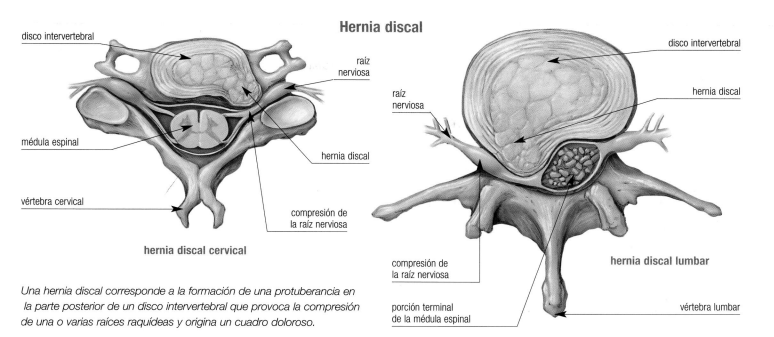

disco intervertebral

médula espinal

vértebra cervical

raíz nerviosa

hernia discal

compresión de la raíz nerviosa

hernia discal cervical

disco intervertebral

hernia discal

raíz nerviosa

compresión de la raíz nerviosa

porción terminal de la médula espinal

hernia discal lumbar

vértebra lumbar

Una hernia discal corresponde a la formación de una protuberancia en la parte posterior de un disco intervertebral que provoca la compresión de una o varias raíces raquídeas y origina un cuadro doloroso.

Lumbago y ciática

El término lumbago designa una crisis aguda de dolor en la parte baja de la espalda. Aunque son muchas y variadas las posibles causas, el trastorno suele deberse a una alteración musculoesquelética: por lo general se debe a una irritación o una compresión de los nervios sensitivos que emergen de la médula espinal y salen de la columna vertebral en dicha zona, que es la que soporta mayores presiones en posición erecta y la que se somete con mayor frecuencia a esfuerzos exagerados. La causa más habitual, sin duda, corresponde a una herniación de un disco intervertebral lumbar que causa presión sobre una raíz espinal. El dolor, por lo común muy intenso, se localiza en la zona lumbar y a veces irradia hacia las nalgas y la pelvis. Puede ocurrir que la compresión se produzca sobre alguna de las raíces lumbares y sacras que forman el nervio ciático, y en tal caso, denominado ciática, el dolor se extiende por todo el recorrido de las raíces espinales irritadas, aunque por lo general se extiende por una nalga, las caras posterior y lateral del muslo, la cara externa de la pierna y el borde externo del pie, hasta el dedo gordo.

Localización del dolor en la ciática

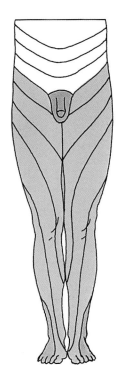
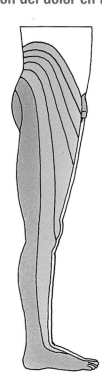
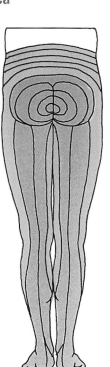

Nervio ciático

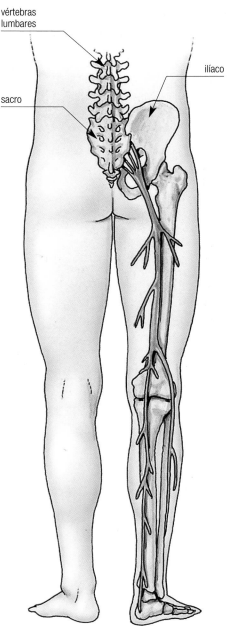

vértebras lumbares

sacro

ilíaco

Prevención del dolor de espalda

La prevención de las crisis de dolor de espalda se basa en evitar los esfuerzos exagerados, las sobrecargas y las posturas inadecuadas que afectan a la columna vertebral, una estructura muy delicada y eje de nuestro esqueleto, cuyas lesiones son la principal causa de esta molestia tan frecuente.

Movimientos y actividades desencadenantes de crisis de dolor lumbar

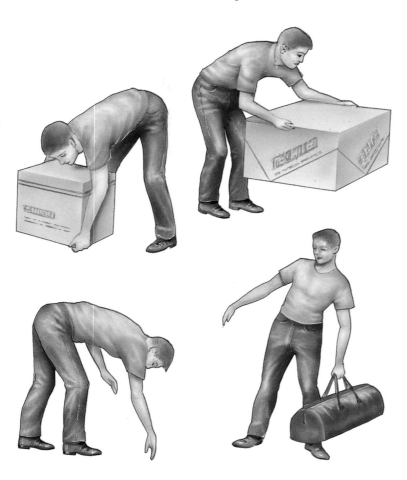

La adopción de posturas inadecuadas de la columna al leer o escribir durante mucho tiempo es una de las causas más habituales de dolor de espalda. La adopción de posturas correctas para llevar a cabo estas actividades, por tanto, constituye la principal medida de prevención

Los ataques de dolor de espalda resultan favorecidos por las actividades que comportan un esfuerzo o una sobrecarga en la región lumbar de la columna. Muchas veces, una crisis se desencadena al realizar alguna actividad brusca o inadecuada, por ejemplo al inclinarse hacia adelante sin doblar las rodillas, al levantar un objeto grande y pesado sin ayuda o al transportar mucho peso con una sola mano.

Conviene...

- Mantenerse en el peso adecuado o seguir una dieta para alcanzarlo.
- Dormir sobre un colchón no demasiado blando y un somier de madera (se puede colocar una tabla entre el somier y el colchón).
- Dormir de costado.
- Para levantarse de la cama, rodar hasta el borde y sacar las piernas antes de incorporarse.
- Sentarse y apoyar los pies en un soporte algo elevado para calzarse.
- Usar zapatos con tacones de unos cuatro o cinco centímetros.
- Subirse a un taburete para alcanzar un objeto situado en lo alto.
- Girar el cuerpo entero para agarrar cualquier objeto situado detrás.
- Flexionar las piernas o ponerse en cuclillas para levantar un bulto pesado.
- Portar cualquier bulto pesado lo más cerca posible del cuerpo.
- Repartir los pesos entre ambos brazos.
- Empujar cualquier objeto pesado apoyando la espalda contra el mismo.
- Sentarse siempre con la espalda erguida y apoyada sobre el respaldo, procurando que las rodillas queden al nivel de las caderas y con los pies bien afianzados en el suelo.
- Sentarse en sillas con apoyabrazos y un buen respaldo.
- Realizar pausas cuando se realiza un trabajo prolongado.

No conviene...

- Tener sobrepeso corporal.
- Dormir sobre un colchón blando y un somier flexible.
- Dormir boca abajo.
- Para levantarse de la cama, incorporar bruscamente el tronco con las piernas estiradas.
- Flexionar el tronco para calzarse.
- Usar zapatos con tacones ni demasiado altos o demasiado bajos.
- Estirarse para alcanzar un objeto situado en lo alto.
- Girar sólo el tronco para alcanzar un objeto situado detrás.
- Flexionar el tronco y no las rodillas para levantar un bulto pesado.
- Portar un bulto pesado alejado del cuerpo.
- Cargar mucho peso en un solo brazo.
- Empujar un objeto pesado de frente.
- Sentarse con la columna inclinada hacia adelante.
- Tumbarse en sillones demasiado mullidos o con las piernas estiradas.
- Mantener mucho tiempo la misma posición.

Consejos para prevenir el dolor de espalda

no conviene	conviene

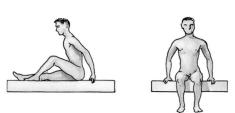

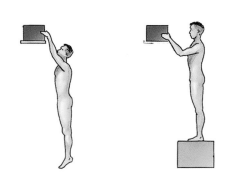

no conviene	conviene

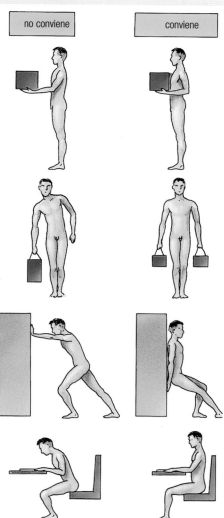

Ejercicios recomendables para prevenir el dolor cervical

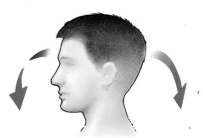

flexión y extensión del cuello

inclinación lateral de la cabeza

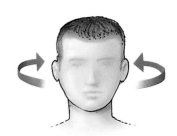

giro de la cabeza hacia derecha e izquierda

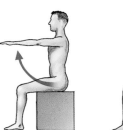 

rotación de los brazos efectuando un círculo

levantarse de una silla y caminar con un objeto sobre la cabeza

Actividades "peligrosas"

Numerosas actividades comportan posturas que ocasionan una tensión exagerada sobre una u otra parte de la columna y son fuente de dolores de espalda: los dibujantes y las costureras que permanecen mucho tiempo sentados e inclinados hacia adelante suelen sufrir dolor entre los hombros y los omóplatos; los camioneros, debido a los constantes movimientos y las vibraciones, acostumbran a tener dolor en la zona de los riñones; los jardineros, cuando doblan la espalda en vez de flexionar las piernas para agacharse, por lo común aquejan dolor en la parte inferior de la espalda... Cuando se realice una actividad con posturas inadecuadas para la columna, hay que tomar las debidas precauciones para minimizar los riesgos.

La práctica de ejercicios destinados a garantizar la movilidad del cuello y fortalecer la musculatura de la zona resulta de la máxima utilidad para proteger la columna cervical: con ello se logra obtener un buen soporte para la cabeza y una especie de "coraza muscular" que proporciona estabilidad a la columna y contribuye a prevenir los forzamientos. Para que sean adecuados, los ejercicios deben practicarse de manera regular y el esfuerzo tiene que ser gradual, progresivo, porque toda brusquedad o esfuerzo excesivo resulta contraproducente.

Esguinces y luxaciones

Los esguinces y las luxaciones son lesiones muy comunes, pues se producen como consecuencia de accidentes frecuentes en la actividad deportiva o laboral y también en la vida cotidiana: unos primeros auxilios adecuados pueden marcar la evolución de estas lesiones, favorecer la pronta recuperación y prevenir sus secuelas.

Mecanismo de producción de un esguince de tobillo

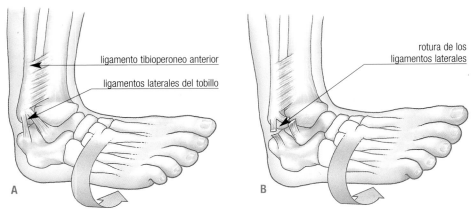

ligamento tibioperoneo anterior

ligamentos laterales del tobillo

rotura de los ligamentos laterales

A

B

La torsión del pie hacia dentro puede originar un esguince de tobillo debido a la distensión (A) o el desgarro (B) de los ligamentos laterales de esta articulación.

Esguince

Un esguince corresponde a un desgarro, una rotura o una desinserción de los ligamentos articulares como consecuencia de una distensión exagerada. El origen puede ser un movimiento muy brusco o bien un traumatismo, una torcedura o un simple tropiezo: la única condición básica es que se fuerce la articulación a un movimiento para el cual no está capacitada. Pueden producirse esguinces en cualquier articulación, pero la localización más frecuente es el tobillo, que soporta en buena medida el peso corporal. También se producen esguinces en la rodilla y en los dedos, por lo común relacionados con accidentes deportivos.

El síntoma más precoz es el dolor, que aparece de inmediato y suele ser intenso, hasta el punto de impedir cualquier movilización de la articulación afectada y, si se trata del tobillo, incluso apoyar el pie en el suelo.
La articulación afectada se inflama progresivamente, se hincha y se vuelve tumefacta, a la par que la piel que la recubre aparece enrojecida y caliente. No es extraño, además, que se produzcan hematomas en la zona, reflejo de las lesiones vasculares y las consecuentes hemorragias que acompañan a las lesiones ligamentosas.

La inmovilización de la articulación afectada es la principal medida terapéutica del esguince.

 Primeros auxilios

L o primero es evitar todo movimiento de la articulación afectada, colocándola en una posición elevada. Para combatir la inmediata inflamación y la hemorragia interna que acompaña a la lesión de los ligamentos, conviene aplicar compresas frías o una bolsa de hielo sobre la zona. La aplicación de frío debe mantenerse como máximo durante media hora, aunque puede repetirse cuando se observa que la zona nuevamente se calienta.

Lo más oportuno es solicitar asistencia médica, para descartar la existencia de fracturas u otras lesiones asociadas, procurando siempre que la articulación se mantenga en reposo y evitando cualquier forzamiento durante el eventual traslado a un centro sanitario. Si no es posible recurrir a la asistencia médica pronto, en espera de la consulta con el facultativo puede aplicarse un vendaje ligeramente compresivo sobre la articulación lesionada para garantizar su completa inmovilización.

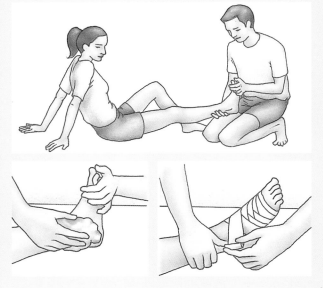

1. mantener la articulación inmóvil y en una posición elevada.

2. aplicar compresas frías o una bolsa de hielo sobra la articulación, durante un máximo de media hora

3. aplicar un vendaje ligeramente compresivo y acudir a un centro médico

Luxaciones más frecuentes

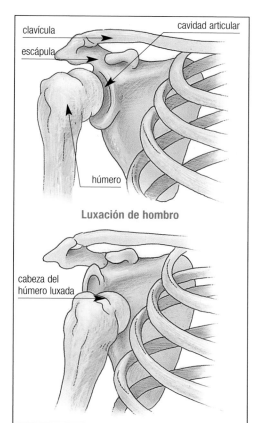

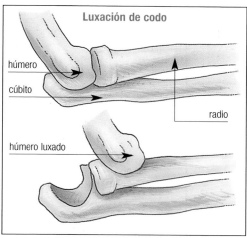

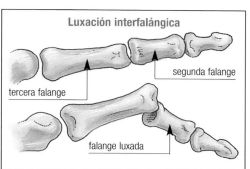

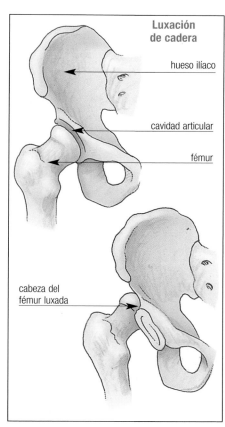

Prácticamente cualquier articulación puede sufrir una luxación, pero esta lesión es más frecuente en algunas localizaciones, sobre todo en los miembros. La luxación más común es la de hombro: le sigue en frecuencia la luxación de codo y también son comunes las luxaciones de los dedos, que se producen sobre todo en la práctica de deportes como baloncesto o voleibol. Con menor frecuencia se produce una luxación de cadera, por lo común como consecuencia de una caída.

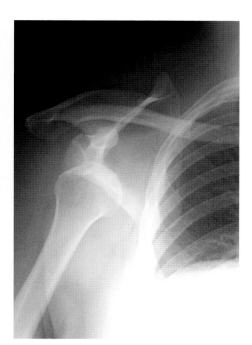

Radiografía correspondiente a una luxación del hombro derecho, donde puede observarse el desplazamiento de la cabeza del húmero.

Por lo general, las luxaciones se manifiestan con una deformidad de la articulación afectada, asociada a tumefacción y dolor en la zona.

Luxación

Una luxación o dislocación consiste en el desplazamiento de los segmentos óseos que forman una articulación, habitualmente acompañado de lesiones de ligamentos y de la cápsula articular. La causa más común es un traumatismo violento que comporta un fallo de los elementos de contención de la articulación y el desplazamiento de un hueso, que pierde su relación normal con el que está articulado. Puede tratarse de un traumatismo directo sobre un hueso o una articulación, pero también de un traumatismo indirecto.

El síntoma más precoz es el dolor, que aparece de inmediato tras el accidente y dificulta o impide por completo cualquier intento de movimiento de la articulación afectada. Por otra parte, según sea el tipo de luxación, el grado de desplazamiento del segmento óseo y su posición, puede resultar imposible efectuar con normalidad alguno o todos los movimientos de la articulación lesionada y además ésta puede aparecer deformada.

Aspecto de una articulación luxada

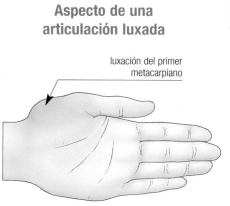

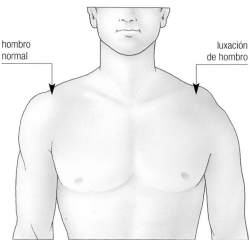

Las fracturas

Una fractura ósea corresponde a la rotura o interrupción de la continuidad de un hueso, ya sea parcial ya sea completa, por lo común como consecuencia de una caída o un traumatismo que provoca un impacto violento: puede producir una fractura cualquier traumatismo o incluso un movimiento brusco que ejerza sobre algún hueso una fuerza superior a la que éste puede tolerar.

Tipos de fracturas

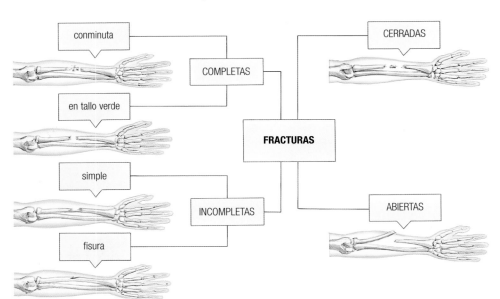

conminuta

COMPLETAS

en tallo verde

CERRADAS

FRACTURAS

simple

INCOMPLETAS

ABIERTAS

fisura

Se distinguen diversos tipos de fractura según el grado de rotura del hueso (completa, cuando el hueso se parte en dos o más fragmentos, o incompleta, cuando se produce una pérdida parcial de la continuidad del hueso) y según sea el grado de comunicación de los extremos del hueso quebrado con el exterior (cerrada, si la piel que cubre la zona del hueso roto permanece indemne, o abierta, cuando los tejidos superficiales se desgarran y los fragmentos del hueso quedan en comunicación directa con el exterior).

Manifestaciones

El síntoma más destacado es el dolor, que aparece de inmediato, suele ser intenso y se acentúa al intentar mover la zona lesionada o pretender caminar si se trata de un hueso del miembro inferior. En general, la zona de la fractura se inflama y la hemorragia interna puede dar lugar a la aparición de un hematoma más o menos extenso. Si hay desplazamiento de los fragmentos óseos, suele apreciarse una deformación más o menos evidente y de diversa índole según sea la posición que adopten. A veces se presenta una impotencia funcional total, con imposibilidad de efectuar cualquier movimiento, mientras que en otros casos el segmento esquelético afectado puede presentar una movilidad anormal. Otras manifestaciones dependen de las posibles complicaciones.

Posibles complicaciones de las fracturas

hemorragia

falta de irrigación en zona afectada

embolia

rotura de un vaso sanguíneo

compresión de una arteria

fragmentos óseos o de médula espinal a la circulación sanguínea

infección

FRACTURA

lesiones articulares

compresión de un nervio

rotura de un nervio

desgarro de tejidos vecinos

alteraciones sensoriales y motoras

Actuación en caso de fractura de antebrazo

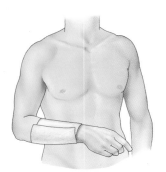

cubrir la zona lesionada con un paño

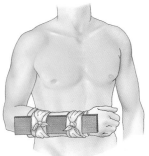

inmovilizar el antebrazo con tablas...

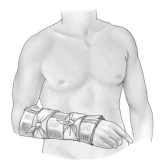

...u otros elementos rígidos

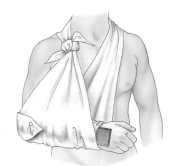

colocar un cabestrillo para sostener el antebrazo

Inmovilización improvisada de las fracturas de extremidad inferior

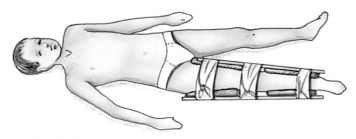

inmovilización de una fractura de pierna con tablas y trozos de tela

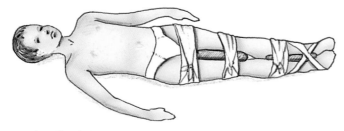

inmovilización de una fractura de pierna atando ambas extremidades

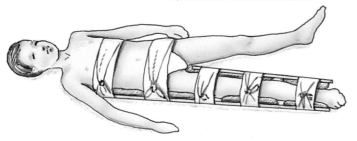

inmovilización de una fractura de fémur con tablas y trozos de tela

Actuación en caso de fractura abierta

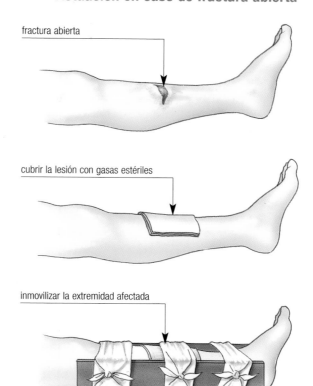

fractura abierta

cubrir la lesión con gasas estériles

inmovilizar la extremidad afectada

Ante una fractura abierta, tan importante como la inmovilización es detener la hemorragia y prevenir la infección: por eso, antes de inmovilizar la zona es necesario cubrir la herida con un apósito limpio, preferiblemente con gasas estériles.

Cabestrillo improvisado

cabestrillo improvisado con una camiseta: la prenda se dobla por el lado afectado de tal modo que rodee el antebrazo y la parte libre se fija a nivel del pecho con un imperdible

cabestrillo improvisado con una camisa: se desprenden los últimos botones y se dobla la parte del lado afectado de tal modo que rodee el antebrazo, anudando el extremo con una tira de tela que rodee el cuello

Para inmovilizar un miembro superior cuando no se dispone de material apropiado puede emplearse la prenda de vestir que lleve el accidentado cubriendo su torso. Básicamente, con el codo flexionado, se apoya el antebrazo contra el tronco y se rodea el mismo con la prenda de vestir, fijándola con algún dispositivo.

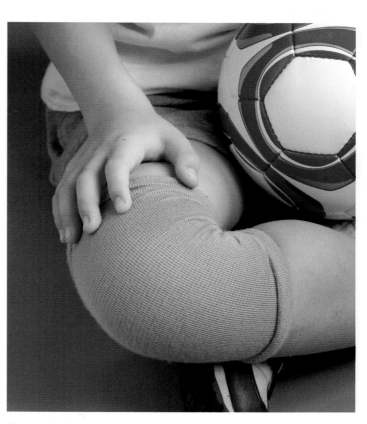

A menudo, el refuerzo improvisado de una articulación lesionada permite continuar con el deporte, pero esto suele empeorar la lesión o retrasar la recuperación.

Composición de la sangre

La sangre es el líquido viscoso de color rojizo que recorre constantemente el interior del aparato circulatorio: está formada por un fluido especial, el plasma, que lleva en suspensión y transporta por todo el organismo diversos tipos de corpúsculos celulares e infinidad de sustancias de la más variada índole.

Funciones de la sangre

- Transporta oxígeno y nutrientes a todo el organismo.
- Transporta residuos del metabolismo y sustancias tóxicas a los órganos encargados de su eliminación o neutralización.
- Transporta las hormonas producidas por las glándulas endocrinas hasta los tejidos donde ejercerán su acción.
- Participa en la termorregulación del organismo.
- Colabora con el sistema de defensa del organismo.

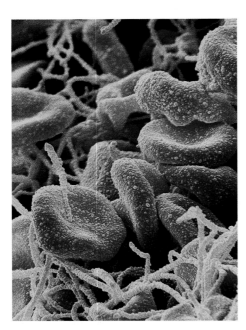

Glóbulos rojos vistos al microscopio.

Componentes básicos de la sangre

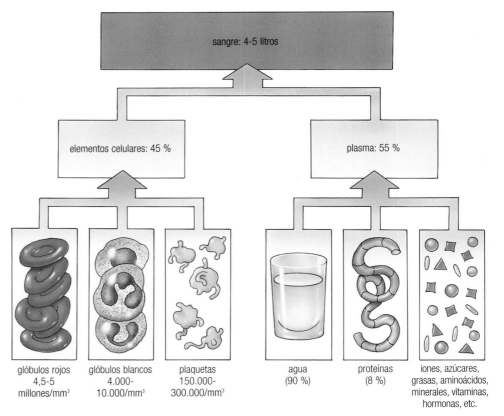

sangre: 4-5 litros

elementos celulares: 45 %

plasma: 55 %

| glóbulos rojos 4,5-5 millones/mm³ | glóbulos blancos 4.000-10.000/mm³ | plaquetas 150.000-300.000/mm³ | agua (90 %) | proteínas (8 %) | iones, azúcares, grasas, aminoácidos, minerales, vitaminas, hormonas, etc. |

Plasma sanguíneo. Es un líquido amarillento, compuesto fundamentalmente por agua (90 %), que transporta todos los elementos presentes en la sangre por el interior del aparato cardiovascular: además de las células sanguíneas, el plasma sirve de vehículo a los nutrientes, sustancias minerales, residuos del metabolismo, vitaminas, hormonas y múltiples productos que desempeñan variadas acciones biológicas. Algunas de tales sustancias viajan libres en el plasma, pero muchas son insolubles y forman complejos con proteínas que las fijan y transportan en la sangre para liberarlas en el sector del organismo que corresponda.

Células sanguíneas. Flotando en el plasma se encuentran tres tipos básicos de elementos celulares: los glóbulos rojos, cuyo particular color proporciona su característica tonalidad a la sangre; los glóbulos blancos, de los cuales se distinguen diversas variedades; y las plaquetas, los corpúsculos sanguíneos más diminutos.

Glóbulos rojos

Los glóbulos rojos, también llamados hematíes o eritrocitos, son las células sanguíneas más abundantes. Tienen forma de disco bicóncavo, de unos 7,5 μm de diámetro, y en realidad no son células completas, porque carecen de núcleo, lo que determina que su vida sea limitada, de unos 120 días. Contienen en su interior hemoglobina, un pigmento formado por hierro y responsable de la coloración de la sangre, que les permite llevar a cabo su función básica: transportar oxígeno desde los pulmones hasta todos los tejidos del organismo y dióxido de carbono, residuo del metabolismo, en sentido inverso.

7,5 μm

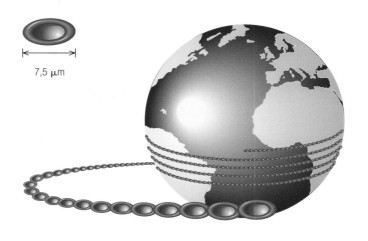

Si se alinearan todos los glóbulos rojos de una persona adulta, uno detrás de otro, los más de dos billones de células (4,5 millones/mm³ x 5 litros de sangre) darían aproximadamente 5,3 vueltas al ecuador de la Tierra.

Tipos de glóbulos blancos (leucocitos)

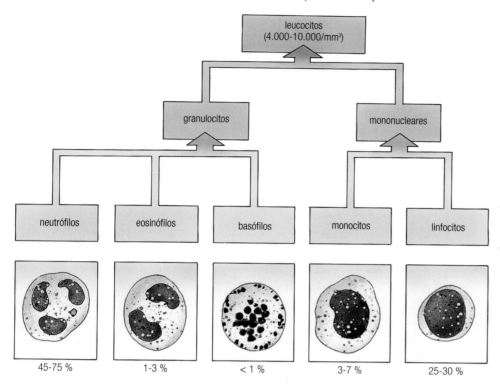

Glóbulos blancos

Los glóbulos blancos, también llamados leucocitos, forman parte del sistema inmunitario que protege el organismo de las infecciones. Existen diversos tipos de glóbulos blancos, todos ellos provistos de núcleo e inclusive algunos con un núcleo de forma multilobulada que visto al microscopio aparenta ser más de uno, lo que justifica la distinción de dos tipos de leucocitos: unos llamados polinucleares y otros denominados mononucleares.

Los **leucocitos polinucleares** se llaman también **granulocitos**, porque al microscopio pueden observarse en su interior una serie de gránulos donde se encuentran las sustancias necesarias para sus particulares funciones, y se diferencian en tres tipos fundamentales: **neutrófilos**, encargados de fagocitar, es decir, "comer" sustancias extrañas, principalmente bacterias; **eosinófilos**, que intervienen en las reacciones alérgicas y afecciones parasitarias, y **basófilos**, que participan en las reacciones alérgicas. Los **leucocitos mononucleares** son de dos tipos: **monocitos**, encargados de fagocitar gérmenes, detritus y todo tipo de elemento extraño, y **linfocitos**, encargados de producir anticuerpos (linfocitos B) y de atacar directamente a los agentes agresivos (linfocitos T).

Plaquetas

Las plaquetas, también denominadas trombocitos, son los elementos corpusculares más pequeños de la sangre. Son células incompletas y tienen una vida media de unos diez días. Su función se centra en la detención de las hemorragias, puesto que participan activamente en el proceso de coagulación.

Glóbulos blancos coloreados vistos al microscopio electrónico.

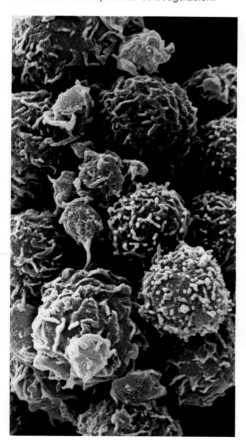

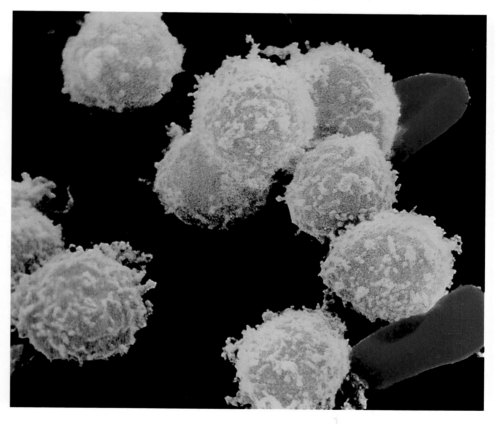

Plaquetas vistas al microscopio electrónico.

Formación de la sangre

La formación de los elementos celulares de la sangre es un proceso denominado hematopoyesis que tiene lugar de manera ininterrumpida fundamentalmente en la médula ósea presente en el interior de algunos huesos y también, en menor medida, en el bazo y los ganglios linfáticos.

Producción ininterrumpida

Cada día se forman:

- 100.000-250.000 millones de glóbulos rojos.
- 30.000 millones de glóbulos blancos.
- 70.000-150.000 millones de plaquetas.

Localización de la médula ósea roja en un adulto

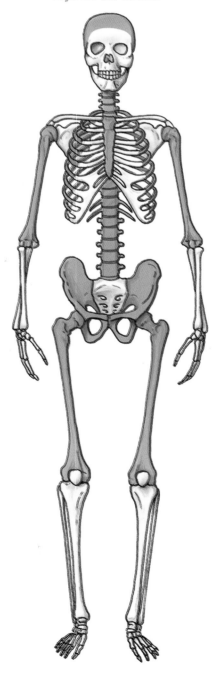

Médula ósea

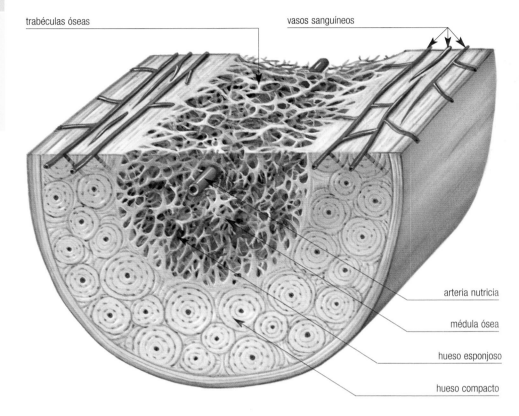

trabéculas óseas

vasos sanguíneos

arteria nutricia

médula ósea

hueso esponjoso

hueso compacto

La médula ósea

Es un tejido especializado en la fabricación de los diversos elementos celulares de la sangre que se encuentra en el interior de los huesos, tanto en la cavidad medular como ocupando las trabéculas del tejido óseo esponjoso situado bajo la capa externa de tejido óseo compacto. En realidad, se distinguen dos tipos de médula ósea: la médula ósea roja, encargada de producir las células de la sangre, y la médula ósea amarilla, inactiva y muy rica en tejido graso. La proporción y localización de ambos tipos de médula ósea varía con la edad: en el recién nacido todos los huesos del esqueleto contienen médula ósea roja. En el individuo adulto, sólo hay médula ósea roja activa en las costillas, el esternón, las vértebras, los huesos del cráneo, la pelvis y las partes distales de los huesos largos.

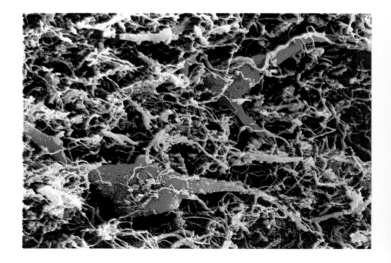

Médula ósea vista al microscopio electrónico.

El bazo es un órgano involucrado en la producción y en la destrucción de las células sanguíneas. Se trata de un órgano de consistencia blanda y forma ovalada, situado en la parte superior izquierda del abdomen. Su interior es esponjoso y está surcado por tabiques que lo dividen en diversos lóbulos. Por la parte central del órgano penetra la arteria esplénica, a través de la cual llega gran cantidad de sangre que se reparte por numerosas arteriolas hasta alcanzar multitud de lagunas y luego pasa a una serie de vénulas que confluyen para formar la vena esplénica.

Alrededor de las arteriolas hay unos acúmulos de tejido linfoide, los corpúsculos de Malpighi, que constituyen la denominada pulpa blanca. Alrededor de ésta se encuentra la pulpa roja, compuesta por unos lagos sanguíneos, o senos venosos, y unas trabéculas de tejido reticular denominadas cordones de Billroth.

Bazo

Vista ventromedial del bazo

Vista lateral del bazo

trabéculas fibrosas
cápsula
venas trabeculares
arterias trabeculares
hilio
arteria esplénica
hilio
parénquima
arteria esplénica
vena esplénica
cordones de Billroth
trabécula
vena trabecular
pulpa roja
senos venosos
arteria trabecular
corpúsculo de Malpighi
pulpa blanca

Estructura microscópica del bazo

Hematopoyesis

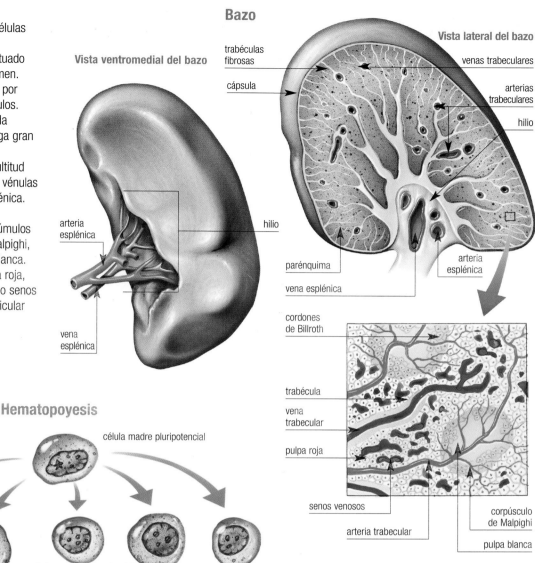

célula madre pluripotencial

megacarioblasto
célula madre monopotencial
célula madre monopotencial
célula madre monopotencial
célula madre monopotencial

megacariocito
proeritroblasto
mieloblasto
promonoblasto
linfoblasto

eritroblasto
promielocito
promonocito
prolinfocito

reticulocito
mielocito

metamielocito

cayado o banda

plaquetas
glóbulo rojo
granulocito
monocito
linfocito

La formación de las diversas células sanguíneas, denominada hematopoyesis, es ininterrumpida, puesto que, dado que todos estos elementos tienen una vida limitada, es preciso que se repongan de manera constante. El proceso se desarrolla fundamentalmente en la médula ósea, donde hay unas particulares células precursoras de todos los tipos de células sanguíneas: las células madre pluripotenciales, capaces de reproducirse a sí mismas y de diferenciarse para dar origen a las células madre monopontenciales, preparadas para generar cada tipo específico de célula sanguínea.

Desde su origen, los elementos sanguíneos pasan por un proceso de maduración, con diversas etapas en que reciben variados nombres, hasta, por último, convertirse en glóbulos rojos, glóbulos blancos o plaquetas que pasan a la circulación.

Grupos sanguíneos y transfusión

La sangre de los seres humanos, aunque siempre tiene los mismos componentes, presenta ciertas diferencias entre las personas y se clasifica en diversos grupos cuyo conocimiento resulta fundamental para establecer la compatibilidad sanguínea y poder efectuar transfusiones sin poner en peligro la vida del receptor.

Frecuencia de los grupos sanguíneos en la población de raza blanca

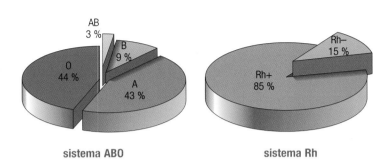

sistema ABO

sistema Rh

Los grupos sanguíneos

La sangre de los seres humanos se clasifica en diversos grupos según la presencia o ausencia de ciertos antígenos en la superficie de los glóbulos rojos, cuya existencia está determinada genéticamente y se rige por las leyes de la herencia. Esta clasificación determina el grado de compatibilidad sanguínea, es decir, la posibilidad de emplear sangre de unas personas para realizar transfusiones a otras sin que surjan inconvenientes, ya que si se utiliza sangre de una persona de un determinado grupo para transfundir a una persona de otro grupo, es posible que los glóbulos rojos del donante introducidos en la circulación del receptor sean atacados y destruidos por anticuerpos presentes en su plasma. Se originaría así una reacción de incompatibilidad, en ocasiones leve y pasajera, pero en otros casos tan grave que puede resultar mortal. Se han identificado numerosos antígenos en la superficie de los glóbulos rojos, pero los más importantes, los que se tienen habitualmente en cuenta a la hora de realizar transfusiones, corresponden al sistema ABO y al factor Rh.

El sistema ABO

Se basa en la existencia de dos antígenos en la superficie de los glóbulos rojos, denominados A y B. Según la presencia o ausencia de uno a ambos antígenos, se pueden establecer cuatro grupos sanguíneos: el grupo A, ante la presencia exclusiva del antígeno A; el grupo B, si existe sólo el antígeno B; el grupo AB, cuando están presentes los dos antígenos, y el grupo O, ante la ausencia de ambos.

A la par, la ausencia de un determinado antígeno en la superficie de los glóbulos rojos se relaciona con la presencia en el plasma de anticuerpos específicos contra el mismo, responsables de las reacciones de incompatibilidad. De este modo, en la sangre del grupo A existen anticuerpos anti-B y en la del grupo B hay anticuerpos anti-A, mientras que en la del grupo O están presentes tanto anticuerpos anti-A como anticuerpos anti-B y en la del grupo AB, por el contrario, no se encuentra ninguno de ellos.

GRUPO SANGUÍNEO	antígeno de superficie	anticuerpo
A	A	Y anti-B
B	B	Y anti-A
AB	A B	
O		Y anti-A Y anti-B

Compatibilidad transfusional del sistema ABO

reacción transfusional	DONANTE A	DONANTE B	DONANTE AB	DONANTE O donante universal
antígeno anticuerpo	A	B	A B	
RECEPTOR A Y anti-B	Y	←	←	Y
B Y anti-A	←	Y	←	Y
AB receptor universal				
O Y anti-A Y anti-B	← Y	Y ←	← Y	Y Y

Si una persona del grupo A recibiera una transfusión de sangre del grupo B, los anticuerpos anti-B presentes en el plasma del receptor reaccionarían contra los glóbulos rojos del donante, que contienen el antígeno B, y los destruirían, produciendo trastornos en ocasiones mortales. Lo mismo ocurriría si se empleara sangre del grupo A para transfundir a una persona del grupo B, cuyo plasma contiene anticuerpos anti-A capaces de destruir los glóbulos rojos de la sangre recibida. En cambio, si una persona del grupo AB es transfundida con sangre de otro tipo apenas se producirán problemas, porque no posee ningún anticuerpo y, por tanto, los glóbulos rojos recibidos no serán atacados; por este motivo, clásicamente se considera a la persona de grupo AB como "receptor universal". Por el contrario, una persona de grupo O no puede recibir sangre de ningún otro grupo, porque en su plasma existen anticuerpos que atacarían a los glóbulos rojos transfundidos. Sin embargo, como los glóbulos rojos del grupo O no contienen antígenos de ningún tipo, pueden ser transfundidos a personas de otros grupos sin riesgo de que sean destruidos; por este motivo, clásicamente se considera a la persona de grupo O como "donante universal".

El factor Rh

El sistema Rh depende de la presencia o ausencia de otros antígenos de superficie en los glóbulos rojos, de los cuales el más importante se denomina antígeno D: alrededor del 85 % de las personas tienen este antígeno y se consideran Rh positivas (Rh+), mientras que el resto carece del mismo y se catalogan como Rh negativas (Rh–). Si se transfundiera sangre de una persona Rh+ a una Rh–, se generarían en ésta anticuerpos anti-Rh que, ante una nueva transfusión de tales características, destruirían los glóbulos rojos recibidos. Por tanto, se pueden realizar transfusiones Rh– a receptores Rh+, pero no a la inversa.

Compatibilidad transfusional del factor Rh

		Donante	
	factor Rh	Rh+	Rh–
Receptor	Rh+	compatible	compatible
	Rh–	incompatible	compatible

Equipo de transfusión sanguínea

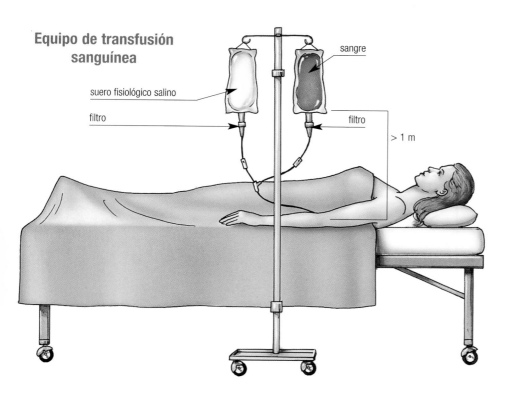

suero fisiológico salino

sangre

filtro

filtro

> 1 m

La transfusión de sangre o de sus derivados es una práctica terapéutica habitual utilizada para reponer el volumen sanguíneo o corregir el déficit de alguno de sus componentes cuando se dan situaciones que así lo requieren. El procedimiento es sencillo, pues corresponde a la administración intravenosa gota a gota mediante un equipo específico para tal fin dotado de un filtro que impida el paso de posibles microcoágulos presentes en la bolsa.

A veces la sangre se administra en tándem con suero fisiológico salino, única solución compatible con la sangre, incluso mezclando ambos productos para disminuir la viscosidad del preparado. La infusión se realiza a través de un catéter o una aguja de calibre adecuado que se inserta en una vena accesible, por lo general en el brazo. En general se requiere de una a dos horas para transfundir una unidad de sangre, sin que nunca lleguen a superarse las cuatro horas para su administración completa.

Síntomas de reacciones transfusionales anómalas

- Fiebre y escalofríos.
- Náuseas y vómitos.
- Dolor de cabeza.
- Vértigo.
- Dolor en cuello y tórax.
- Dificultad respiratoria.
- Erupciones cutáneas.
- Signos de shock.

Para prevenir los riesgos de una posible incompatibilidad entre la sangre que se va a utilizar y la sangre del receptor, antes de la transfusión se determina su grupo y tipo, para solicitar al banco de sangre unidades de idénticas características. Pero para tener la certeza de la compatibilidad, antes de la transfusión se practica una prueba de seguridad, denominada "prueba cruzada": se mezcla una muestra de la sangre prevista para la transfusión con una muestra de la sangre del receptor y se verifica que no se produzca una reacción anormal.

La coagulación sanguínea

Fases de la detención de una hemorragia

lesión vascular

hemorragia

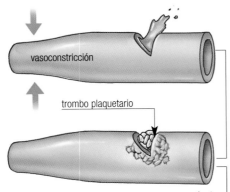

vasoconstricción

trombo plaquetario

hemostasia primaria
si se produce una herida en la pared vascular, el propio vaso sanguíneo se contrae de manera refleja para reducir la cantidad de sangre que llega hasta la lesión, las plaquetas que circulan por la zona se dirigen a la lesión y se adhieren entre sí (agregación plaquetaria) y se forma una masa (trombo plaquetario) que, aunque frágil, tapona la brecha

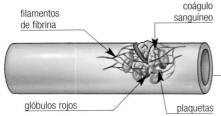

filamentos de fibrina

coágulo sanguíneo

glóbulos rojos

plaquetas

coagulación
se forma un coágulo sanguíneo, masa más sólida y estable constituida por diversos elementos sanguíneos, incluyendo glóbulos rojos, enlazados entre sí por abundantes filamentos de fibrina, una sustancia proteica insoluble que se forma a partir de un precursor soluble, el fibrinógeno, gracias a la acción en cascada de los factores de la coagulación

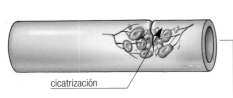

cicatrización

fibrinólisis
cuando el tejido dañado se ha reparado, la fibrina se degrada y se transforma en elementos solubles, lo que permite la progresiva disolución del coágulo sanguíneo y el restablecimiento de la normalidad de la circulación en la zona

La coagulación es un complejo proceso fisiológico, en el que participan diversos elementos presentes en la sangre, que tiene un objetivo de la máxima importancia: prevenir y, sobre todo, propiciar la detención de hemorragias cuando se altera la integridad del aparato circulatorio.

En condiciones normales, las paredes de los vasos sanguíneos no presentan soluciones de continuidad que permitan la salida de sangre al exterior del sistema vascular. Cuando se produce la rotura de un vaso sanguíneo, debido a un traumatismo o a una lesión que horada su pared, la sangre que circula por el interior del vaso tiende a salir al exterior: se produce entonces una hemorragia, de diversa magnitud según sean el tamaño de la herida y el caudal del vaso afectado. Es entonces cuando se activa el mecanismo de la coagulación sanguínea para obturar la herida.

El punto clave de la formación del coágulo sanguíneo es la conversión del fibrinógeno en fibrina, proceso en el que participan un conjunto de elementos, mayoritariamente de naturaleza proteica, que suelen denominarse con números. Muchos de estos factores se encuentran siempre presentes en el plasma pero sólo se activan cuando se produce una lesión en la pared de un vaso. El mecanismo es muy complejo, ya que los factores de la coagulación actúan en forma de "cascada": se activan unos a otros secuencialmente hasta que se obtiene una sustancia conocida como trombina, que es la encargada de convertir el fibrinógeno en fibrina. Existen dos vías diferentes que llevan a la obtención de la trombina: la vía de la coagulación exógena, que se activa a partir de sustancias secretadas por los tejidos del vaso sanguíneo lesionado, y la vía de la coagulación endógena, en la que participan exclusivamente elementos presentes en el plasma que se activan al contactar con el vaso lesionado.

Mecanismo de la coagulación

La hemofilia

Es un trastorno de la coagulación sanguínea producido por una alteración genética que se caracteriza por una notable tendencia a las hemorragias. Se debe a un déficit o una anomalía en la producción del factor de la coagulación VIII (hemofilia A) o del factor de la coagulación IX (hemofilia B). Cuando la concentración sanguínea de alguno de estos dos factores es insuficiente, o bien cuando su estructura molecular es anómala, el proceso de la coagulación no puede completarse adecuadamente y ello tiene como consecuencia que las hemorragias sean más frecuentes y persistentes de lo normal. La transmisión del problema ocurre según el mecanismo de herencia ligada al cromosoma X, por lo que la mayor parte de los afectados, casi la totalidad, son de sexo masculino.

Herencia de la hemofilia

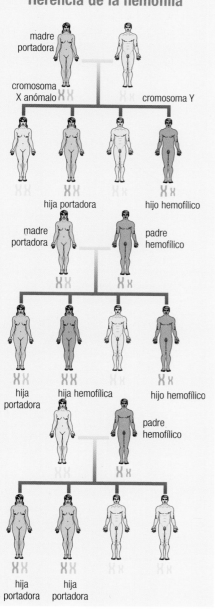

madre portadora

cromosoma X anómalo

cromosoma Y

hija portadora · hijo hemofílico

madre portadora · padre hemofílico

hija portadora · hija hemofílica · hijo hemofílico

padre hemofílico

hija portadora · hija portadora

Causas de trombosis

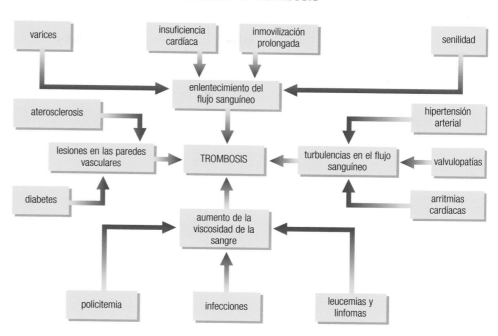

varices

insuficiencia cardíaca

inmovilización prolongada

senilidad

aterosclerosis

enlentecimiento del flujo sanguíneo

hipertensión arterial

lesiones en las paredes vasculares

TROMBOSIS

turbulencias en el flujo sanguíneo

valvulopatías

diabetes

arritmias cardíacas

aumento de la viscosidad de la sangre

policitemia

infecciones

leucemias y linfomas

Formación de un émbolo

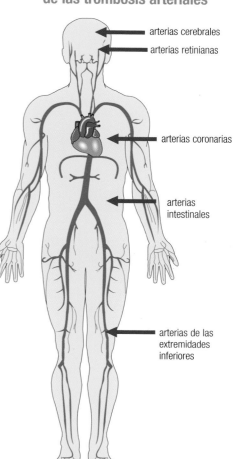

émbolo

trombo

Al desprenderse un fragmento de un trombo se constituye un émbolo, que es arrastrado por el torrente sanguíneo y puede enclavarse en un vaso de diámetro más pequeño, obstruyendo la circulación.

Localizaciones más frecuentes de las trombosis arteriales

arterias cerebrales

arterias retinianas

arterias coronarias

arterias intestinales

arterias de las extremidades inferiores

Trombosis

Se denomina trombosis a la formación de trombos o coágulos sanguíneos anormales que no cumplen con la finalidad de detener una hemorragia sino que, por el contrario, obstruyen el flujo de un vaso sanguíneo y pueden provocar una embolia. Las causas son variadas y las consecuencias, más o menos graves según la localización. En las trombosis venosas, o tromboflebitis, la complicación más grave es el desprendimiento de un trozo del coágulo, que entonces se denomina émbolo, el cual puede enclavarse en una arteria e interrumpir la irrigación de la zona. En las trombosis arteriales, la obstrucción ocasiona una isquemia o déficit de oxígeno en la zona irrigada por el vaso afectado, lo cual, en los casos más graves, implica un infarto o necrosis del tejido privado de oxígeno y nutrientes.

Trastornos de la sangre

Entre los principales problemas de la sangre cabe destacar dos: la anemia, correspondiente a una disminución de la hemoglobina de los glóbulos rojos y que constituye uno de los trastornos más comunes, y la leucemia, una enfermedad cancerosa de los glóbulos blancos, muy grave cuando no se procede al oportuno tratamiento.

Anemia

La anemia corresponde a una disminución de los niveles sanguíneos de hemoglobina. Dado que la concentración sanguínea de hemoglobina varía según la edad, el sexo y otras circunstancias, la definición de la anemia depende de estos parámetros, aunque en términos generales se considera que existe este trastorno si el nivel de hemoglobina es inferior a 13 g/100 ml de sangre en los hombres adultos, inferior a 12 g/100 ml en las mujeres e inferior a 11 g/100 ml en los niños y las mujeres embarazadas. Aunque suele haber coincidencia entre el descenso de hemoglobina y la disminución de los glóbulos rojos, esto no siempre ocurre: puede no existir anemia aunque la cifra de glóbulos rojos esté reducida, si el contenido en hemoglobina de cada uno es elevado; y por el contrario, puede haber una anemia aunque la cantidad de glóbulos rojos sea normal, si el contenido en hemoglobina de cada uno es bajo.

Debido a la anemia los tejidos no reciben todo el oxígeno que necesitan para funcionar como corresponde.

El origen de la anemia puede ser muy variado: unas veces se debe a hemorragias que provocan una pérdida exagerada o repetida de glóbulos rojos y de la hemoglobina que contienen; otras veces el problema corresponde a un fallo en la formación de la hemoglobina o los glóbulos rojos, por ejemplo de origen hereditario o bien a causa de un déficit de elementos necesarios para el proceso como hierro, ácido fólico o vitamina B_{12}; en ocasiones lo que ocurre es que la destrucción de glóbulos rojos es más acelerada o intensa de lo normal (anemias hemolíticas), etc. En las anemias más graves se puede recurrir a una transfusión de sangre.

Niveles normales de glóbulos rojos y de hemoglobina según la edad y el sexo

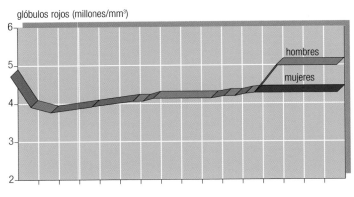

glóbulos rojos (millones/mm³)

hombres
mujeres

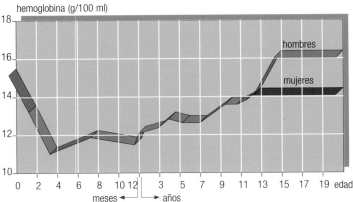

hemoglobina (g/100 ml)

hombres
mujeres

meses ← → años edad

Manifestaciones de las anemias

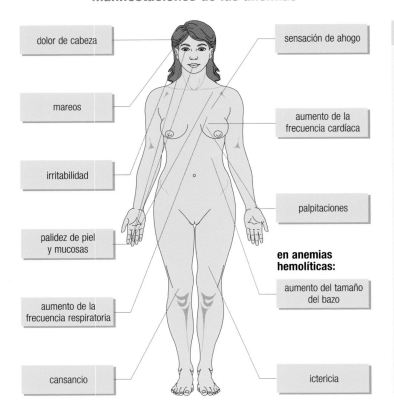

dolor de cabeza

sensación de ahogo

mareos

aumento de la frecuencia cardíaca

irritabilidad

palpitaciones

palidez de piel y mucosas

en anemias hemolíticas:

aumento del tamaño del bazo

aumento de la frecuencia respiratoria

cansancio

ictericia

La hemoglobina

Es el pigmento que da color a los glóbulos rojos, responsable del transporte de oxígeno. Está formada por dos elementos básicos de los que deriva su nombre: un compuesto denominado grupo hemo y unas proteínas tipo globina. El grupo hemo contiene un átomo de hierro, capaz de unirse al oxígeno para transportarlo en la sangre. Cuando está expuesta a una alta concentración de oxígeno (O_2), como ocurre cuando circula por los pulmones, cada molécula de hemoglobina puede fijar cuatro moléculas de oxígeno, que se unen a los respectivos átomos de hierro: se constituye así la **oxihemoglobina**. Cuando la concentración de oxígeno disminuye y a la par aumenta la de dióxido de carbono (CO_2), residuo del metabolismo celular, la hemoglobina libera el oxígeno, para cederlo a los tejidos, mientras que incorpora al dióxido de carbono para transportarlo hasta los pulmones, convirtiéndose entonces en **carboxihemoglobina**. En los pulmones, la hemoglobina cede el dióxido de carbono para que sea eliminado con la respiración y vuelve a incorporar oxígeno, en un ciclo incesante que asegura el intercambio de gases entre el organismo y el exterior.

Tipos de leucemia

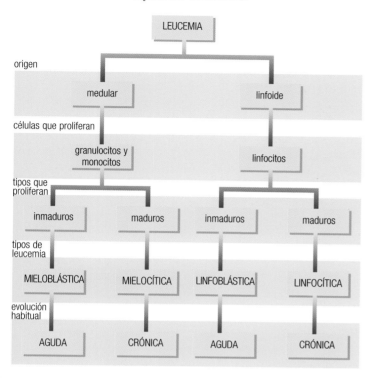

origen
células que proliferan
tipos que proliferan
tipos de leucemia
evolución habitual

Leucemia

La leucemia se caracteriza por una proliferación exagerada de glóbulos blancos anómalos y adopta diversas formas, pues puede deberse a una perturbación en el mecanismo de producción de los glóbulos blancos tipo leucocitos polinucleares (granulocitos) o tipo monocitos, que sólo se producen en la médula ósea, o bien de una alteración en la generación de los glóbulos blancos tipo linfocitos, que ocurre en la médula ósea y también en los tejidos linfoides. Los glóbulos blancos anómalos que muchas veces pasan a la circulación en cantidades inusuales, se acumulan en la médula ósea, la invaden de manera progresiva y ocupan el espacio destinado a la formación de las células sanguíneas normales, principal motivo de las consecuencias del trastorno: a la par que aumenta la producción de glóbulos blancos anómalos, disminuye la formación de glóbulos blancos normales y de las restantes células de la sangre, tanto de glóbulos rojos como de plaquetas.

El motivo del fallo en la reproducción de algunos precursores de los glóbulos blancos y su exagerada proliferación corresponde a una mutación genética cuya causa íntima no se conoce plenamente, aunque a veces se sabe que está motivada por una exposición a radiaciones o sustancias cancerígenas. En cuanto a la evolución, hay leucemias agudas, que se desarrollan tan deprisa que ponen en peligro la vida al cabo de pocas semanas o meses, y leucemias crónicas, que tienen un curso mucho más lento y hasta asintomático durante varios años. Afortunadamente, en los últimos tiempos, el tratamiento de la leucemia, basado en la radioterapia y la quimioterapia, así como en el trasplante de médula ósea, permite obtener excelentes resultados y la práctica curación de la enfermedad en un elevado porcentaje de los casos.

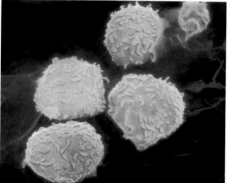

Visión al microscopio electrónico de linfocitos en una leucemia linfoblástica.

Manifestaciones de la leucemia

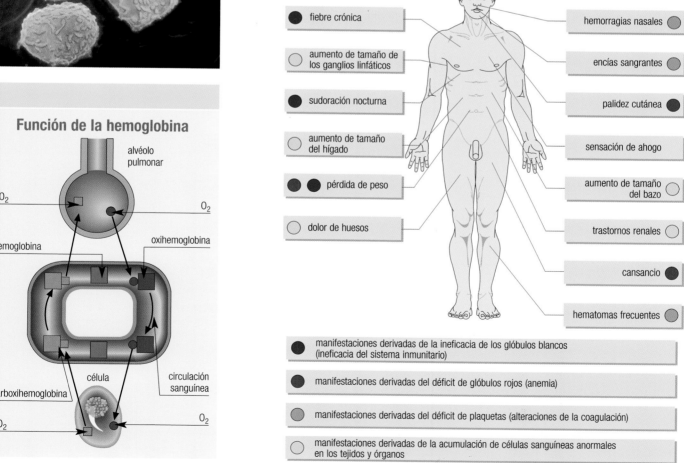

Función de la hemoglobina

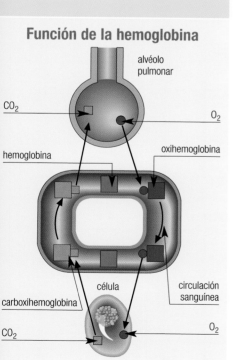

La circulación

El aparato circulatorio o cardiovascular está formado por el corazón y una compleja red de vasos que se extienden por todo el cuerpo, encargados de transportar incesantemente la sangre que lleva a los diversos tejidos el oxígeno y los nutrientes que necesitan para mantener su actividad vital y, a la par, recoger los residuos del metabolismo celular para hacerlos llegar a los órganos encargados de su depuración.

Esquema del aparato cardiovascular

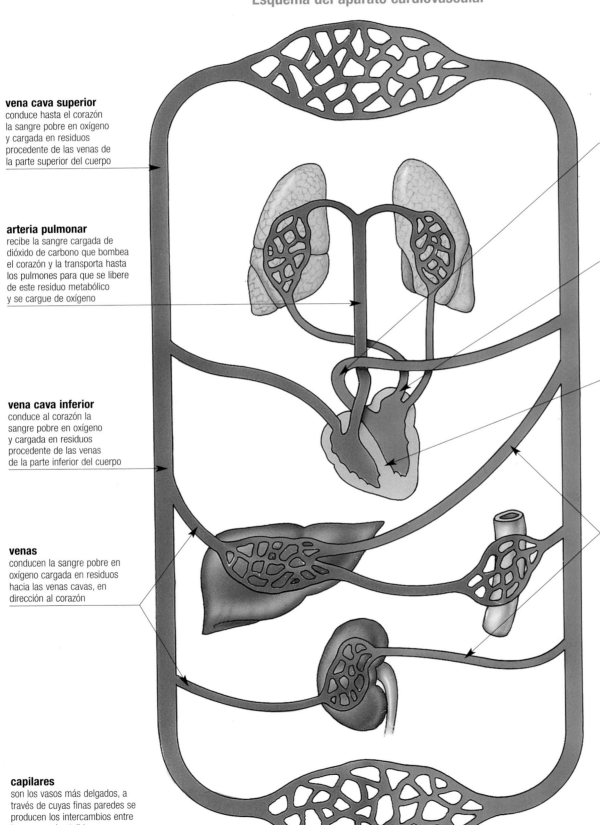

vena cava superior
conduce hasta el corazón la sangre pobre en oxígeno y cargada en residuos procedente de las venas de la parte superior del cuerpo

arteria pulmonar
recibe la sangre cargada de dióxido de carbono que bombea el corazón y la transporta hasta los pulmones para que se libere de este residuo metabólico y se cargue de oxígeno

vena cava inferior
conduce al corazón la sangre pobre en oxígeno y cargada en residuos procedente de las venas de la parte inferior del cuerpo

venas
conducen la sangre pobre en oxígeno cargada en residuos hacia las venas cavas, en dirección al corazón

capilares
son los vasos más delgados, a través de cuyas finas paredes se producen los intercambios entre la sangre y los tejidos

arteria aorta
principal arteria del organismo, recibe la sangre rica en oxígeno que bombea el corazón y la distribuye por sus ramificaciones para que alcance todos los sectores del cuerpo

venas pulmonares
transportan la sangre que se ha oxigenado en los pulmones hasta el corazón, para que la bombee hacia el organismo

corazón
motor central del aparato circulatorio, impulsa rítmicamente a las arterias la sangre que, tras recorrer todo el organismo, retorna al órgano por las venas

arterias
transportan la sangre que bombea el corazón, rica en oxígeno y nutrientes, a todos los tejidos del organismo

Intercambio de gases en el sistema circulatorio

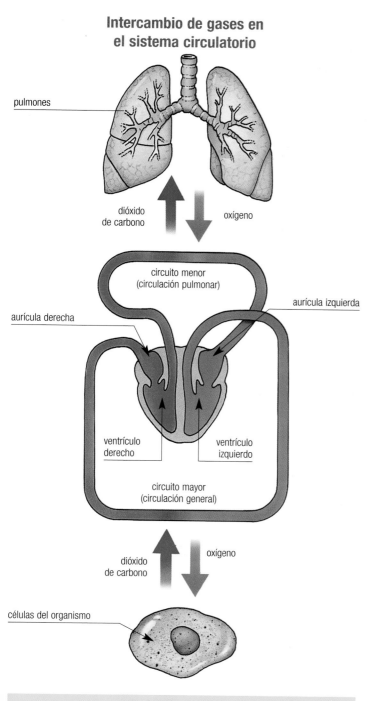

pulmones

dióxido de carbono   oxígeno

circuito menor (circulación pulmonar)

aurícula izquierda

aurícula derecha

ventrículo derecho   ventrículo izquierdo

circuito mayor (circulación general)

dióxido de carbono   oxígeno

células del organismo

El árbol vascular

El aparato circulatorio es un circuito cerrado relleno de sangre formado por un sistema de conductos, los vasos circulatorios, y un motor central, el corazón. El corazón, órgano hueco y de gruesas paredes musculares, se dilata y se contrae rítmicamente, llenándose y vaciándose de sangre en cada latido. En cada contracción, el corazón impulsa cierta cantidad de sangre rica en oxígeno a la aorta, una gran arteria con numerosas ramas que, como las que forman la copa de un árbol, se subdividen repetidas veces y dan origen a otras cada vez más delgadas, las arteriolas, que finalmente se convierten en unos delgadísimos conductos, los capilares, cuyas paredes, constituidas por una sola capa de células, son tan finas que hacen posible los intercambios entre la sangre y los tejidos. A continuación, los capilares se transforman en vénulas y éstas se unen entre sí formando venas cada vez de mayor calibre que llevan la sangre pobre en oxígeno y cargada de residuos en dirección al corazón.

El doble circuito circulatorio

Aunque el aparato circulatorio es un sistema cerrado, pueden diferenciarse dos circuitos que funcionan de manera simultánea y paralela, requisito indispensable para que pueda cumplir con su misión. Uno de ellos es el denominado "circuito menor" o "pequeño circuito", que corresponde a la circulación pulmonar: el ventrículo derecho del corazón bombea a las arterias pulmonares la sangre que ya ha circulado por todo el cuerpo, pobre en oxígeno y cargada de dióxido de carbono, para que se oxigene y, ya purificada, retorne a través de las venas pulmonares a la aurícula izquierda. El otro es el llamado "circuito mayor" o "gran circuito", que corresponde a la circulación general o sistémica: el ventrículo izquierdo del corazón impulsa la sangre oxigenada y rica en nutrientes a la arteria aorta para que sus ramificaciones la lleven a todos los tejidos y, tras el intercambio que se produce en los capilares, ya pobre en oxígeno y cargada de residuos, retorne a través de la venas cavas a la aurícula derecha.

Circulación fetal

Diferencias entre la circulación fetal (izquierda) y la circulación después del nacimiento (derecha).

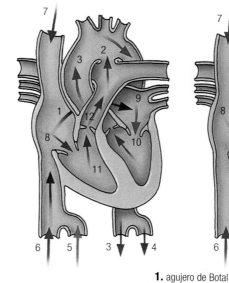
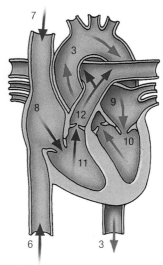

sangre arterial

sangre venosa

mezcla de sangre arterial y venosa

1. agujero de Botal o *foramen oval*
2. conducto arterioso
3. aorta
4. hacia las arterias umbilicales
5. vena procedente del cordón umbilical

6. vena cava inferior
7. vena cava superior
8. aurícula derecha
9. aurícula izquierda
10. ventrículo izquierdo
11. ventrículo derecho
12. tronco arterial pulmonar

La circulación de la sangre es muy diferente antes y después del nacimiento: el feto no come ni respira, por lo que debe obtener los nutrientes y el oxígeno que necesita de la sangre de la madre. Para ello, el feto cuenta con unos conductos especiales, los vasos umbilicales, que ponen en contacto su sistema circulatorio con la placenta, órgano donde se producen los intercambios de sustancias entre la sangre materna y la fetal. Además, dado que todavía no existe una circulación pulmonar, el corazón del feto presenta unas comunicaciones especiales que permiten el paso de sangre de un sector de la circulación al otro: un orificio existente en el tabique interauricular, denominado agujero de Botal o *foramen oval*, y un vaso que comunica directamente el ventrículo derecho con la arteria aorta, llamado conducto arterioso, que evita el paso de la sangre por los pulmones. Después del nacimiento, a la par que se interrumpe la circulación por los vasos umbilicales y el niño comienza a respirar, se cierran tanto el agujero de Botal como el conducto arterioso y se establece la circulación por el circuito pulmonar.

El corazón

El corazón es el motor central del aparato circulatorio, una potente bomba muscular situada en el tórax que, de manera ininterrumpida, impulsa rítmicamente la sangre rica en oxígeno y sustancias nutritivas a una intrincada red de vasos que la transportan por todos los sectores del organismo.

Localización del corazón

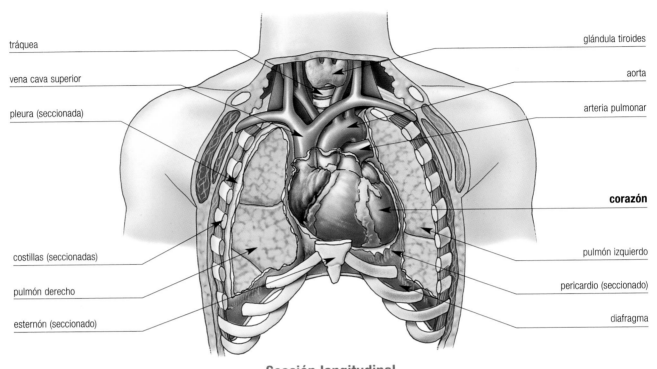

tráquea

vena cava superior

pleura (seccionada)

costillas (seccionadas)

pulmón derecho

esternón (seccionado)

glándula tiroides

aorta

arteria pulmonar

corazón

pulmón izquierdo

pericardio (seccionado)

diafragma

Sección longitudinal del corazón

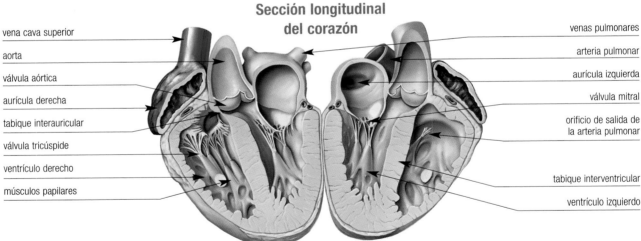

vena cava superior

aorta

válvula aórtica

aurícula derecha

tabique interauricular

válvula tricúspide

ventrículo derecho

músculos papilares

venas pulmonares

arteria pulmonar

aurícula izquierda

válvula mitral

orificio de salida de la arteria pulmonar

tabique interventricular

ventrículo izquierdo

Visión externa del corazón

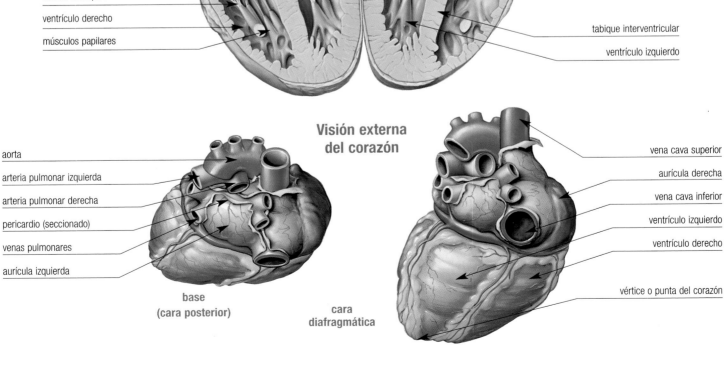

aorta

arteria pulmonar izquierda

arteria pulmonar derecha

pericardio (seccionado)

venas pulmonares

aurícula izquierda

base (cara posterior)

cara diafragmática

vena cava superior

aurícula derecha

vena cava inferior

ventrículo izquierdo

ventrículo derecho

vértice o punta del corazón

Cámaras cardíacas

E l corazón es un órgano hueco en cuyo interior hay dos tabiques de tejido muscular y membranoso, uno vertical y otro horizontal, que determinan cuatro compartimientos cardíacos diferenciados: el tabique vertical atraviesa el corazón desde la base hasta la punta y lo divide en dos mitades, una derecha y otra izquierda, normalmente incomunicadas entre sí; el tabique horizontal, en cambio, separa las dos cámaras superiores, denominadas aurículas, de los dos compartimientos inferiores, llamados ventrículos, pero presenta unos orificios que permiten la comunicación de cada aurícula con el ventrículo de cada lado.

Inervación del corazón

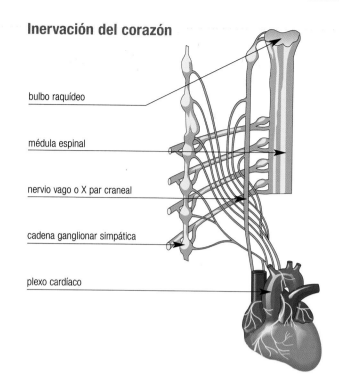

bulbo raquídeo

médula espinal

nervio vago o X par craneal

cadena ganglionar simpática

plexo cardíaco

El corazón está inervado por el sistema nervioso autónomo, tanto por el sistema simpático, a través de nervios procedentes de las cadenas ganglionares situadas junto a la médula espinal torácica, como por el sistema parasimpático, a través del nervio vago. El simpático, activado por estímulos tales como una emoción o un ejercicio físico, provoca un aumento de la frecuencia cardíaca, mientras que el parasimpático, que predomina en situación de reposo y en estado de calma, determina una ralentización de los latidos.

Circulación coronaria

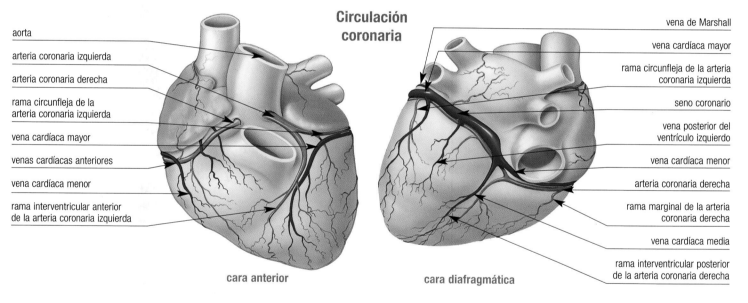

aorta

arteria coronaria izquierda

arteria coronaria derecha

rama circunfleja de la arteria coronaria izquierda

vena cardíaca mayor

venas cardíacas anteriores

vena cardíaca menor

rama interventricular anterior de la arteria coronaria izquierda

vena de Marshall

vena cardíaca mayor

rama circunfleja de la arteria coronaria izquierda

seno coronario

vena posterior del ventrículo izquierdo

vena cardíaca menor

arteria coronaria derecha

rama marginal de la arteria coronaria derecha

vena cardíaca media

rama interventricular posterior de la arteria coronaria derecha

cara anterior

cara diafragmática

Radiografía del corazón

La utilización de rayos X para el estudio del corazón resulta de suma utilidad, ya que permite precisar la ubicación, forma y tamaño del órgano y de los grandes vasos. En la radiografía, aunque no puede "ver" el corazón, el médico puede interpretar la imagen correspondiente al órgano y los grandes vasos, descifrando lo que se conoce como "silueta cardíaca", donde a cada sector le corresponde una determinada parte anatómica.

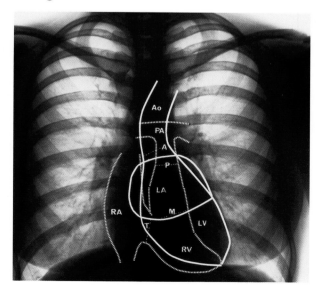

Manifestaciones de las enfermedades cardíacas

- Palpitaciones.
- Sensación de ahogo (disnea).
- Dolor torácico.
- Coloración azulada de la piel y las mucosas (cianosis).
- Retención de líquido en los tejidos (edemas).

Ao: aorta
PA: arteria pulmonar
P: tronco arterial pulmonar
LA: aurícula izquierda
RA: aurícula derecha
LV: ventrículo izquierdo
RV: ventrículo derecho
M: miocardio

El ciclo cardíaco

Las cámaras cardíacas –aurículas y ventrículos– se dilatan y se contraen rítmicamente para llenarse de sangre y luego expulsar su contenido: se establece así un ciclo que constituye la función de bomba del corazón y que garantiza la circulación sanguínea, controlado por estímulos eléctricos que se generan en el propio órgano y determinan los movimientos sincronizados de sus compartimentos.

Sistema de conducción eléctrica del corazón

tractos internodales

nódulo sinusal

nódulo auriculoventricular

haz de His

rama derecha

red de Purkinje

rama izquierda

El corazón comienza a latir mucho antes del nacimiento y funciona sin cesar hasta la muerte: a lo largo de una vida de duración media, se contrae y dilata sin reposo alguno alrededor de ¡2.500 millones de veces!

Los ininterrumpidos latidos del corazón dependen de unos **estímulos eléctricos** que se producen de manera autónoma en el propio órgano y que son capaces de provocar la contracción de las fibras que constituyen el **músculo cardíaco,** dando lugar a la contracción sucesiva y secuencial de los diversos compartimentos. Tales estímulos se generan de manera **rítmica** en unos sectores específicos del corazón, conocidos como "nódulos" y se propagan secuencialmente por todo el órgano a través de unos haces y redes de fibras musculares especializadas que constituyen el **sistema de conducción eléctrica**. El sistema nervioso, merced a sus influencias, puede acelerar o ralentizar la actividad cardíaca, pero no desencadenarla: el corazón es un órgano funcionalmente autónomo.

Propagación del impulso eléctrico cardíaco

A. los estímulos eléctricos se generan, a razón de 60-80 veces por minuto cuando estamos en reposo, en el nódulo sinusal, localizado en la aurícula derecha

B. los estímulos se propagan a través de los tractos internodales por la aurícula derecha y la aurícula izquierda, provocando la contracción de ambas cámaras

C. los estímulos llegan al nódulo auriculoventricular, localizado junto al orificio que comunica la aurícula y el ventrículo del lado derecho, y siguen su recorrido por los ventrículos a través del haz de His

D. los estímulos se propagan por las ramas derecha e izquierda del haz de His y, finalmente, pasan a la red de Purkinje, una intrincada red de ramificaciones que se extienden por las paredes de los dos ventrículos, provocando la contracción de estas cámaras

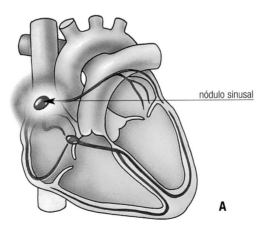

nódulo sinusal

A

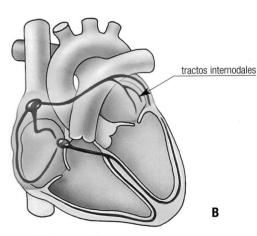

tractos internodales

B

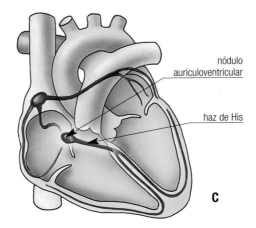

nódulo auriculoventricular

haz de His

C

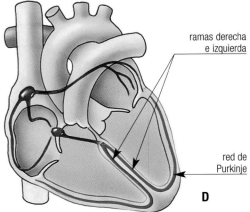

ramas derecha e izquierda

red de Purkinje

D

La sangre circula por el interior del corazón en un solo sentido: desde cada aurícula hacia el respectivo ventrículo y desde éste hacia la arteria correspondiente, ya sea la aorta, en el lado izquierdo, o la pulmonar, en el derecho. Esta circulación unidireccional queda garantizada por un sistema de válvulas que permiten el paso de sangre de un sector a otro y, en cambio, impiden su reflujo. El paso de sangre desde la aurícula al ventrículo de cada lado está regulado por una válvula específica: la válvula auriculoventricular derecha o válvula tricúspide, llamada así porque consta de tres valvas, y la válvula auriculoventricular izquierda o válvula mitral, llamada así porque está formada por dos valvas principales y su aspecto recuerda la mitra con que se cubren la cabeza ciertas dignidades eclesiásticas. Otras dos válvulas, la válvula aórtica y la válvula pulmonar, se encuentran en los orificios que comunican, respectivamente, el ventrículo izquierdo con la arteria aorta y el ventrículo derecho con la arteria pulmonar: sólo dejan pasar el flujo sanguíneo desde el ventrículo hasta la correspondiente arteria.

Válvulas cardíacas

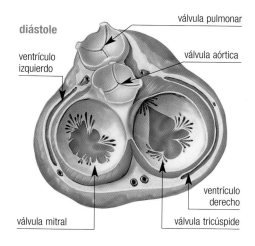

diástole

válvula pulmonar
ventrículo izquierdo
válvula aórtica
válvula mitral
ventrículo derecho
válvula tricúspide

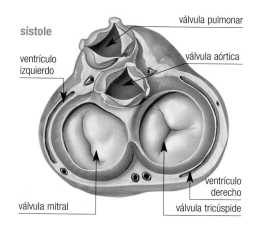

sístole

válvula pulmonar
ventrículo izquierdo
válvula aórtica
válvula mitral
ventrículo derecho
válvula tricúspide

Funcionamiento de las válvulas cardíacas

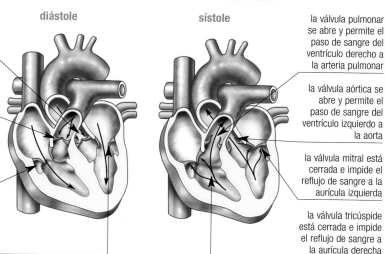

diástole

sístole

la válvula aórtica está cerrada e impide el reflujo de sangre al ventrículo izquierdo

la válvula pulmonar está cerrada e impide el reflujo de sangre al ventrículo derecho

la válvula tricúspide se abre y permite el paso de sangre de la aurícula derecha al ventrículo derecho

la válvula mitral se abre y permite el paso de sangre de la aurícula izquierda al ventrículo izquierdo

la válvula pulmonar se abre y permite el paso de sangre del ventrículo derecho a la arteria pulmonar

la válvula aórtica se abre y permite el paso de sangre del ventrículo izquierdo a la aorta

la válvula mitral está cerrada e impide el reflujo de sangre a la aurícula izquierda

la válvula tricúspide está cerrada e impide el reflujo de sangre a la aurícula derecha

Fases del ciclo cardíaco

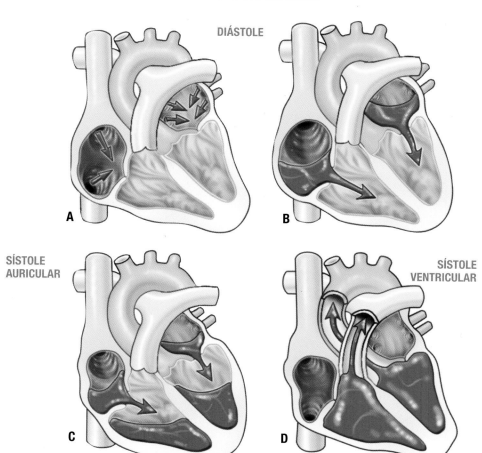

DIÁSTOLE

A

B

SÍSTOLE AURICULAR

SÍSTOLE VENTRICULAR

C

D

En cada latido, los cuatro compartimentos del corazón se dilatan y se contraen de forma sincrónica de tal modo que la sangre pasa de cada aurícula al ventrículo de su lado y de éste a la arteria correspondiente, en un ciclo que se repite sin cesar. La fase de dilatación se denomina **diástole**, mientras que la fase de contracción se conoce como **sístole**. En el lado derecho, la aurícula se dilata y se llena con la sangre procedente de las venas cavas, luego se contrae para arrojar su contenido al ventrículo, que se llena de sangre, y finalmente éste se contrae para impulsar su contenido a las arterias pulmonares. En el lado izquierdo, la aurícula se dilata y se llena con la sangre procedente de las venas pulmonares, luego se contrae para arrojar su contenido al ventrículo, que se llena de sangre, y finalmente éste se contrae para impulsar su contenido a la arteria aorta.

A. las aurículas se relajan y se llenan con la sangre procedente de las venas

B. las válvulas auriculoventriculares se abren y dejan pasar sangre a los ventrículos

C. las aurículas se contraen e impulsan su contenido a los ventrículos

D. las válvulas auriculoventriculares se cierran y los ventrículos se contraen para impulsar su contenido a las arterias

Enfermedades cardíacas

Actualmente, las enfermedades del aparato circulatorio constituyen, en su conjunto, una de las principales causas de muerte en el mundo, y en especial en los países desarrollados, donde imperan unos hábitos nocivos (alimentación inadecuada, estrés, sedentarismo...) que repercuten muy negativamente en la salud cardiovascular.

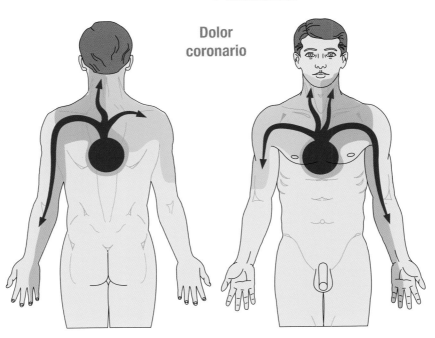

Dolor coronario

Tanto la angina de pecho como el infarto de miocardio se manifiestan por un dolor en el centro del pecho, por detrás del hueso esternón (dolor retroesternal), que puede irradiarse hacia los dos hombros e incluso bajar por los brazos hasta las manos, o bien hacia el cuello y la mandíbula o hacia la espalda.

Enfermedad coronaria

Consiste en una alteración de las arterias coronarias encargadas de irrigar el corazón y de proporcionar al músculo cardíaco el oxígeno que necesita para mantener su constante actividad. El depósito de grasas y otras sustancias en la pared de las arterias coronarias forma unas placas que estrechan la luz de estos vasos e impiden la normal circulación sanguínea por su interior, el correcto riego de los tejidos del corazón. Se trata de un proceso lento y progresivo, silencioso durante muchos años pero que, llegado cierto momento, termina por ocasionar

un déficit de irrigación agudo del miocardio, con unas manifestaciones típicas y muchas veces de consecuencias temibles. Dos son las principales formas de presentación de la enfermedad coronaria: la angina de pecho, una crisis de dolor torácico consecuente a una irrigación insuficiente pero momentánea del músculo cardíaco, y el infarto de miocardio, la muerte o necrosis de un sector de la pared del corazón debido a una falta de riego sanguíneo más importante y prolongada.

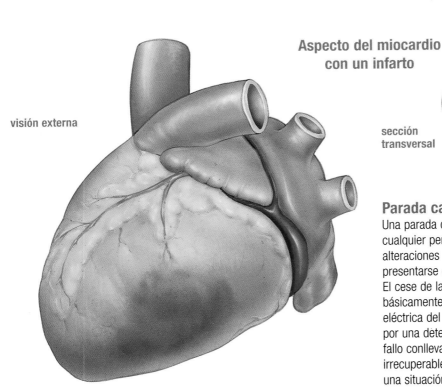

visión externa

Aspecto del miocardio con un infarto

sección transversal

Parada cardíaca

Una parada cardíaca puede producirse o bien de manera repentina en cualquier persona previamente sana, como resultado de diversas alteraciones agudas que no siempre se llegan a esclarecer, o bien presentarse como complicación de enfermedades graves y prolongadas. El cese de la actividad de bombeo del corazón puede producirse básicamente por dos mecanismos: por un trastorno de la actividad eléctrica del corazón que provoque un fallo de su función mecánica o por una detención absoluta de la actividad eléctrica del corazón. Este fallo conlleva la interrupción de la circulación, que en ocasiones es irrecuperable y comporta la muerte, pero que en otros casos constituye una situación crítica de máxima urgencia.

Insuficiencia cardíaca

La insuficiencia cardíaca corresponde a un fallo del corazón en su función de bomba impulsora de la circulación sanguínea, trastorno de múltiples causas y de diferente tipo según el sector del corazón más afectado y la evolución, aguda o crónica, que provoca múltiples repercusiones en todo el organismo. Sin el debido control y tratamiento, la insuficiencia cardíaca comporta una serie de complicaciones que afectan notoriamente a la calidad de vida e incluso pueden provocar la muerte. Hoy en día se cuenta con recursos para potenciar la función cardíaca y, por tanto, se pueden minimizar las consecuencias del trastorno, a condición de introducir ciertos cambios en el estilo de vida y de respetar al pie de la letra las instrucciones del médico.

Consecuencias de la insuficiencia cardíaca izquierda

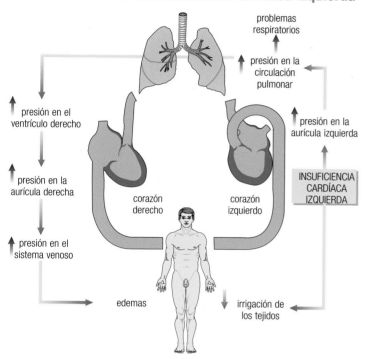

Consecuencias de la insuficiencia cardíaca derecha

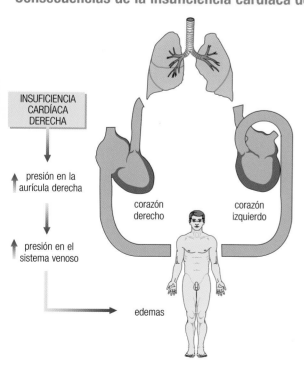

Factores causales de la insuficiencia cardíaca

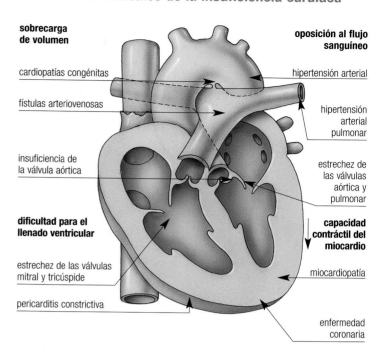

Electrocardiograma

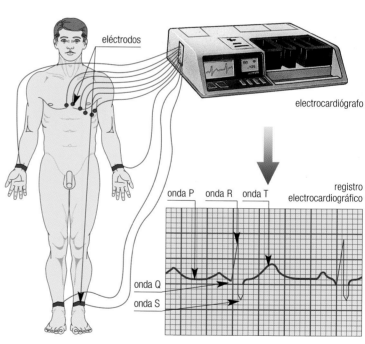

El electrocardiograma consiste en el registro de los impulsos eléctricos que se generan rítmicamente en determinados puntos del corazón y recorren secuencialmente todo el órgano determinando la contracción de sus cámaras. La prueba se basa en detectar estas señales eléctricas en la superficie del cuerpo, para amplificarlas y traducirlas en unas curvas que se imprimen sobre una tira de papel continuo, aunque también es posible observar el trazado en un monitor. Se trata de un procedimiento de fácil realización y muy útil para evaluar la función del órgano. Por eso se practica tanto ante la sospecha de ciertas enfermedades cardíacas, a fin de precisar el diagnóstico, como en los chequeos rutinarios de salud.

Las arterias

Las arterias son los vasos que tienen como misión conducir la sangre que bombea intermitentemente el corazón para que llegue de manera constante a los tejidos del organismo: constituyen un gran árbol de conductos que se subdividen en ramificaciones cada vez más finas y llegan a todos los rincones del cuerpo.

PRINCIPALES ARTERIAS DEL ORGANISMO

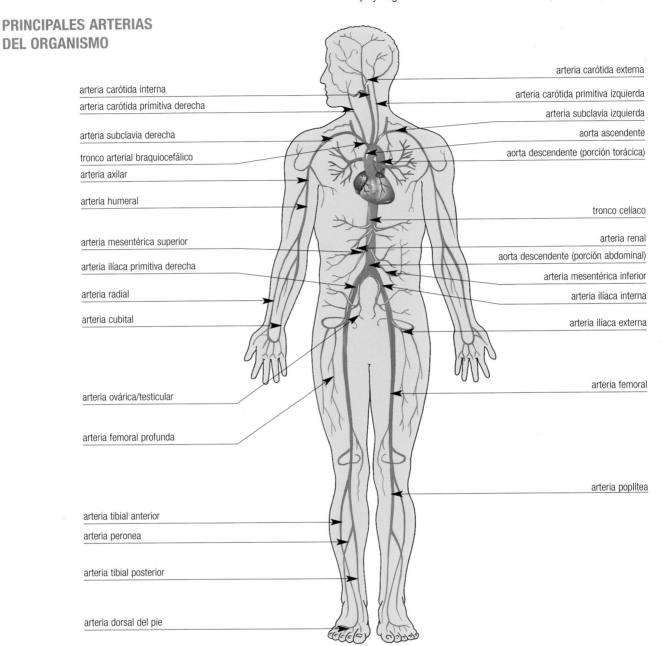

arteria carótida interna
arteria carótida primitiva derecha
arteria subclavia derecha
tronco arterial braquiocefálico
arteria axilar
arteria humeral
arteria mesentérica superior
arteria ilíaca primitiva derecha
arteria radial
arteria cubital
arteria ovárica/testicular
arteria femoral profunda
arteria tibial anterior
arteria peronea
arteria tibial posterior
arteria dorsal del pie

arteria carótida externa
arteria carótida primitiva izquierda
arteria subclavia izquierda
aorta ascendente
aorta descendente (porción torácica)
tronco celíaco
arteria renal
aorta descendente (porción abdominal)
arteria mesentérica inferior
arteria ilíaca interna
arteria ilíaca externa
arteria femoral
arteria poplítea

Estructura de una arteria

Las paredes de las arterias están formadas por tres capas que disponen de diversos tejidos, de los cuales dependen sus peculiares características:

■ La **túnica íntima**, la más interna, está formada por una capa de células epiteliales planas denominada endotelio, asentada sobre una capa basal que está rodeada de fibras elásticas longitudinales.

■ La **túnica media** está formada por una delgada membrana elástica interna, una gruesa capa de fibras musculares y elásticas transversales y una fina capa elástica externa.

■ La **túnica adventicia**, la más externa, es una membrana formada por un tejido conjuntivo que brinda resistencia al tubo.

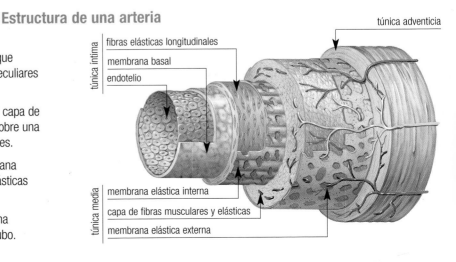

túnica adventicia
túnica íntima
fibras elásticas longitudinales
membrana basal
endotelio
túnica media
membrana elástica interna
capa de fibras musculares y elásticas
membrana elástica externa

Pulso arterial

C ada vez que el corazón se contrae, impulsa con fuerza cierta cantidad de sangre hacia la arteria aorta, que la reparte por todo el cuerpo a través de sus ramificaciones. A medida que el flujo sanguíneo avanza por estos vasos, de paredes elásticas, también se propaga en su recorrido una onda pulsátil que se corresponde con la contracción del ventrículo izquierdo. De tal modo que al palpar las pulsaciones de las arterias superficiales se obtienen valiosos datos sobre la frecuencia y el ritmo de los latidos cardíacos, así como sobre la fuerza de las contracciones del corazón y otros parámetros de interés para el médico.

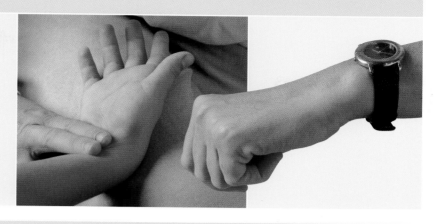

Puntos de palpación del pulso arterial

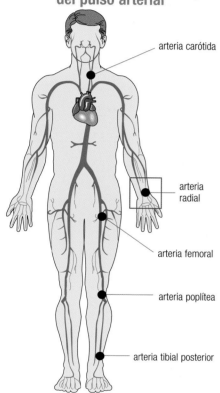

arteria carótida

arteria radial

arteria femoral

arteria poplítea

arteria tibial posterior

La presión arterial

E s la fuerza que ejerce la sangre que bombea el corazón en cada latido contra las paredes de las arterias: es una fuerza necesaria para garantizar la circulación, porque la sangre debe vencer la resistencia que ofrece la progresiva disminución del diámetro de los vasos arteriales. En cada contracción, el ventrículo izquierdo arroja cierta cantidad de sangre a la aorta, debido a que sus ramificaciones son cada vez más delgadas y elásticas, en un primer momento se distienden y luego recuperan su diámetro anterior, con lo que la sangre resulta impulsada hacia los vasos de menor calibre y se establece un flujo prácticamente continuo en los capilares.

Dado que presenta ciertas oscilaciones en el curso del latido cardíaco, la presión arterial no es uniforme. Por ello, para referirse a sus valores siempre se consideran dos parámetros: la presión máxima, que corresponde al momento de la sístole, cuando el ventrículo izquierdo arroja su contenido a la aorta, y la presión mínima, que corresponde al momento de la diástole, cuando el ventrículo izquierdo se dilata para llenarse. Cabe destacar que la presión arterial presenta numerosas variaciones a lo largo del día y que sus valores se incrementan progresivamente con la edad, aunque en condiciones normales siempre se mantienen dentro de ciertos límites.

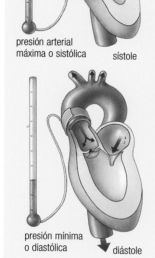

presión arterial máxima o sistólica

sístole

presión mínima o diastólica

diástole

Límites normales de la presión arterial

Edad	Presión máxima o sistólica (mmHg)	Presión mínima o diastólica (mmHg)
1-3 meses	80	55
4-12 meses	90	65
1-4 años	110	70
5-10 años	120	75
11-15 años	130	80
16-20 años	135	85
21-30 años	145	90
31-40 años	150	90
41-50 años	160	95
51-60 años	165	95
61-70 años	170	98
+ 70 años	175	100

Sección de un capilar

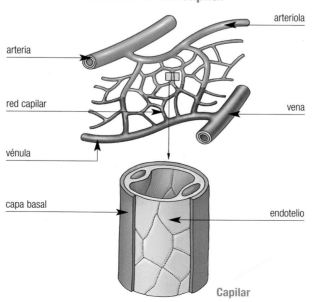

arteriola

arteria

red capilar

vénula

vena

capa basal

endotelio

Capilar

Capilares

Son la continuación de las pequeñas arteriolas. Tienen un diámetro muy reducido y unas paredes muy delgadas, formadas por una sola capa de células, tan finas que permiten el intercambio de oxígeno, sustancias nutritivas y productos de desecho entre la sangre y los tejidos que irrigan. Precisamente, éste es el objetivo de todo el aparato cardiovascular: garantizar la circulación en los capilares y posibilitar así los intercambios entre la sangre y los tejidos.

Las venas

Las venas son los vasos circulatorios encargados de llevar de retorno hasta el corazón la sangre proveniente de todos los rincones del cuerpo, una sangre que después de su paso por los tejidos orgánicos se encuentra pobre en oxígeno y cargada de residuos procedentes del metabolismo celular.

Principales venas del organismo

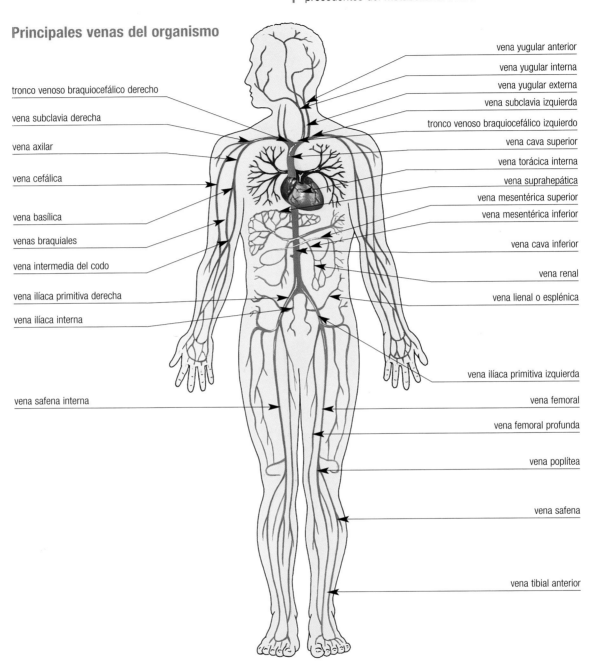

tronco venoso braquiocefálico derecho

vena subclavia derecha

vena axilar

vena cefálica

vena basílica

venas braquiales

vena intermedia del codo

vena ilíaca primitiva derecha

vena ilíaca interna

vena safena interna

vena yugular anterior

vena yugular interna

vena yugular externa

vena subclavia izquierda

tronco venoso braquiocefálico izquierdo

vena cava superior

vena torácica interna

vena suprahepática

vena mesentérica superior

vena mesentérica inferior

vena cava inferior

vena renal

vena lienal o esplénica

vena ilíaca primitiva izquierda

vena femoral

vena femoral profunda

vena poplítea

vena safena

vena tibial anterior

Estructura de una vena

Las paredes de las venas están formadas por tres capas constituidas por diversos tejidos:

■ La **túnica íntima**, la más interna, es una capa muy delgada compuesta por un solo estrato de células planas asentado sobre una fina membrana basal de tejido conjuntivo.

■ La **túnica media**, que es la más resistente, está formada por tejido elástico y, fundamentalmente, por tejido muscular.

■ La **túnica adventicia**, la más externa, es un delgado manto de tejido conjuntivo laxo y flexible a través del cual se nutren las capas subyacentes y merced al cual las venas se fijan a los tejidos que las rodean.

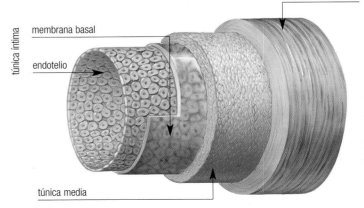

túnica adventicia

túnica íntima

membrana basal

endotelio

túnica media

Sistema venoso
de los miembros inferiores

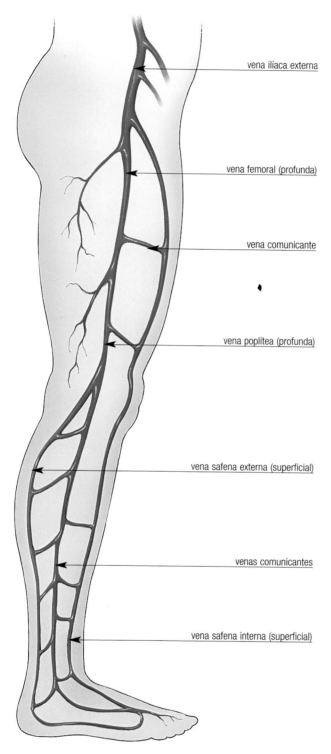

vena ilíaca externa

vena femoral (profunda)

vena comunicante

vena poplítea (profunda)

vena safena externa (superficial)

venas comunicantes

vena safena interna (superficial)

En el sistema venoso periférico se distinguen dos tipos de venas: las **venas superficiales**, *que discurren muy próximas a la superficie del cuerpo e incluso resultan visibles bajo la piel, sobre todo en las extremidades, y las* **venas profundas**, *que discurren entre los músculos, por lo común siguiendo el trayecto de las arterias principales. Además, sobre todo en los miembros inferiores, hay también* **venas comunicantes** *que enlazan ambas partes de este sistema venoso y permiten que la sangre pase de las venas superficiales a las venas profundas, de mayor calibre y más resistentes, para que la conduzcan hacia el corazón.*

La circulación venosa

L as venas tienen el cometido de garantizar la llamada "circulación de retorno", pues se encargan de llevar hasta el corazón la sangre procedente de todos los rincones del cuerpo. En las venas situadas en la parte superior del cuerpo, ello es posible simplemente porque las paredes venosas son muy dilatables y la presión existente en su interior es inferior a la de la aurícula derecha, que ejerce un efecto de "aspiración". Distinto es el caso en las venas situadas en la parte inferior del cuerpo, sobre todo al permanecer de pie, pues la sangre debe circular hacia el corazón contra la fuerza de gravedad. Para asegurar su funcionamiento, estos vasos cuentan con un sistema de válvulas internas que sólo dejan pasar la sangre en un solo sentido, hacia el corazón, e impiden su reflujo. Además, en los miembros inferiores hay algo así como una "bomba muscular", pues la contracción de los músculos entre los cuales discurren las venas proporciona el empuje necesario para la circulación venosa.

Funcionamiento de las válvulas venosas

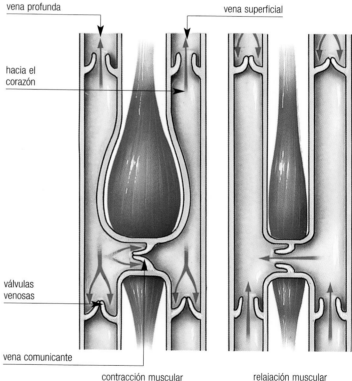

vena profunda

vena superficial

hacia el corazón

válvulas venosas

vena comunicante

contracción muscular

relajación muscular

Las válvulas venosas

Diversas venas, sobre todo las de los miembros inferiores, cuentan en su interior con válvulas que aseguran el flujo de sangre en una única dirección: desde los vasos venosos superficiales hacia los profundos, y desde éstos hacia el corazón. Cada válvula está formada por dos repliegues de la pared interna, o valvas, que tienen una forma semiesférica: cuando la sangre es impulsada en sentido ascendente, las valvas se proyectan hacia arriba y permiten así el paso del torrente circulatorio; cuando el impulso se interrumpe, la válvula se cierra simplemente por el peso de la sangre acumulada en la concavidad de las valvas. La sangre, pues, no puede volver hacia abajo, y en el próximo impulso ascenderá otro tramo, siempre en dirección al corazón.

El sistema linfático

El sistema linfático está formado por una intrincada red de conductos que drena el líquido que baña los espacios intercelulares para transportarlo en dirección al sistema circulatorio a fin de que se incorpore al torrente sanguíneo; en su trayecto, ese líquido, la linfa, pasa por unas formaciones nodulares, los ganglios linfáticos, que actúan como filtro de gérmenes e impurezas.

Sistema linfático

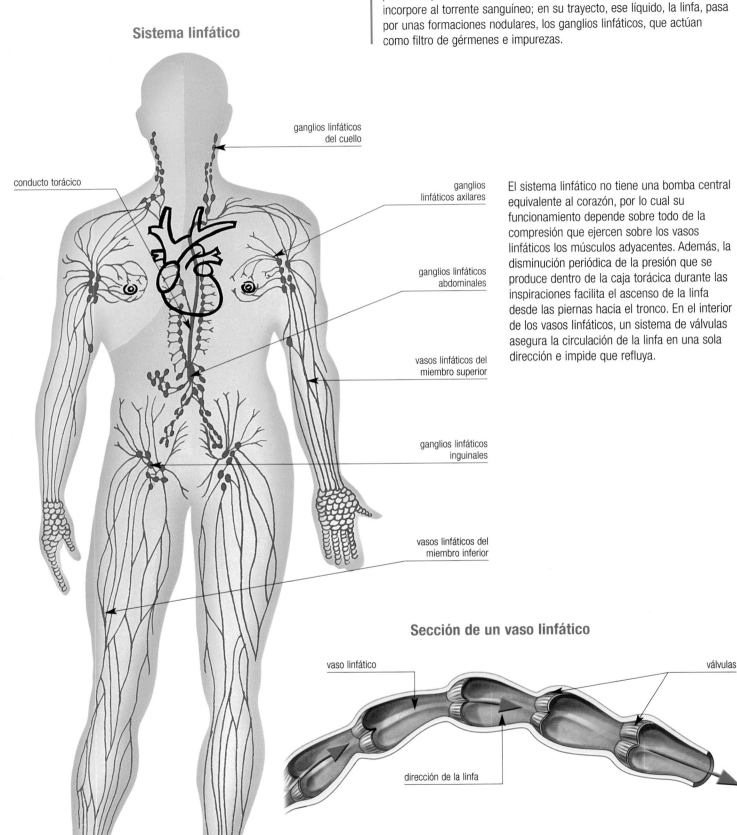

ganglios linfáticos del cuello

conducto torácico

ganglios linfáticos axilares

ganglios linfáticos abdominales

vasos linfáticos del miembro superior

ganglios linfáticos inguinales

vasos linfáticos del miembro inferior

El sistema linfático no tiene una bomba central equivalente al corazón, por lo cual su funcionamiento depende sobre todo de la compresión que ejercen sobre los vasos linfáticos los músculos adyacentes. Además, la disminución periódica de la presión que se produce dentro de la caja torácica durante las inspiraciones facilita el ascenso de la linfa desde las piernas hacia el tronco. En el interior de los vasos linfáticos, un sistema de válvulas asegura la circulación de la linfa en una sola dirección e impide que refluya.

Sección de un vaso linfático

vaso linfático

válvulas

dirección de la linfa

Los vasos linfáticos constituyen la continuación de los capilares y progresivamente aumentan de diámetro, confluyendo entre sí para formar otros cada vez más gruesos. Cuentan en el interior con válvulas que dejan pasar la linfa en un solo sentido e impiden su reflujo, para garantizar la circulación en la dirección adecuada.

Relación entre la circulación linfática y la sanguínea

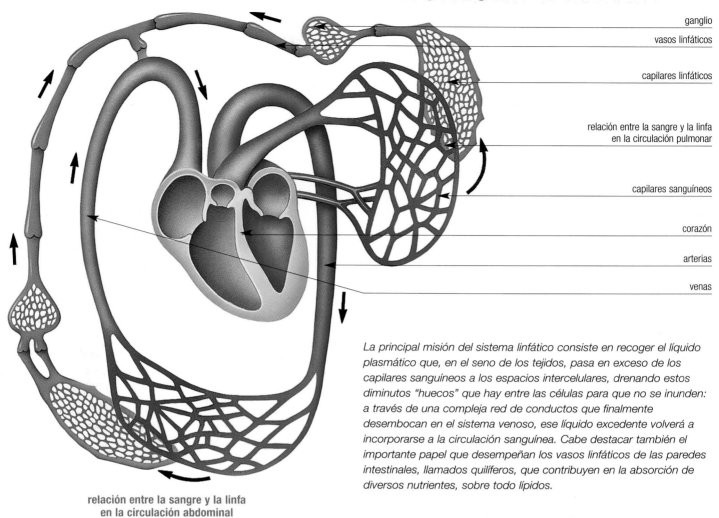

ganglio

vasos linfáticos

capilares linfáticos

relación entre la sangre y la linfa
en la circulación pulmonar

capilares sanguíneos

corazón

arterias

venas

**relación entre la sangre y la linfa
en la circulación abdominal**

La principal misión del sistema linfático consiste en recoger el líquido plasmático que, en el seno de los tejidos, pasa en exceso de los capilares sanguíneos a los espacios intercelulares, drenando estos diminutos "huecos" que hay entre las células para que no se inunden: a través de una compleja red de conductos que finalmente desembocan en el sistema venoso, ese líquido excedente volverá a incorporarse a la circulación sanguínea. Cabe destacar también el importante papel que desempeñan los vasos linfáticos de las paredes intestinales, llamados quilíferos, que contribuyen en la absorción de diversos nutrientes, sobre todo lípidos.

Relación entre capilares linfáticos y sanguíneos

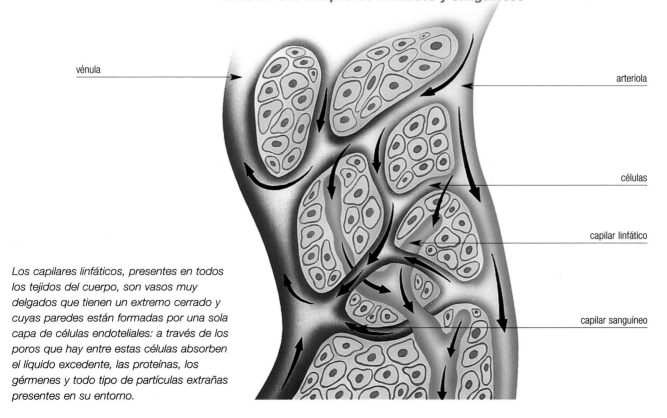

vénula

arteriola

células

capilar linfático

capilar sanguíneo

Los capilares linfáticos, presentes en todos los tejidos del cuerpo, son vasos muy delgados que tienen un extremo cerrado y cuyas paredes están formadas por una sola capa de células endoteliales: a través de los poros que hay entre estas células absorben el líquido excedente, las proteínas, los gérmenes y todo tipo de partículas extrañas presentes en su entorno.

La respiración

El aparato respiratorio es el sistema orgánico encargado de mantener un intercambio de gases con el medio ambiente y, por lo tanto, cumple dos objetivos fundamentales: por un lado, obtener del aire atmosférico el oxígeno que nuestros tejidos utilizan como combustible para las reacciones metabólicas; por otro, eliminar el dióxido de carbono que se genera como residuo metabólico y cuya acumulación resulta tóxica.

Componentes del aparato respiratorio

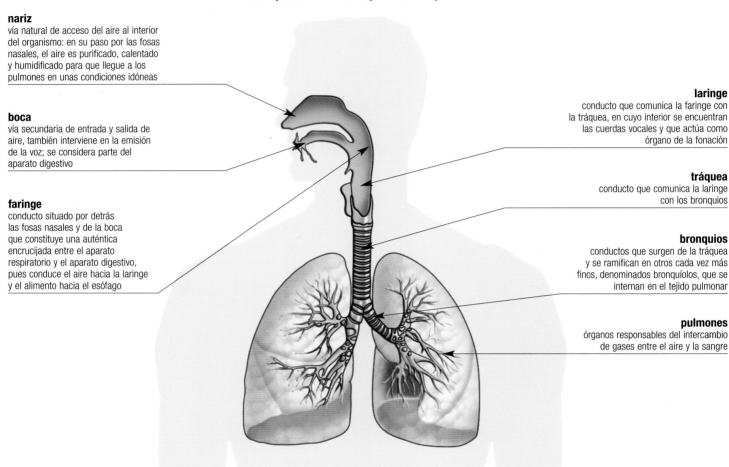

nariz
vía natural de acceso del aire al interior del organismo: en su paso por las fosas nasales, el aire es purificado, calentado y humidificado para que llegue a los pulmones en unas condiciones idóneas

boca
vía secundaria de entrada y salida de aire, también interviene en la emisión de la voz; se considera parte del aparato digestivo

faringe
conducto situado por detrás las fosas nasales y de la boca que constituye una auténtica encrucijada entre el aparato respiratorio y el aparato digestivo, pues conduce el aire hacia la laringe y el alimento hacia el esófago

laringe
conducto que comunica la faringe con la tráquea, en cuyo interior se encuentran las cuerdas vocales y que actúa como órgano de la fonación

tráquea
conducto que comunica la laringe con los bronquios

bronquios
conductos que surgen de la tráquea y se ramifican en otros cada vez más finos, denominados bronquíolos, que se internan en el tejido pulmonar

pulmones
órganos responsables del intercambio de gases entre el aire y la sangre

Caja torácica, visión frontal

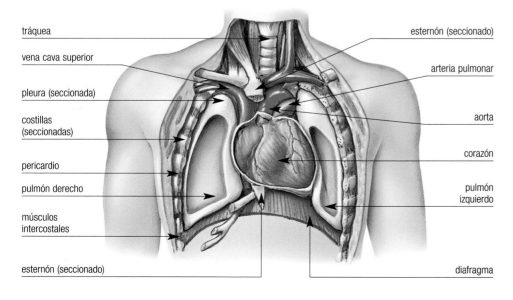

tráquea

vena cava superior

pleura (seccionada)

costillas (seccionadas)

pericardio

pulmón derecho

músculos intercostales

esternón (seccionado)

esternón (seccionado)

arteria pulmonar

aorta

corazón

pulmón izquierdo

diafragma

El **tórax**, el segmento corporal comprendido entre el cuello y el abdomen, contiene estructuras de muy diversa índole por tanto, está relacionado con diversos aparatos y sistemas orgánicos. Por un lado, la caja torácica alberga al corazón y los grandes vasos, estructuras fundamentales del sistema cardiovascular; por otro, contiene la mayor parte de los órganos del aparato respiratorio. La pared torácica es responsable de la protección de vísceras tan delicadas como el corazón y los pulmones, además de participar de forma muy activa en los movimientos respiratorios.

El diafragma es un músculo aplanado y con forma de cúpula que separa la cavidad torácica de la abdominal y que interviene de forma activa en la respiración. Su parte convexa está orientada hacia arriba, hacia la cavidad torácica, y su parte cóncava, hacia abajo, es decir, hacia la cavidad abdominal.

El diafragma presenta unos orificios especiales que permiten el paso de diversos elementos anatómicos de la cavidad torácica hacia la abdominal: el **hiato esofágico**, por donde el esófago penetra en el abdomen para llegar hasta el estómago, y los orificios por los que pasan la arteria aorta y la vena cava. La parte central del diafragma, o **centro frénico**, está formada por un tejido tendinoso duro y resistente: cuando el potente músculo diafragmático se contrae y se aplana, el centro frénico resulta traccionado hacia abajo y la cavidad torácica se expande.

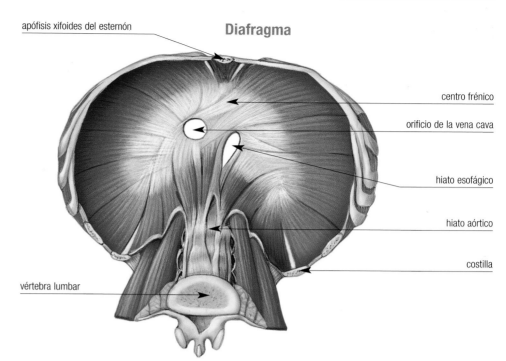

Diafragma

apófisis xifoides del esternón

centro frénico

orificio de la vena cava

hiato esofágico

hiato aórtico

costilla

vértebra lumbar

Mecanismo de la respiración

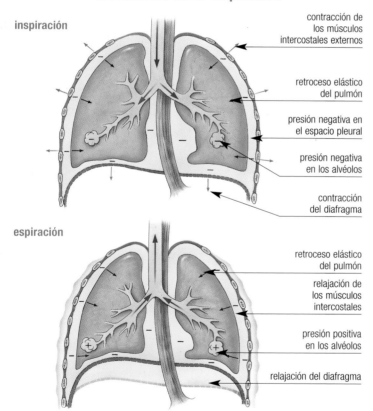

inspiración

contracción de los músculos intercostales externos

retroceso elástico del pulmón

presión negativa en el espacio pleural

presión negativa en los alvéolos

contracción del diafragma

espiración

retroceso elástico del pulmón

relajación de los músculos intercostales

presión positiva en los alvéolos

relajación del diafragma

La entrada y salida del aire de los pulmones se debe a la acción de los potentes músculos respiratorios que, al contraerse y relajarse de manera sincronizada, expanden y retraen alternativamente la caja torácica. La entrada de aire del exterior a los pulmones se denomina **inspiración** y se debe particularmente a la contracción del diafragma y los músculos intercostales externos: el diafragma se aplana y expande el conjunto de la caja torácica, mientras que los músculos intercostales elevan las costillas inferiores y aumentan la profundidad del tórax. La salida de aire de los pulmones, denominada **espiración**, es un mecanismo pasivo, ya que los pulmones son elásticos y, cuando los músculos inspiratorios se relajan y dejan de traccionar la caja torácica, tienden a recuperar su volumen normal, con lo cual expulsan el aire hacia el exterior.

Control nervioso de la respiración

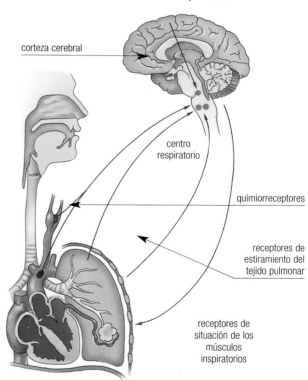

corteza cerebral

centro respiratorio

quimiorreceptores

receptores de estiramiento del tejido pulmonar

receptores de situación de los músculos inspiratorios

Si bien podemos realizar movimientos respiratorios de forma voluntaria, en condiciones normales se producen de manera espontánea, sin que tengamos que pensar en ello, gracias al control que ejerce el centro nervioso respiratorio localizado en el tronco encefálico, que regula la frecuencia e intensidad de las inspiraciones.

Este centro respiratorio, constituido por tres núcleos, recibe por una parte estímulos de la corteza cerebral y, por otra, información procedente de receptores específicos distribuidos en distintos tejidos y órganos que detectan parámetros químicos como los niveles de gases sanguíneos, el grado de estiramiento del tejido pulmonar o el estado de los músculos inspiratorios. Al procesar toda esta información, el centro respiratorio determina automáticamente el ritmo óptimo de la respiración en cada momento según las necesidades.

La nariz y los senos paranasales

La nariz pone en contacto el aparato respiratorio con el exterior y constituye la vía natural de acceso de aire al interior del organismo: se encarga de purificarlo y acondicionarlo para que tenga unas condiciones idóneas de temperatura y humedad cuando llegue a los pulmones. También actúa como caja de resonancia cuando hablamos, función en la que participan los senos paranasales, cavidades presentes en algunos huesos del cráneo que están en comunicación directa con las fosas nasales.

Partes de la nariz

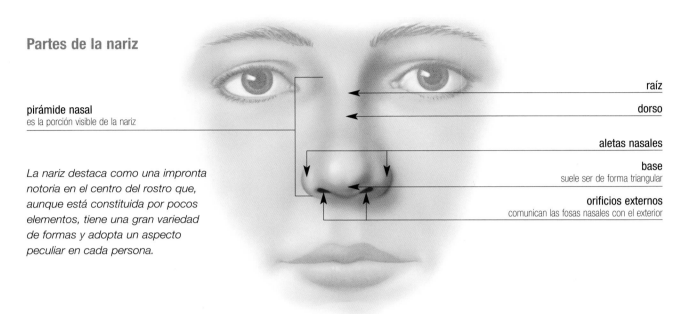

pirámide nasal
es la porción visible de la nariz

La nariz destaca como una impronta notoria en el centro del rostro que, aunque está constituida por pocos elementos, tiene una gran variedad de formas y adopta un aspecto peculiar en cada persona.

raíz

dorso

aletas nasales

base
suele ser de forma triangular

orificios externos
comunican las fosas nasales con el exterior

Anatomía de la pirámide nasal

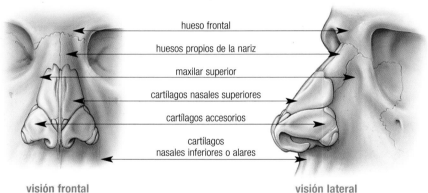

hueso frontal

huesos propios de la nariz

maxilar superior

cartílagos nasales superiores

cartílagos accesorios

cartílagos nasales inferiores o alares

visión frontal

visión lateral

El dorso de la pirámide nasal, que se extiende desde la raíz, en medio de las cejas, a la punta, en muchas personas es recto pero en otras está hundido y en algunas resulta prominente. En la base, de forma triangular, se abren los orificios externos de las fosas nasales.

Anatomía de la pared externa de las fosas nasales

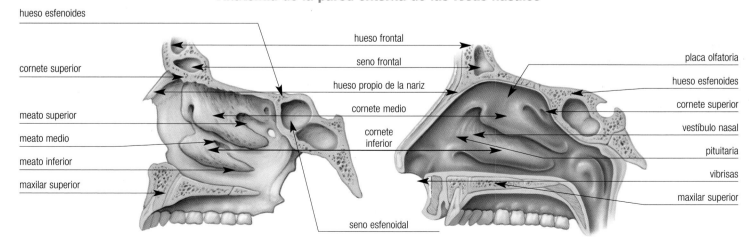

hueso esfenoides

cornete superior

meato superior

meato medio

meato inferior

maxilar superior

hueso frontal

seno frontal

hueso propio de la nariz

cornete medio

cornete inferior

seno esfenoidal

placa olfatoria

hueso esfenoides

cornete superior

vestíbulo nasal

pituitaria

vibrisas

maxilar superior

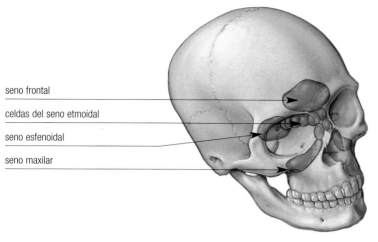

seno frontal

celdas del seno etmoidal

seno esfenoidal

seno maxilar

Los senos paranasales

Los senos paranasales son unas cavidades rellenas de aire emplazadas en el interior de los huesos circundantes a la nariz y tapizadas por una mucosa semejante a la de las fosas nasales.

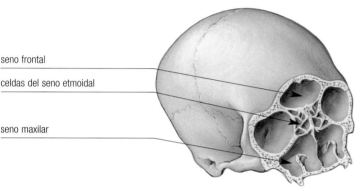

seno frontal

celdas del seno etmoidal

seno maxilar

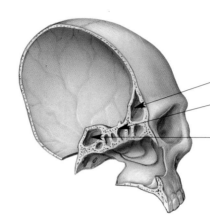

seno frontal

celdas del seno esfenoidal

seno esfenoidal

Ante una hemorragia nasal

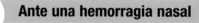

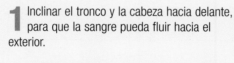

1 Inclinar el tronco y la cabeza hacia delante, para que la sangre pueda fluir hacia el exterior.

2 Respirar por la boca, no por la nariz, pues la corriente de aire podría arrastrar los coágulos de sangre que se van formando e impedir la detención natural de la hemorragia.

3 Realizar una compresión sobre la nariz, formando una pinza con los dedos índice y pulgar para hacer una presión firme y continua sobre el ala nasal del lado afectado.

4 Mantener la compresión de 5 a 10 minutos y luego soltar con suavidad, para comprobar si la hemorragia se ha detenido.

5 Si la hemorragia persiste, debe efectuarse una nueva compresión durante otros 10 minutos y constatar entonces si se ha detenido.

6 Si la hemorragia no cesa pasados los 20 minutos, debe continuarse con la compresión y acudir de inmediato a un centro sanitario.

Causas de hemorragia nasal

Trastornos locales

- Fragilidad de los vasos sanguíneos.
- Traumatismos.
- Cuerpos extraños.
- Contaminación ambiental.
- Inflamación.
- Estornudos violentos.
- Lesiones de la mucosa nasal.
- Pólipos y tumores nasosinusales.

Trastornos sistémicos

- Hipertensión arterial.
- Insuficiencia cardíaca derecha.
- Alteraciones hematológicas (hemofilia, leucemia).
- Infecciones generales (gripe, sarampión, escarlatina).
- Alteraciones bruscas de presión (alpinistas, aviadores).
- Problemas endocrinos y alteraciones hormonales (pubertad, embarazo).
- Administración de anticoagulantes.

La rinitis

L a afección más común de la nariz es la rinitis, que corresponde a la inflamación de la mucosa que tapiza las fosas nasales y se caracteriza por manifestaciones tales como secreción nasal, sensación de obstrucción y estornudos. Las causas de rinitis son muy variadas, pero entre ellas destacan las infecciones y las alergias.

La faringe y la laringe

La faringe es un conducto de paredes musculosas que comunica la boca y las fosas nasales con la laringe y con el esófago, por lo que también forma parte del aparato digestivo, mientras que la laringe es un conducto de paredes cartilaginosas que comunica la faringe con la tráquea y constituye un paso obligado del aire entre el exterior y los pulmones, además de constituir el órgano de la fonación

La faringe

Es un conducto con forma de embudo, de unos 12 a 14 cm de largo y una amplitud de unos 35 mm en su segmento superior y de unos 15 mm en el inferior. Situado por detrás de las fosas nasales y la cavidad bucal, se adentra en el cuello y llega hasta la laringe y el esófago. Forma parte tanto del aparato respiratorio como del aparato digestivo: por la faringe pasa el aire que respiramos y también el alimento que ingerimos.

Dadas las múltiples relaciones del órgano, se distinguen tres segmentos diferenciados: la faringe superior, llamada también **nasofaringe** o rinofaringe, conectada por su cara anterior con las fosas nasales y en cuyo techo hay una formación de tejido linfoide denominada amígdala faríngea; la faringe media u **orofaringe**, comunicada directamente con la cavidad bucal por su parte anterior, tiene en las caras laterales unos acúmulos de tejido linfoide conocidos como amígdalas palatinas; y la faringe inferior o **laringofaringe**, que conecta por delante con la laringe y por debajo, con el esófago.

Visión lateral de la faringe

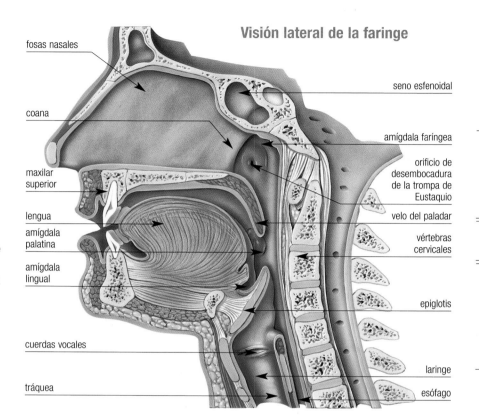

fosas nasales
coana
maxilar superior
lengua
amígdala palatina
amígdala lingual
cuerdas vocales
tráquea

seno esfenoidal
amígdala faríngea
orificio de desembocadura de la trompa de Eustaquio
velo del paladar
vértebras cervicales
epiglotis
laringe
esófago

nasofaringe
orofaringe
laringofaringe

Corte frontal de la faringe, visión posterior

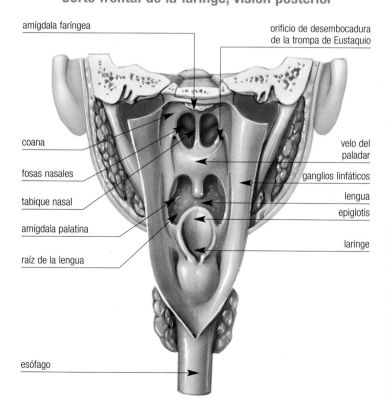

amígdala faríngea
coana
fosas nasales
tabique nasal
amígdala palatina
raíz de la lengua
esófago

orificio de desembocadura de la trompa de Eustaquio
velo del paladar
ganglios linfáticos
lengua
epiglotis
laringe

La faringe en la deglución

La doble función de la faringe en el tránsito del aire y de los alimentos es posible gracias a la presencia de la epiglotis, un cartílago con forma de raqueta de tenis situado en la parte superior de la laringe que normalmente permanece abierto y permite la comunicación aérea entre la laringe y el exterior, pero que durante la deglución se cierra y bloquea la entrada de la laringe, lo que obliga al bolo a dirigirse hacia el esófago.

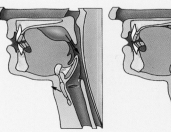 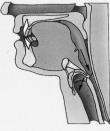 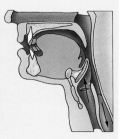

1. al inspirar, la epiglotis se abre y el aire pasa hacia la laringe

2. al deglutir, la epiglotis cierra la vía aérea y el alimento pasa al esófago

3. la epiglotis vuelve a abrirse y el aire pasa nuevamente hacia la laringe

La laringe

Es un conducto con forma de cono truncado compuesto por una serie de cartílagos articulados que están unidos entre sí por diversos músculos, membranas y ligamentos. Situada entre la faringe y la tráquea, tiene unas dimensiones variables, más pequeñas en el niño, ya que aumenta de tamaño durante la pubertad, sobre todo en los chicos: en el adulto alcanza una longitud de 3,5 a 4,5 cm, un diámetro transversal de unos 4 cm y un diámetro anteroposterior de 2,5-3,5 cm.

En la parte superior de la laringe se encuentra la epiglotis, el cartílago cuyos movimientos permiten dejar libre el paso del aire o bien "taponar" el conducto durante la deglución. La laringe constituye un paso obligado del aire tanto en la inspiración como en la espiración, pero tiene otra misión no menos importante: la producción de los sonidos que configuran la voz. Sobre su superficie interna hay a cada lado dos repliegues, unos fibrosos, que corresponden a las bandas ventriculares o cuerdas vocales falsas, y otros fibromusculares, que corresponden a las auténticas cuerdas vocales, separadas por una hendidura en forma de V conocida como glotis y responsables de la producción de sonidos.

Estructura de la laringe

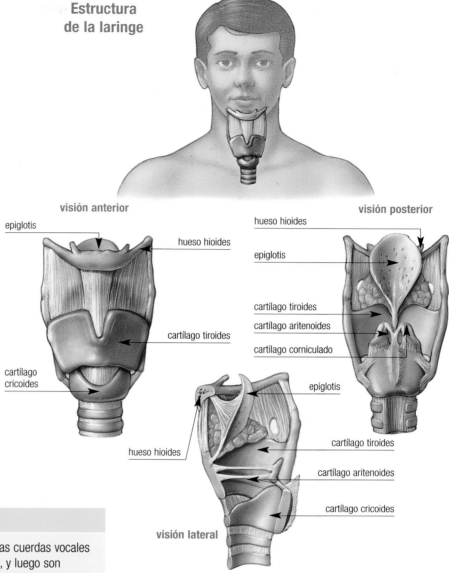

visión anterior

epiglotis
hueso hioides
cartílago tiroides
cartílago cricoides

visión posterior

hueso hioides
epiglotis
cartílago tiroides
cartílago aritenoides
cartílago corniculado

epiglotis
cartílago tiroides
cartílago aritenoides
cartílago cricoides

hueso hioides

visión lateral

La fonación

Los sonidos se producen por la vibración de las cuerdas vocales al paso del aire procedente de los pulmones, y luego son articulados en la boca para formar las palabras que constituyen el lenguaje hablado. En la inspiración, así como durante la espiración cuando no se está hablando, las cuerdas vocales están relajadas y se mantienen replegadas hacia las paredes laríngeas, de modo que quedan separadas por un espacio suficiente para permitir el paso del aire sin oposición alguna. En cambio, cuando se habla, gracias a la acción de los músculos que controlan los cartílagos laríngeos, durante la espiración las cuerdas vocales se ponen en tensión, se aproximan a la línea media y vibran ante el paso del aire que sale de los pulmones. Esto da lugar a la producción de sonidos, de diferente tonalidad según el grado de tensión y la forma que adopten momentáneamente las cuerdas vocales.

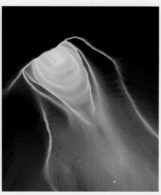

Sección de la laringe

sección sagital

epiglotis
hueso hioides
músculo tirohioideo
ligamento tiroepiglótico
cartílago tiroides
cartílago cricoides
tráquea

espacio supraglótico
bandas ventriculares o cuerdas vocales falsas
ventrículos de Morgagni
cuerdas vocales
espacio subglótico

sección frontal

epiglotis
espacio supraglótico
hueso hioides
membrana tirohioidea
ventrículos de Morgagni
glotis
cartílago tiroides
cuerdas vocales
cartílago cricoides
tráquea

músculo tirohioideo
bandas ventriculares o cuerdas vocales falsas
músculo tiroaritenoideo
músculo cricoaritenoideo
espacio subglótico

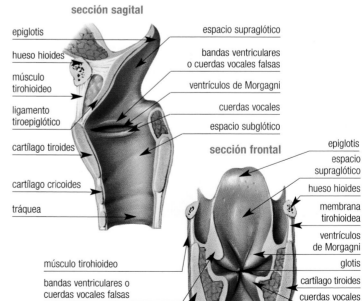

La tráquea
y los bronquios

La tráquea es un órgano hueco de paredes cartilaginosas que comunica la laringe con los bronquios, los conductos que, tras sucesivas ramificaciones, se internan en los pulmones: en conjunto, forman las vías respiratorias inferiores, paso obligado del aire procedente del exterior hasta los pulmones y viceversa.

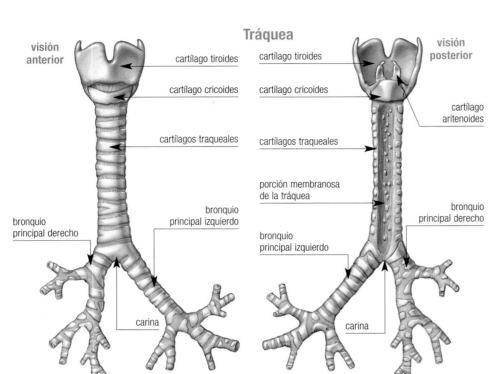

Tráquea

visión anterior

cartílago tiroides

cartílago cricoides

cartílagos traqueales

bronquio principal derecho

bronquio principal izquierdo

carina

cartílago tiroides

cartílago cricoides

cartílagos traqueales

porción membranosa de la tráquea

bronquio principal izquierdo

carina

visión posterior

cartílago aritenoides

bronquio principal derecho

Tráquea

La tráquea es un conducto situado por delante del esófago: se inicia directamente a continuación de la laringe y desciende por la parte central y anterior del cuello, para terminar en el pecho, por detrás de la parte superior del esternón, donde se divide para formar los dos bronquios principales. El punto de bifurcación del conducto se denomina **carina**. Se trata de una estructura bastante rígida, ya que su esqueleto está formado por unos quince o veinte cartílagos resistentes que tienen forma de herradura, abiertos por la parte posterior pero que casi cierran completamente la circunferencia del conducto. La parte posterior que no cubren dichos cartílagos, membranosa, está formada básicamente por tejido conjuntivo y muscular.

La mucosa respiratoria

La capa que tapiza internamente la tráquea y los bronquios es común a todas las vías respiratorias. Esencialmente, está formada por una sola capa de células de forma cilíndrica o cúbica, aunque de diversa altura, cuya superficie está recubierta por una serie de cilios, semejantes a diminutas pestañas o filamentos móviles. Entre dichas células están intercaladas otras, las células caliciformes (con forma de cáliz), encargadas de secretar moco hacia la superficie. Las características de la capa mucosa permiten acondicionar el aire que penetra hacia los pulmones, humidificándolo y librándolo de impurezas. Por una parte, el moco forma una película viscosa más o menos continua sobre la superficie, en la cual quedan adheridas las pequeñas partículas sólidas que no han sido previamente filtradas por las vías respiratorias superiores. Por otra, los movimientos coordinados de los cilios, a modo de ondas similares a las de las espigas de un campo de trigo, desplazan el moco, con las partículas que tenga adheridas, en dirección a la laringe.

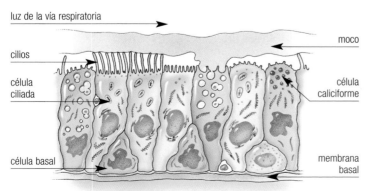

luz de la vía respiratoria

cilios

célula ciliada

célula basal

moco

célula caliciforme

membrana basal

Sistema mucociliar

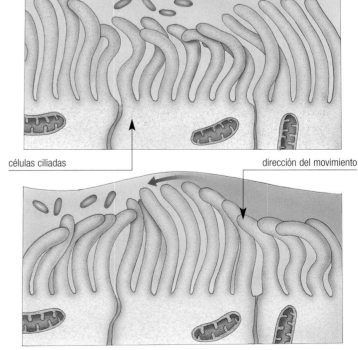

partículas y microorganismos

moco

cilios

células ciliadas

dirección del movimiento

Los gérmenes y diminutas partículas que llegan hasta la mucosa respiratoria con el aire procedentes del exterior quedan adheridos a la capa de moco y, posteriormente, son arrastrados en dirección a la faringe merced al movimiento coordinado de los cilios.

Árbol bronquial

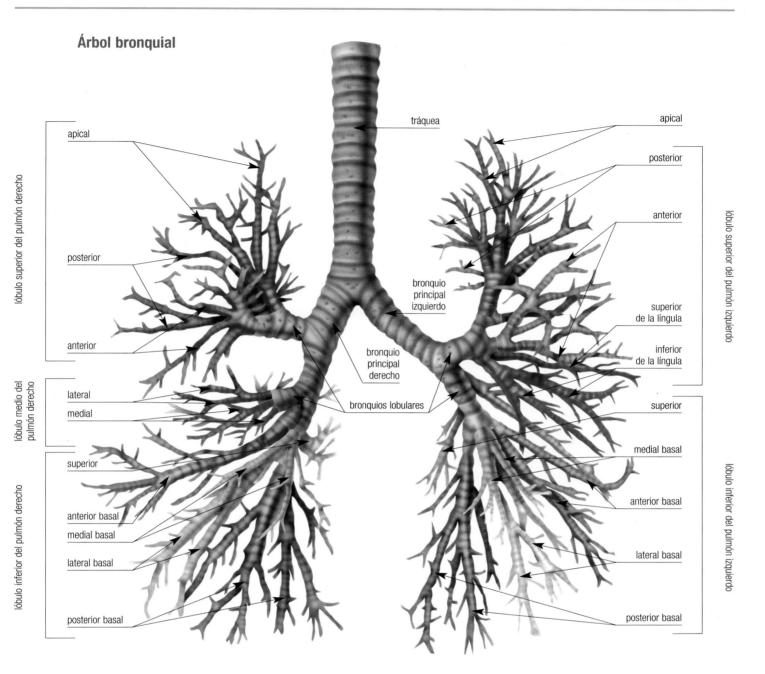

lóbulo superior del pulmón derecho

apical

posterior

anterior

lóbulo medio del pulmón derecho

lateral

medial

lóbulo inferior del pulmón derecho

superior

anterior basal

medial basal

lateral basal

posterior basal

tráquea

bronquio principal izquierdo

bronquio principal derecho

bronquios lobulares

apical

posterior

anterior

superior de la língula

inferior de la língula

superior

medial basal

anterior basal

lateral basal

posterior basal

lóbulo superior del pulmón izquierdo

lóbulo inferior del pulmón izquierdo

Los bronquios

Los bronquios son una serie de estructuras tubulares de paredes cartilaginosas que surgen de la bifurcación de la tráquea y, tras repetidas ramificaciones, se internan en la profundidad de los pulmones. De la tráquea surgen dos bronquios principales, de 10-15 mm de diámetro, cada uno de los cuales se dirige hacia el pulmón correspondiente; estos bronquios se subdividen en diversos bronquios lobulares, que se ramifican en bronquios segmentarios y bronquios subsegmentarios que, a su vez, se van ramificando, a medida que decrece su calibre.

Queda conformado así un gran conjunto de ramificaciones cada vez más estrechas que, finalmente, se continúan con unos conductos aún más delgados, los bronquíolos, cuya mucosa está constituida por un epitelio ciliado que no posee células productoras de moco. Los bronquíolos se subdividen repetidamente, originando otros cada vez más delgados: los bronquíolos terminales, encargados de ventilar sólo una unidad funcional del pulmón (acino pulmonar) y varios bronquíolos respiratorios, que desembocan en sacos alveolares, estructuras ya puramente pulmonares donde se produce el intercambio de gases entre el aire y la sangre.

Ramificaciones de los bronquios segmentarios

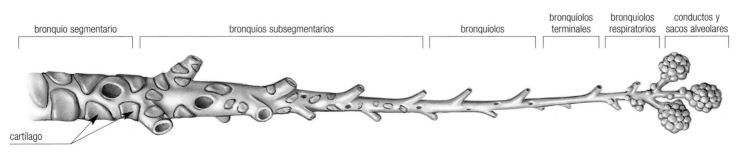

bronquio segmentario

bronquios subsegmentarios

bronquíolos

bronquíolos terminales

bronquíolos respiratorios

conductos y sacos alveolares

cartílago

Los pulmones

Los pulmones, dos órganos de consistencia esponjosa que están alojados en el interior de la cavidad torácica y se encuentran comunicados directamente con el exterior a través de las vías respiratorias, son responsables de una función de importancia vital: el intercambio de gases entre el aire y la sangre.

Anatomía de los pulmones

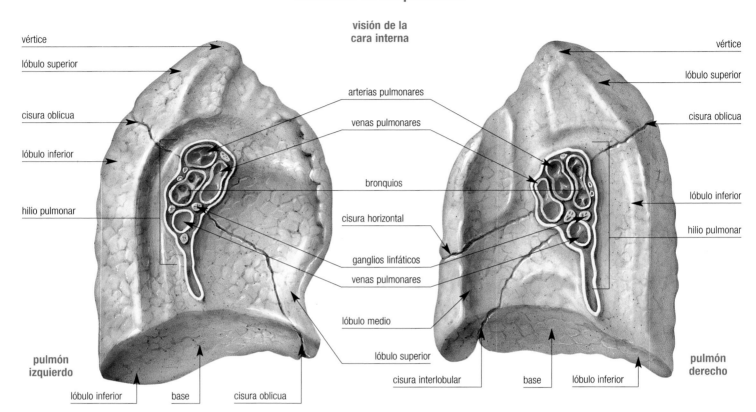

visión de la cara interna

vértice
lóbulo superior
cisura oblicua
lóbulo inferior
hilio pulmonar
pulmón izquierdo
lóbulo inferior
base
cisura oblicua

arterias pulmonares
venas pulmonares
bronquios
cisura horizontal
ganglios linfáticos
venas pulmonares
lóbulo medio
lóbulo superior
cisura interlobular
base
lóbulo inferior

vértice
lóbulo superior
cisura oblicua
lóbulo inferior
hilio pulmonar
pulmón derecho

Los pulmones son dos órganos voluminosos de forma semicónica que ocupan la mayor parte de la cavidad torácica. Cada pulmón tiene una base aplanada que está apoyada sobre el diafragma, el músculo que separa la cavidad torácica de la abdominal, mientras que su extremo superior, o vértice, tiene una forma redondeada. Los pulmones están surcados por cisuras profundas que los dividen en lóbulos. El pulmón derecho consta de dos cisuras que lo dividen en tres lóbulos, mientras que el izquierdo, ligeramente más pequeño, tiene una sola cisura y sólo dos lóbulos.

Cada lóbulo pulmonar consta de diversos segmentos, ventilados por bronquios específicos; cada segmento, a su vez, está formado por numerosos lobulillos secundarios, y cada uno de éstos alberga entre tres y cinco acinos, diminutas estructuras que corresponden a las unidades funcionales de los pulmones, puesto que en ellas se produce el intercambio de gases entre el aire y la sangre.

Situación de los pulmones

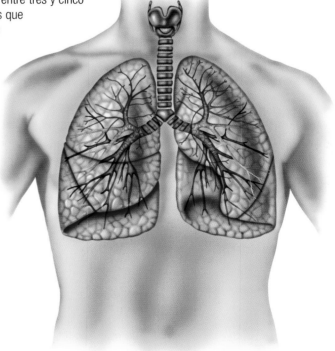

El oxígeno, un gas vital

El organismo humano requiere un constante intercambio de gases con el exterior: por un lado, necesita incorporar oxígeno, elemento indispensable para la actividad celular que es utilizado como "combustible" para obtener la energía empleada en las reacciones metabólicas; por otro, tiene que deshacerse del dióxido de carbono producido como residuo del metabolismo, porque su acumulación en el organismo resulta tóxica. Las células requieren un aporte constante de oxígeno, pues de lo contrario no pueden funcionar: por ejemplo, las neuronas del cerebro apenas pueden subsistir unos pocos minutos si no reciben oxígeno.

Acino pulmonar

vena pulmonar

arteria pulmonar

bronquíolo terminal

bronquíolo respiratorio

alvéolos

conducto alveolar

saco alveolar

Representación microscópica de los alvéolos y los capilares pulmonares en sección

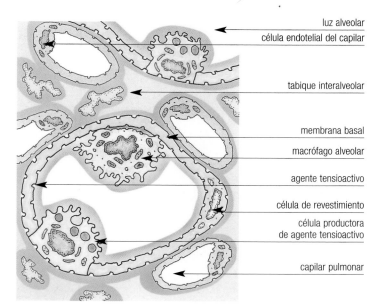

luz alveolar

célula endotelial del capilar

tabique interalveolar

membrana basal

macrófago alveolar

agente tensioactivo

célula de revestimiento

célula productora de agente tensioactivo

capilar pulmonar

El acino pulmonar es la unidad funcional de los pulmones, la diminuta parcela de tejido ventilada por un bronquíolo terminal, del que surgen bronquíolos respiratorios que luego dan lugar a los conductos alveolares. Al final de cada conducto alveolar se encuentran los alvéolos, microscópicas bolsas elásticas, de pared finísima y rellenas de aire, que están agrupadas formando un racimo o saco alveolar, donde se produce en intercambio gaseoso.

Las delgadas paredes alveolares constan de una sola capa de células de revestimiento planas, rodeadas por una banda de tejido de sostén que las separa de los alvéolos vecinos, el tabique interalveolar. Junto a los alvéolos, apenas separados por una finísima membrana basal, se encuentran los capilares sanguíneos que surcan los pulmones. Entre el interior de uno de estos capilares sanguíneos y el interior de un alvéolo hay una distancia inferior a 0,5 milésimas de milímetro.

Intercambio de gases

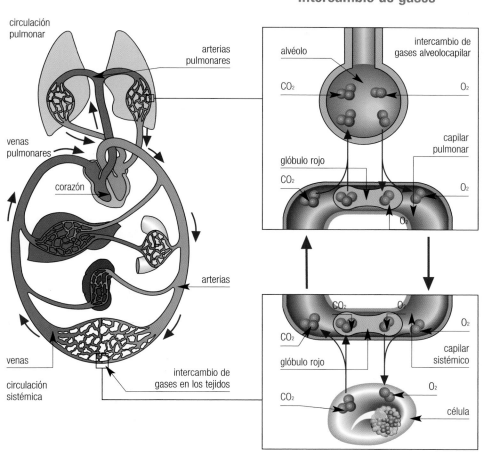

circulación pulmonar

arterias pulmonares

venas pulmonares

corazón

arterias

venas

circulación sistémica

intercambio de gases en los tejidos

alvéolo

intercambio de gases alveolocapilar

CO_2

O_2

capilar pulmonar

glóbulo rojo

CO_2

O_2

O_2

CO_2

O_2

O_2

CO_2

capilar sistémico

glóbulo rojo

CO_2

O_2

célula

Las moléculas de oxígeno (O_2) y dióxido de carbono (CO_2) circulan en la sangre unidas a la hemoglobina de los glóbulos rojos, que transportan estos gases por todo el organismo. En su recorrido, los glóbulos rojos pasan por los pulmones, donde se produce un intercambio de gases con el aire que llega a los alvéolos mediante la inspiración: por un simple mecanismo de difusión, el oxígeno pasa del aire a la sangre, mientras que el dióxido de carbono pasa del interior de los capilares al interior de los alvéolos, para ser expulsado al exterior con la espiración.

Tras su paso por los pulmones, la sangre, rica en oxígeno y pobre en dióxido de carbono, sigue su recorrido e, impulsada por el corazón, pasa a la circulación sistémica hasta llegar a los capilares de los diversos tejidos. Es allí donde, también por un mecanismo de difusión, el oxígeno pasa de la sangre a las células y el dióxido de carbono pasa de las células a la sangre. Y la sangre, pobre en oxígeno y cargada de dióxido de carbono, sigue su recorrido hasta alcanzar otra vez los pulmones.

La digestión

El aparato digestivo tiene como misión transformar los alimentos que consumimos cotidianamente, de tal modo que liberen sus elementos nutritivos básicos y que éstos sean absorbidos por el organismo y transportados a través de la circulación sanguínea a todos los rincones del cuerpo, aportando así los materiales y la energía necesarios para formar los tejidos y garantizar las funciones vitales.

El tubo digestivo

E squemáticamente, el aparato digestivo está formado por un largo tubo que atraviesa todo el organismo desde la boca hasta el ano. Cada sector constituye un auténtico órgano, con unas funciones propias, pero las acciones de todas las porciones del tubo están perfectamente coordinadas para degradar los alimentos que siguen el recorrido, absorber los principios nutritivos básicos resultantes del proceso digestivo y, finalmente, expulsar al exterior los residuos no asimilables.

Componentes del aparato digestivo

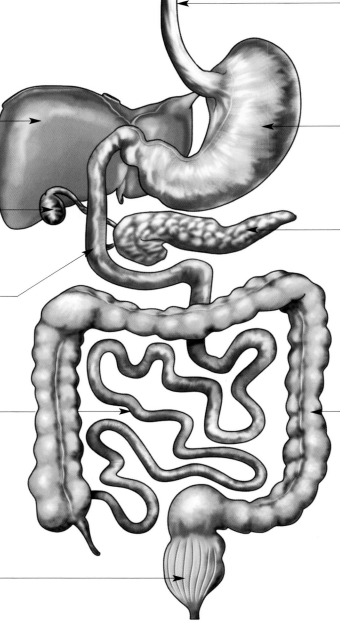

boca
segmento inicial del aparato digestivo, se encarga de triturar los alimentos y someterlos a la acción de la saliva a fin de preparar el bolo alimenticio para su tránsito por el tubo digestivo

faringe
conducto situado por detrás de la boca que participa en la deglución

esófago
conducto que transporta el bolo alimenticio desde la faringe hasta el estómago

estómago
órgano hueco de paredes musculosas que almacena el bolo alimenticio, lo tritura y somete a la acción corrosiva del jugo gástrico y finalmente lo arroja, convertido en una papilla semilíquida, al intestino delgado

páncreas
órgano encargado de elaborar un jugo digestivo compuesto por enzimas indispensables para la degradación de los alimentos

intestino grueso
tubo largo donde finaliza la asimilación de los nutrientes, se absorbe el agua del bolo alimenticio y los residuos no aprovechables se transforman en materia fecal

hígado
órgano que elabora la bilis, necesaria para la digestión de las grasas, y desempeña diversas funciones en el metabolismo, en especial la inactivación y eliminación de productos tóxicos

vesícula biliar
órgano hueco que almacena la bilis producida en el hígado y, tras las comidas, la vierte en el duodeno

duodeno
primera porción del intestino delgado, donde los alimentos son degradados por la acción de las enzimas intestinales, el jugo pancreático y la bilis para obtener los principios nutritivos

intestino delgado
largo tubo formado por tres porciones –duodeno, yeyuno e íleon–, a lo largo del cual, los nutrientes son absorbidos y pasan a la sangre para distribuirse por todo el organismo

recto
última porción del intestino grueso, donde se almacenan los residuos del proceso digestivo para su posterior expulsión al exterior con la defecación

Regiones del abdomen

La superficie del abdomen, que contiene en su mayor parte los órganos del aparato digestivo, se divide de manera artificial mediante dos líneas verticales y dos líneas horizontales que constituyen nueve zonas. En la parte superior se encuentran los hipocondrios derecho e izquierdo y el epigastrio. En el medio, los flancos derecho e izquierdo, que también se conocen como zonas lumbares, y la región periumbilical, en cuyo centro se encuentra el ombligo y que también se denomina mesogastrio. Y, abajo, las fosas ilíacas derecha e izquierda, también conocidas como regiones inguinales, y el hipogastrio o región púbica.

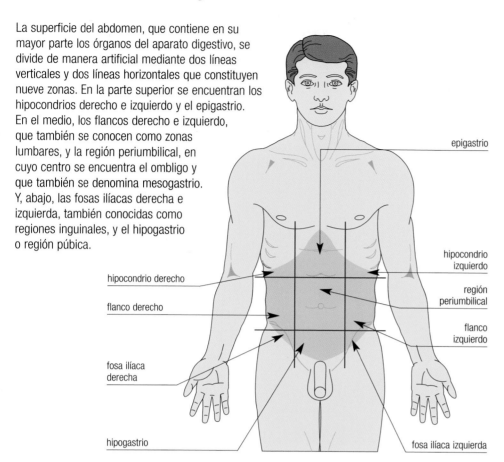

epigastrio

hipocondrio izquierdo

región periumbilical

flanco izquierdo

hipocondrio derecho

flanco derecho

fosa ilíaca derecha

hipogastrio

fosa ilíaca izquierda

Hambre y saciedad

La sensación de apetito está regulada por dos centros nerviosos localizados en el encéfalo concretamente en el hipotálamo: el centro del hambre y el centro de la saciedad. La estimulación de estos centros depende de la información procedente del estómago y los sentidos. Cuando el estómago está vacío mucho tiempo, se activa el centro del hambre y surgen deseos de comer, al igual que a veces ocurre al ver o al percibir con el olfato una comida apetitosa. En cambio, cuando el estómago está lleno se estimula el centro de la saciedad y desaparecen las ganas de comer.

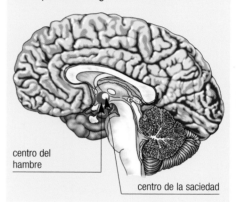

centro del hambre

centro de la saciedad

Principales causas intraabdominales de abdomen agudo

Los médicos utilizan el término "abdomen agudo" para designar un grave cuadro clínico que constituye una urgencia, muchas veces quirúrgica, de origen muy variado y no sólo provocado por afecciones del aparato digestivo, como a veces se piensa. Son numerosas y diversas las posibles causas de esta seria situación, caracterizada por la brusca aparición de un dolor intenso y persistente, acompañado generalmente de vómitos, rigidez de la pared abdominal y fiebre. No se trata de una enfermedad en sí misma, sino del diagnóstico inicial de un trastorno muy peligroso que requiere un examen médico de urgencia para precisar su origen y llevar a cabo el oportuno tratamiento.

HÍGADO Y VÍAS BILIARES
• rotura traumática
• absceso
• colecistitis aguda
• cólico biliar

INTESTINO DELGADO
• úlcera duodenal
• obstrucción
• rotura o perforación
• gastroenteritis aguda
• divertículo de Meckel
• enteritis regional
• invaginación
• tuberculosis intestinal

INTESTINO GRUESO
• colitis ulcerosa
• colitis infecciosa
• vólvulo intestinal
• cáncer
• invaginación
• diverticulitis
• rotura o perforación
• apendicitis
• cuerpos extraños

ESTÓMAGO
• úlcera gástrica
• cáncer

BAZO
• infarto
• absceso
• rotura

PERITONEO
• peritonitis

GENITALES INTERNOS FEMENINOS
• rotura
• infección
• torsión
• rotura de quiste ovárico
• embarazo ectópico
• abscesos
• salpingitis aguda

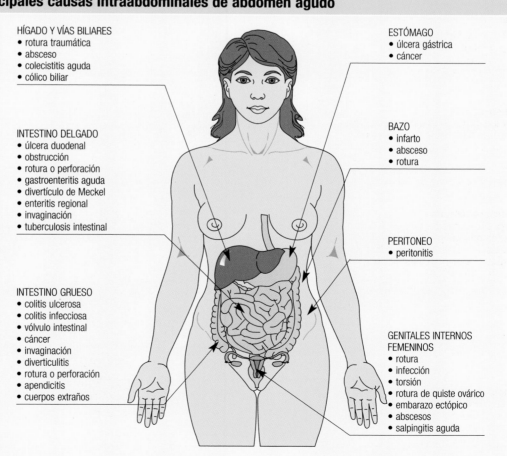

Boca

La boca, el segmento inicial del aparato digestivo, es un espacio hueco –cavidad bucal u oral– que consta de diversas estructuras que permiten acondicionar la comida para su digestión: los dientes desgarran y trituran los bocados, los fragmentos se empapan de saliva y la lengua, los labios y los carrillos, con sus movimientos, terminan de preparar la mezcla para finalmente impulsarla hacia el tubo digestivo.

Cavidad bucal

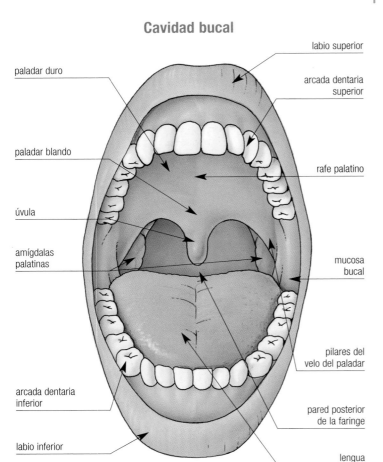

paladar duro

paladar blando

úvula

amígdalas palatinas

arcada dentaria inferior

labio inferior

labio superior

arcada dentaria superior

rafe palatino

mucosa bucal

pilares del velo del paladar

pared posterior de la faringe

lengua

Labios

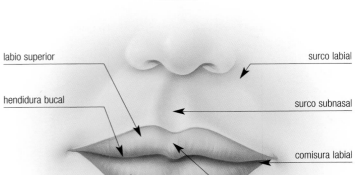

labio superior

hendidura bucal

labio inferior

depresión media

surco labial

surco subnasal

comisura labial

tubérculo labial

Los labios son dos repliegues carnosos recubiertos por piel en la parte exterior y por mucosa en la interior. Su color rojizo se debe a la gran vascularización de la mucosa, que dispone también de numerosas terminaciones nerviosas responsables de su gran sensibilidad. Las funciones de los labios son muy variadas: participan en la alimentación y en la emisión de los sonidos, además de cumplir un destacado papel sensorial y también estético en las relaciones humanas.

Glándulas salivales

Diversas glándulas se encargan de elaborar la saliva, un líquido alcalino claro y algo viscoso compuesto por agua, sales minerales, mucina, glóbulos blancos y enzimas. Aunque hay distribuidas por la cavidad bucal numerosas formaciones glandulares que producen saliva, las principales son tres pares de glándulas salivales que drenan sus secreciones al interior de la boca: las parótidas, las submaxilares y las sublinguales. La saliva humedece los alimentos para facilitar la masticación, también tiene un efecto antiséptico y, además, contiene una enzima digestiva que inicia ya en la boca la degradación de los almidones.

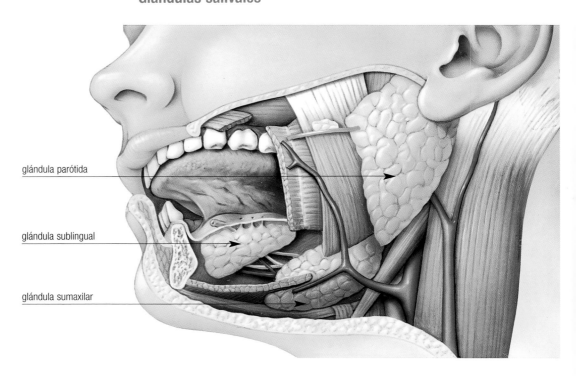

glándula parótida

glándula sublingual

glándula sumaxilar

Los dientes

Los dientes, unas piezas duras y resistentes insertadas en los huesos maxilares, se encargan de cortar (incisivos), desgarrar (caninos) y triturar (premolares y molares) los alimentos. En cada diente se distinguen tres porciones: la corona, la parte visible que sobresale de la encía; el cuello, la parte intermedia, recubierta por la encía, y la raíz, la parte interna, insertada en el hueso maxilar. La corona está formada en su parte externa por el esmalte dental, el tejido más duro del organismo, y por debajo cuenta con una gruesa capa de dentina, un tejido menos duro que forma también toda la raíz. En el centro del diente hay una cavidad, la pulpa, rellena de un tejido más blando y esponjoso que contiene los vasos sanguíneos y los nervios que penetran por la raíz del diente. En el ser humano, a lo largo de la vida se forman dos dentaduras: una dentadura temporal, compuesta por 20 dientes de leche, que al cabo de unos años se caen para dejar lugar a otra dentadura definitiva, compuesta por 32 dientes permanentes, que nunca más serán reemplazados.

Dentadura completa

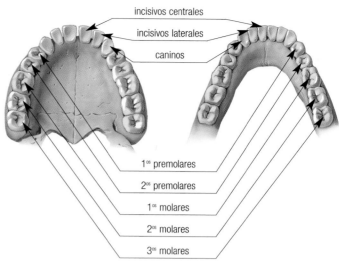

incisivos centrales
incisivos laterales
caninos
1os premolares
2os premolares
1os molares
2os molares
3os molares

Tipos de dientes

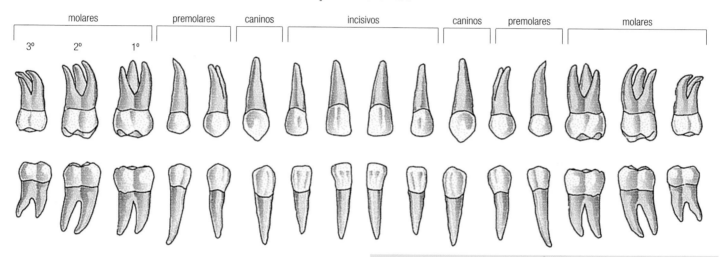

molares | premolares | caninos | incisivos | caninos | premolares | molares

3º   2º   1º

Partes del diente

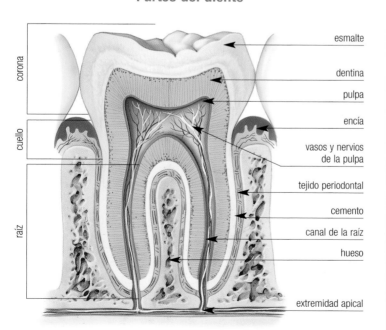

corona
cuello
raíz

esmalte
dentina
pulpa
encía
vasos y nervios de la pulpa
tejido periodontal
cemento
canal de la raíz
hueso
extremidad apical

La caries

L a caries dental, la enfermedad más común en el ser humano, consiste en la desintegración de los tejidos duros del diente como consecuencia de la formación de una cavidad que se inicia en la superficie y avanza en profundidad hasta que provoca la destrucción o la pérdida de la pieza afectada. Entre sus causas están implicados factores genéticos, pues hay una susceptibilidad individual al padecimiento de caries, así como factores ambientales, como son la acción de algunas bacterias presentes en la boca, que producen ácidos corrosivos para el esmalte dental, y el consumo de azúcares, que favorecen la formación de la placa dental y sirve de alimento a las bacterias.

Evolución de la caries

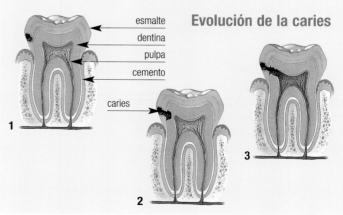

esmalte
dentina
pulpa
cemento
caries

1
2
3

Esófago y estómago

El esófago es un conducto que se encarga de transportar los alimentos desde la garganta hasta el estómago, una especie de bolsa de potentes paredes musculares y tapizada en su interior por una mucosa productora de sustancias ácidas donde la comida se almacena temporalmente y se prepara para proseguir su camino por el tubo digestivo.

Esófago (vista frontal)

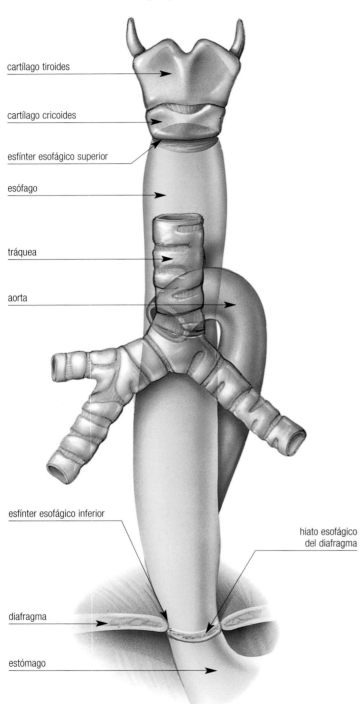

cartílago tiroides

cartílago cricoides

esfínter esofágico superior

esófago

tráquea

aorta

esfínter esofágico inferior

hiato esofágico del diafragma

diafragma

estómago

Deglución

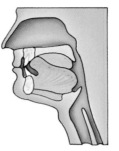 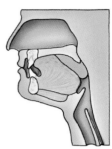 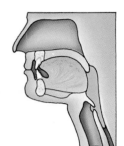

1. la lengua empuja el bolo alimenticio contra el paladar y lo impulsa hacia la faringe

2. el velo del paladar se eleva para impedir el paso del bolo alimenticio a las fosas nasales

3. la epiglotis tapona la laringe para impedir el paso del bolo a las vías respiratorias

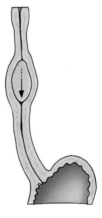  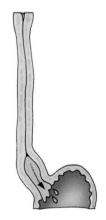

4. el esfínter esofágico superior se abre para permitir la entrada del bolo alimenticio al esófago

5. los músculos de las paredes del esófago se contraen secuencialmente para impulsar el bolo alimenticio en dirección al estómago

6. el esfínter esofágico inferior se abre para permitir la entrada del bolo alimenticio al estómago

El acto de tragar es un complejo mecanismo mediante el cual el bolo alimenticio pasa desde la boca hasta el estómago atravesando la faringe y el esófago. La acción se inicia de manera voluntaria tras masticar la comida, pero luego se desarrolla de forma automática, y requiere una correcta coordinación de los movimientos de diversas estructuras anatómicas, pues deben superarse diversos obstáculos.

El esófago es un conducto de potentes paredes musculosas, que mide unos 25 cm de longitud y 2 cm de diámetro. Se inicia en la faringe, atraviesa el tórax por detrás del corazón y por delante de la columna vertebral, cruza el diafragma a través de un orificio denominado hiato esofágico y desemboca en el estómago. Cuenta con dos formaciones musculares cilíndricas o esfínteres que actúan como válvulas para mantener cerrado o abierto el conducto y que están situadas al inicio del órgano y en la parte final.

E l paso del bolo alimenticio desde la boca hasta el estómago se debe al movimiento de diversos músculos de la faringe y el esófago, no simplemente a la gravedad: por eso es posible tragar aunque estemos tumbados.

Estómago (sección longitudinal, vista frontal)

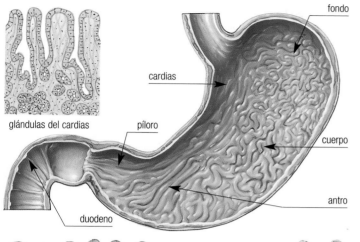

glándulas del cardias

fondo

cardias

píloro

cuerpo

duodeno

antro

El estómago es un órgano hueco en forma de "J" que tiene unas paredes musculosas. La parte superior corresponde al cardias, una especie de canal que comunica con el esófago, y al fondo, una porción abombada que habitualmente contiene gases. La parte más voluminosa, el cuerpo, se dispone verticalmente, mientras que la inferior, el antro, es horizontal y acaba en un canal llamado píloro, una válvula que permanece cerrada hasta que el alimento está preparado para seguir su recorrido y entonces se abre para dejarlo pasar al duodeno. La superficie interna del órgano está tapizada por una mucosa que contiene abundantes glándulas especializadas en la producción de moco y de los componentes del jugo gástrico.

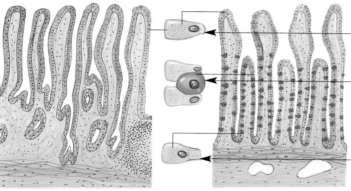

célula epitelial (productora de moco)

célula epitelial (productora de moco)

célula principal (productora de pepsinógeno, precursor de la pepsina)

glándulas pilóricas

glándulas gástricas o fúndicas

Regulación de la secreción gástrica

El jugo gástrico secretado por la mucosa que tapiza el estómago contiene principalmente pepsina, una enzima encargada de digerir las proteínas y liberar sus componentes elementales, los aminoácidos, y el ácido clorhídrico, potente corrosivo necesario para activar la pepsina. Aunque la producción de jugo gástrico es continua, se intensifica al comer. En realidad, se incrementa simplemente al pensar en comer y ante los estímulos desencadenados al ver, oler o saborear la comida, pues el sistema nervioso estimula la actividad de las glándulas estomacales. También estimula la secreción gástrica una hormona denominada gastrina, que se libera cuando el estómago se distiende a medida que se llena de alimento y también ante el paso de los aminoácidos liberados por el fraccionamiento de las proteínas hacia el intestino delgado.

estímulos psíquicos

estímulos visuales

estímulos olfatorios

estímulos gustativos

nervio vago

secreción jugo gástrico

distensión gástrica

liberación de gastrina

aminoácidos

alimento

Gastritis

La gastritis es una inflamación de la mucosa interna del estómago, trastorno muy común y de causas muy diversas que cursa con dolor abdominal, náuseas, vómitos y, sólo en los casos muy graves, incluso hemorragias.
La dolencia suele ser aguda, aunque a veces se vuelve crónica. Ante una gastritis aguda, el tratamiento consiste en mantener al estómago en reposo, para que se recupere, siguiendo una dieta muy ligera durante un par de días, evitando alimentos duros, picantes o de digestión lenta, como los grasos.

Causas de gastritis aguda

FACTORES EXÓGENOS
- (ingestión de productos irritantes)
- medicamentos (antiinflamatorios)
- alcohol
- alimentos en mal estado
- excesos alimentarios
- comidas muy condimentadas
- productos cáusticos

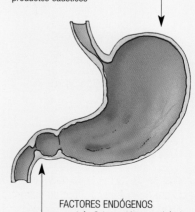

FACTORES ENDÓGENOS
- estrés (intervenciones quirúrgicas, quemaduras, traumatismos...)
- infecciones (gripe, hepatitis...)
- complicaciones de otras afecciones: insuficiencia renal, cirrosis hepática, shock

Intestino delgado

El intestino delgado es el sector del tubo digestivo donde se produce uno de los principales pasos para el aprovechamiento de la comida: en su interior, los alimentos son sometidos a la acción de enzimas procedentes del hígado, del páncreas y de la propia mucosa intestinal que los degradan y descomponen en elementos básicos que, a continuación, atraviesan la pared intestinal y pasan a la circulación para ser distribuidos por el organismo.

Anatomía del intestino delgado

Es un tubo de unos de unos 7 u 8 m de longitud y alrededor de 3 cm de diámetro en el cual, aunque es continuo, se diferencian tres porciones:
- **Duodeno:** es el segmento inicial, situado a la salida del estómago, de unos 25-30 cm de longitud, en el que abocan las secreciones del páncreas y la bilis elaborada por el hígado.
- **Yeyuno:** es el segundo segmento, situado en la región superior de la cavidad abdominal, de unos 3 m de longitud y con numerosas curvas llamadas asas intestinales.
- **Íleon:** es el segmento final, situado en la región inferior de la cavidad abdominal, de 3-4 m de longitud, que desemboca en el intestino grueso, al cual aboca su contenido a través de la válvula ileocecal.

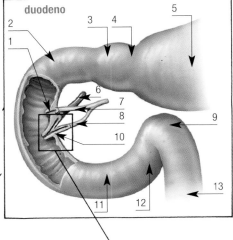

duodeno

1. papila menor
2. segunda porción del duodeno
3. bulbo duodenal
4. esfínter pilórico
5. estómago
6. colédoco
7. conducto pancreático accesorio
8. conducto pancreático principal
9. ángulo de Treitz
10. ampolla de Vater
11. tercera porción del duodeno
12. cuarta porción del duodeno
13. yeyuno

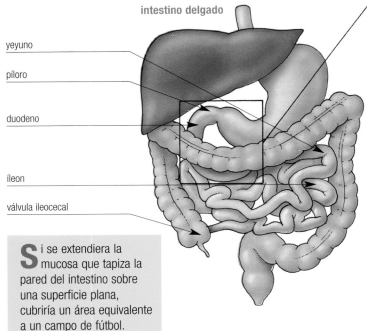

intestino delgado

yeyuno
píloro
duodeno
íleon
válvula ileocecal

Si se extendiera la mucosa que tapiza la pared del intestino sobre una superficie plana, cubriría un área equivalente a un campo de fútbol.

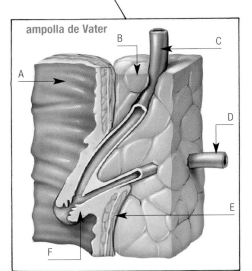

ampolla de Vater

A. mucosa duodenal
B. páncreas
C. colédoco
D. conducto pancreático principal
E. fibras musculares (esfínter de Oddi)
F. ampolla de Vater

La pared intestinal

En la pared del intestino delgado se distinguen cuatro capas: una capa mucosa, que tapiza la superficie interna y provista de multitud de glándulas y células secretoras; una capa submucosa, situada por debajo de la anterior y provista de una extensa red de vasos capilares sanguíneos y linfáticos; una gruesa capa muscular, responsable de los movimientos del órgano, y una capa serosa que recubre el tubo por fuera.

La capa mucosa que tapiza el interior del intestino delgado tiene unas características especiales destinadas a aumentar la superficie de contacto con los alimentos y favorecer así la absorción de los nutrientes. Por un lado, presenta numerosas y diminutas proyecciones hacia la luz del órgano, denominadas vellosidades intestinales. Cada una de estas vellosidades, con forma de dedo de guante, contiene en su interior unos pequeños capilares sanguíneos y linfáticos. Por otro lado, la superficie de las propias células de las vellosidades tiene un borde parecido a un cepillo, con numerosas formaciones semejantes a pelos que se denominan microvellosidades intestinales.

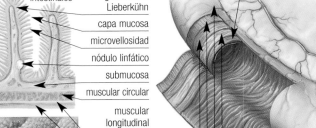

vellosidades intestinales
glándula de Lieberkühn
válvula convivente
capa mucosa
microvellosidad
nódulo linfático
submucosa
muscular circular
muscular longitudinal
serosa

ampliación tridimensional de la pared intestinal

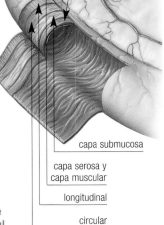

pared del intestino delgado

mucosa

capa submucosa
capa serosa y capa muscular
longitudinal
circular

Movimientos del intestino delgado

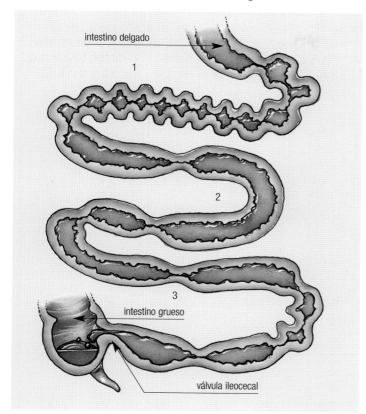

intestino delgado

1

2

3

intestino grueso

válvula ileocecal

Mecanismos de la absorción intestinal

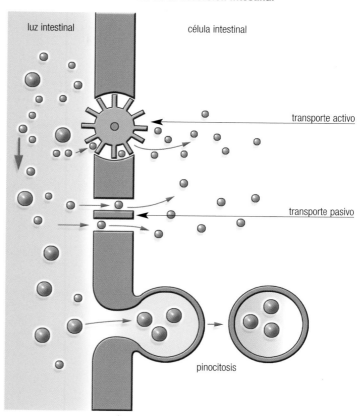

luz intestinal

célula intestinal

transporte activo

transporte pasivo

pinocitosis

La pared del intestino delgado experimenta diversos tipos de contracciones que favorecen la mezcla del alimento con las secreciones digestivas y permiten el avance de su contenido hacia el intestino grueso. La llegada del alimento procedente del estómago desencadena unas contracciones automáticas de los distintos segmentos intestinales destinadas a triturar el contenido (1). También se producen contracciones opuestas de los segmentos adyacentes para lograr un movimiento de vaivén destinados a mezclar el contenido con las secreciones digestivas (2). Y por último se producen contracciones secuenciales, los llamados movimientos peristálticos, que favorecen el avance del contenido hacia el intestino grueso (3). La apertura de la válvula ileocecal permite el paso del alimento ya digerido del intestino delgado al grueso.

Cuando los alimentos son digeridos por la acción de las enzimas presentes en la luz del intestino, las fracciones liberadas tienen unas dimensiones tan diminutas que es posible su absorción o asimilación, es decir, el paso a los vasos sanguíneos y linfáticos presentes en el interior de las vellosidades intestinales. Algunas moléculas penetran pasivamente en las células superficiales de la mucosa gástrica por minúsculos poros, otras ven facilitado su paso por enzimas transportadoras y otras lo hacen mediante un fenómeno llamado pinocitosis: son "englobadas" por la membrana e introducidas así en el interior de la célula. Una vez que han atravesado las células, las moléculas salen por el polo opuesto, llegan al centro de las vellosidades y pasan a la circulación sanguínea o linfática.

Enfermedad celíaca

La enfermedad celíaca es una afección crónica del intestino delgado provocada por una intolerancia al gluten, una proteína presente en diversos cereales, como el trigo, la cebada, la avena o el centeno. En las personas susceptibles, el consumo de alimentos con gluten provoca una serie de alteraciones en la mucosa intestinal que comportan una dificultad

en la absorción de las sustancias nutritivas contenidas en los alimentos que se manifiesta por diarreas y causa pérdida de peso, debilidad y otras consecuencias de una malnutrición. Los problemas, sin embargo, remiten si se elimina el gluten de la dieta. Por eso, las personas afectadas deben conocer a la perfección la composición de los alimentos que consumen.

En el mercado hay numerosos alimentos preparados que llevan este símbolo, que indica que no contienen gluten y que son aptos para el consumo por parte de las personas con enfermedad celíaca.

alimentos permitidos

alimentos prohibidos

Intestino grueso

El intestino grueso constituye la parte final del tubo digestivo, la porción donde terminan de degradarse los alimentos y de absorberse los nutrientes, así como donde se almacenan temporalmente los residuos de la digestión y se preparan los desechos para, finalmente, su eliminación, ya en forma de materia fecal, en el momento de la defecación.

Intestino grueso (vista frontal)

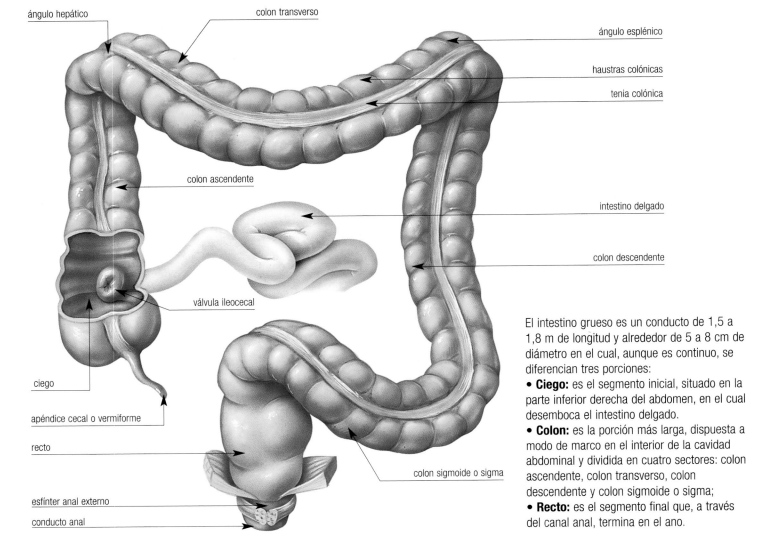

ángulo hepático

colon transverso

ángulo esplénico

haustras colónicas

tenia colónica

colon ascendente

intestino delgado

colon descendente

válvula ileocecal

ciego

apéndice cecal o vermiforme

recto

colon sigmoide o sigma

esfínter anal externo

conducto anal

El intestino grueso es un conducto de 1,5 a 1,8 m de longitud y alrededor de 5 a 8 cm de diámetro en el cual, aunque es continuo, se diferencian tres porciones:
• **Ciego:** es el segmento inicial, situado en la parte inferior derecha del abdomen, en el cual desemboca el intestino delgado.
• **Colon:** es la porción más larga, dispuesta a modo de marco en el interior de la cavidad abdominal y dividida en cuatro sectores: colon ascendente, colon transverso, colon descendente y colon sigmoide o sigma;
• **Recto:** es el segmento final que, a través del canal anal, termina en el ano.

Sección de la pared del intestino grueso

En la pared del intestino grueso se aprecian cuatro capas:
• La **capa mucosa** tapiza todo el interior del órgano y está provista de glándulas y células epiteliales especializadas en la producción de moco y la absorción de líquidos.
• La **capa submucosa** está formada por un tejido conjuntivo laxo que contiene una importante red de vasos capilares sanguíneos, nódulos linfáticos y fibras nerviosas.
• La **capa muscular** está compuesta por dos capas de fibras musculares: una circular y otra longitudinal.
• La **capa serosa**, la más externa, es una delgada túnica de tejido fibroelástico que corresponde a una extensión del peritoneo.

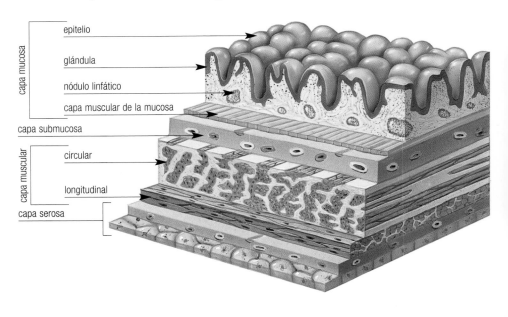

capa mucosa

epitelio

glándula

nódulo linfático

capa muscular de la mucosa

capa submucosa

capa muscular

circular

longitudinal

capa serosa

Anatomía del recto y el conducto anal

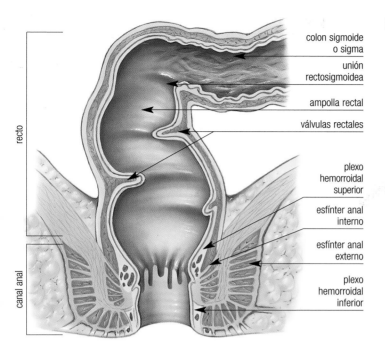

recto

canal anal

colon sigmoide o sigma

unión rectosigmoidea

ampolla rectal

válvulas rectales

plexo hemorroidal superior

esfínter anal interno

esfínter anal externo

plexo hemorroidal inferior

El recto, la última porción del intestino grueso, de unos 15-20 cm de longitud y un diámetro variable, baja por el centro de la pelvis y termina en el ano, que lo pone en comunicación con el exterior. La parte superior (ampolla rectal) es la porción más dilatada, pues allí se almacena la materia fecal hasta su expulsión. Los últimos 2-3 cm corresponden al conducto anal, donde se encuentran dos válvulas, el esfínter anal interno y el esfínter anal externo, que regulan la defecación.

Formación de las heces

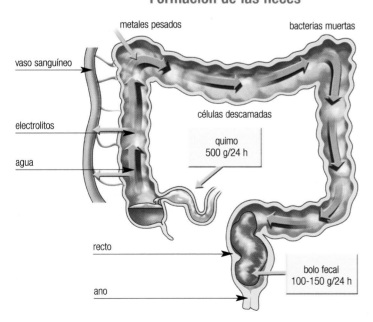

metales pesados

bacterias muertas

vaso sanguíneo

células descamadas

electrolitos

agua

quimo
500 g/24 h

recto

ano

bolo fecal
100-150 g/24 h

A medida que atraviesa el colon, la papilla semilíquida (quimo) procedente del intestino delgado se transforma en una masa cada vez más compacta que se denomina **bolo fecal**. A los residuos parcialmente desecados, debido a la absorción de agua, se añaden numerosas bacterias muertas de la flora intestinal, células descamadas de la pared intestinal y otros desechos orgánicos que constituyen las heces.

Movimientos del intestino grueso

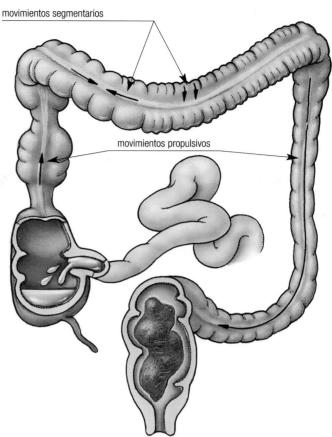

movimientos segmentarios

movimientos propulsivos

En el intestino grueso se producen de manera automática y rítmica distintos tipos de movimientos, unos segmentarios, destinados a mezclar el contenido y favorecer su contacto con las paredes del órgano para facilitar la absorción de agua, y otros propulsivos, consistentes en la contracción secuencial de los distintos segmentos, para hacer avanzar el contenido desde el ciego hasta el recto, donde la materia fecal se acumula hasta que, en el momento de la defecación, se distienden los esfínteres anales y es expulsada al exterior.

Un miligramo de heces contiene los restos de más de 1.500.000 bacterias procedentes de la flora intestinal.

La flora bacteriana intestinal

En el intestino grueso habita una gran cantidad de microbios que no son perjudiciales para la salud sino todo lo contrario, ya que resultan muy beneficiosos: los gérmenes se alimentan de los nutrientes que no aprovecha nuestro organismo y nosotros obtenemos a cambio diversas ventajas. Por ejemplo, algunas bacterias sintetizan vitamina K y diversas vitaminas del complejo B, que son absorbidas por el organismo. Pero lo más importante es que la presencia de estas bacterias, en condiciones normales inofensivas, impide que otros microbios patógenos colonicen el intestino, ya sea porque compiten por el alimento ya sea porque producen sustancias que les resultan nocivas.

Hígado
y vías biliares

El hígado es una glándula que, además de sus múltiples funciones en el metabolismo, desempeña un papel fundamental para la digestión, pues se encarga de elaborar la bilis, una secreción necesaria para la degradación de las grasas que se almacena en la vesícula y es vertida a través de las vías biliares al intestino delgado después de cada comida.

Anatomía del hígado

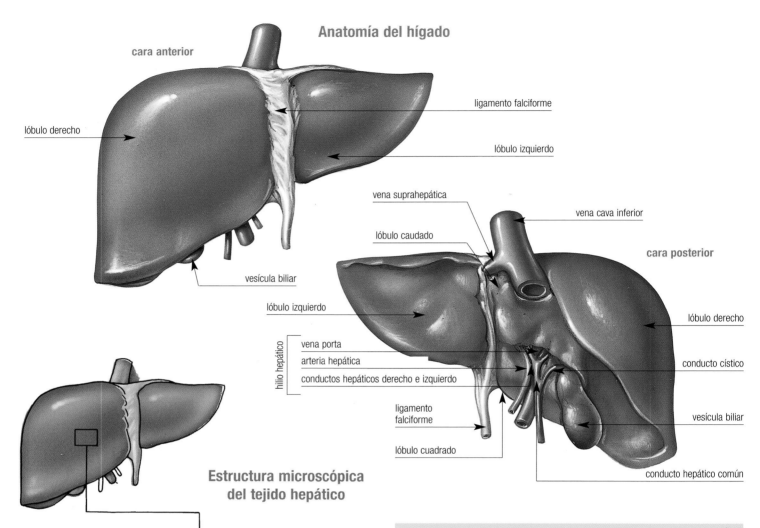

cara anterior

ligamento falciforme

lóbulo derecho

lóbulo izquierdo

vena suprahepática

vena cava inferior

lóbulo caudado

cara posterior

lóbulo izquierdo

lóbulo derecho

hilo hepático

vena porta
arteria hepática
conductos hepáticos derecho e izquierdo

conducto cístico

ligamento falciforme

vesícula biliar

lóbulo cuadrado

conducto hepático común

vesícula biliar

Estructura microscópica del tejido hepático

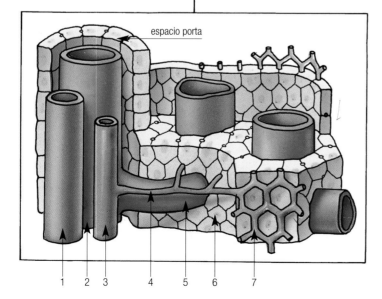

espacio porta

1 2 3   4   5   6   7

1. rama de la arteria hepática
2. rama de la vena porta
3. conductillo biliar
4. canalículos biliares
5. sinusoide hepático
6. hepatocitos
7. tabiques formados por hepatocitos

Funciones del hígado

Además de producir bilis, elemento fundamental para la digestión de las grasas, el hígado se encarga de diversas funciones:

■ metabolización de los nutrientes que se absorben en el tubo digestivo, paso indispensable para su aprovechamiento orgánico;

■ almacenamiento de hidratos de carbono en forma de glucógeno; de algunos minerales y de diversas vitaminas;

■ depuración de numerosos elementos transportados por la sangre, como productos de desecho (bilirrubina, amoníaco, etc.), hormonas y medicamentos cuya acumulación en el organismo resulta tóxica;

■ síntesis de numerosas sustancias, especialmente proteínas y vitaminas.

Las células hepáticas, denominadas hepatocitos, están dispuestas en capas que forman unos tabiques alrededor de pequeños canales que surcan todo el órgano. Por estos canales pasan ramificaciones de los vasos que llevan sangre al órgano, la arteria hepática y la arteria porta, de las cuales el hígado recibe las sustancias que debe tratar, y también unos delgados conductillos en los cuales los hepatocitos vierten la bilis que elaboran.

Vesícula y vías biliares

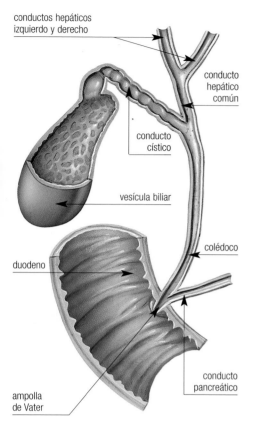

conductos hepáticos izquierdo y derecho

conducto hepático común

conducto cístico

vesícula biliar

duodeno

colédoco

ampolla de Vater

conducto pancreático

Actividad de la vesícula biliar

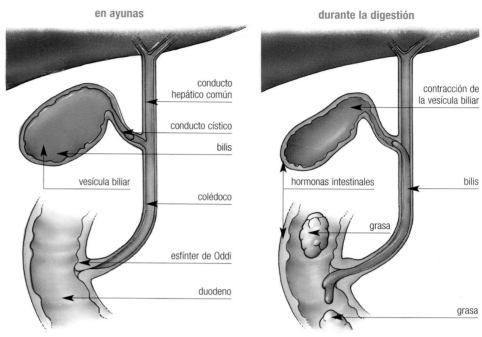

en ayunas

conducto hepático común

conducto cístico

bilis

vesícula biliar

colédoco

esfínter de Oddi

duodeno

durante la digestión

contracción de la vesícula biliar

hormonas intestinales

bilis

grasa

grasa

La producción de bilis es constante, pero esta secreción sólo es necesaria después de comer. Durante los períodos de ayuno, la bilis que sale del hígado por los conductos hepáticos se desvía hacia la vesícula biliar, un órgano hueco en forma de saco, donde se acumula y concentra. Durante la digestión, unas hormonas producidas por el intestino actúan sobre la vesícula biliar y hacen que se contraiga y expulse su contenido, a la par que se abre una válvula que regula la comunicación entre las vías biliares y el intestino, por lo que la bilis se vierte en el interior del duodeno.

Hepatitis viral

Mecanismos de contagio de la hepatitis viral

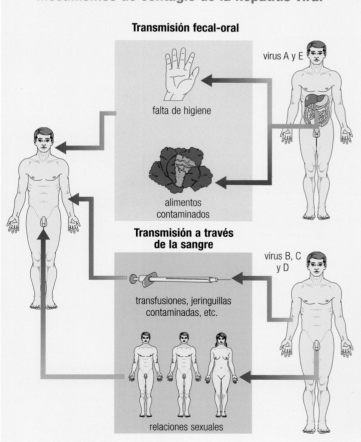

Transmisión fecal-oral

virus A y E

falta de higiene

alimentos contaminados

Transmisión a través de la sangre

virus B, C y D

transfusiones, jeringuillas contaminadas, etc.

relaciones sexuales

La hepatitis viral es una enfermedad infecciosa que causa una inflamación del hígado y la consecuente alteración de sus funciones. Existen diversos virus que atacan al hígado, por lo que se diferencian distintos tipos de hepatitis –A, B, C, D y E–, con diferentes formas de contagio. La afección se manifiesta primero con síntomas poco específicos, como cansancio y pérdida del apetito, a los que luego se suman signos de afectación hepática, como ictericia (coloración amarillenta de piel y mucosas), orina oscura y heces de color claro y aspecto arcilloso. A veces las manifestaciones son mínimas, pero en un pequeño porcentaje de casos se produce un daño hepático tan brusco e intenso que se habla de hepatitis fulminante. Las manifestaciones se mantienen de dos a seis semanas y después remiten, aunque la evolución difiere según el tipo de hepatitis. Las hepatitis A y E nunca siguen una evolución crónica, pero, en cambio, algunos casos de hepatitis B, C y D tienden a la cronicidad.

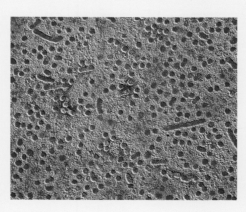

Virus de la hepatitis B visto con el microscopio electrónico de transmisión.

Páncreas

El páncreas es un órgano glandular encargado de producir una secreción digestiva rica en enzimas que es indispensable para la degradación de la comida y el aprovechamiento de los nutrientes contenidos en los alimentos, aunque también se considera un órgano endocrino, puesto que produce hormonas tan importantes como la insulina, que regula la concentración sanguínea de glucosa.

Localización del páncreas

Anatomía del páncreas

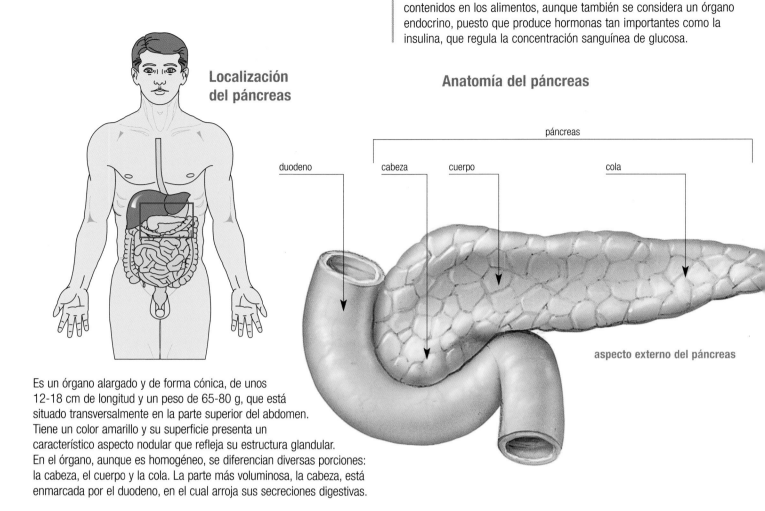

duodeno · cabeza · cuerpo · cola · páncreas

aspecto externo del páncreas

Es un órgano alargado y de forma cónica, de unos 12-18 cm de longitud y un peso de 65-80 g, que está situado transversalmente en la parte superior del abdomen. Tiene un color amarillo y su superficie presenta un característico aspecto nodular que refleja su estructura glandular. En el órgano, aunque es homogéneo, se diferencian diversas porciones: la cabeza, el cuerpo y la cola. La parte más voluminosa, la cabeza, está enmarcada por el duodeno, en el cual arroja sus secreciones digestivas.

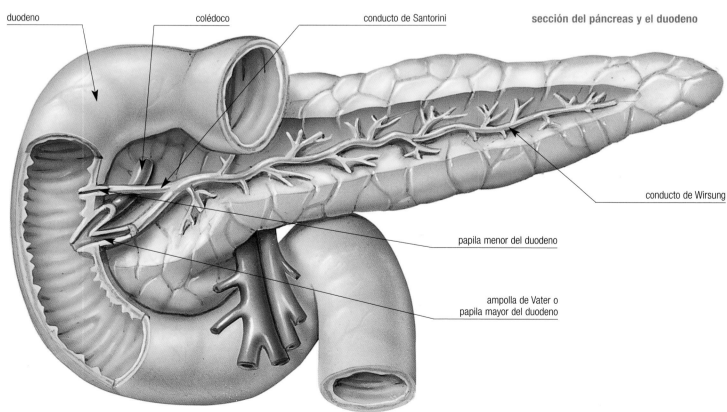

duodeno · colédoco · conducto de Santorini · **sección del páncreas y el duodeno** · conducto de Wirsung · papila menor del duodeno · ampolla de Vater o papila mayor del duodeno

Visión microscópica del tejido pancreático

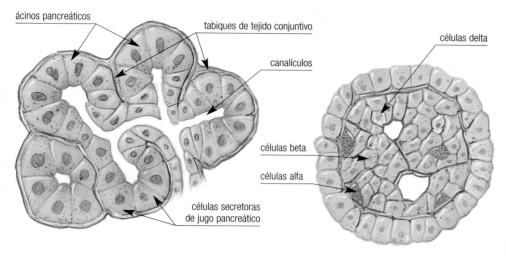

ácinos pancreáticos

tabiques de tejido conjuntivo

canalículos

células delta

células beta

células alfa

células secretoras
de jugo pancreático

páncreas digestivo

**páncreas endocrino
(islote de Langerhans)**

En el interior del órgano hay multitud de minúsculas glándulas, los ácinos pancreáticos, constituidas por una única capa de células situadas alrededor de una luz central, a la cual arrojan las secreciones que producen. Cada ácino está comunicado con un pequeño canalículo, que recibe también las secreciones de otros muchos ácinos cercanos; los canalículos vierten su contenido a conductos que llevan el jugo pancreático hacia el intestino delgado. Por otra parte, también distribuidos por todo el órgano, rodeados por ácinos pancreáticos, se encuentra multitud de pequeñas formaciones, los islotes de Langerhans, compuestos por células productoras de hormonas que pasan directamente a la circulación sanguínea.

Regulación de la producción de jugo pancreático

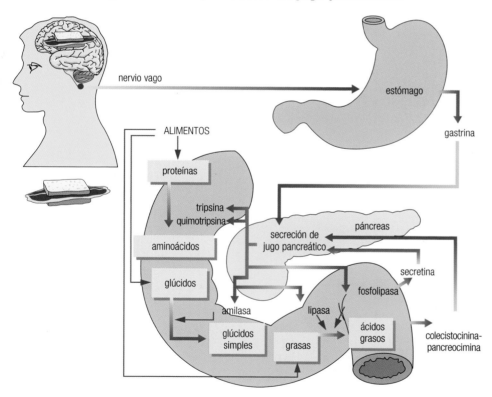

nervio vago

estómago

gastrina

ALIMENTOS

proteínas

tripsina
quimotripsina

aminoácidos

glúcidos

secreción de
jugo pancreático

páncreas

secretina

fosfolipasa

amilasa

lipasa

glúcidos
simples

grasas

ácidos
grasos

colecistocinina-
pancreocimina

La regulación de la secreción del jugo pancreático obedece a dos mecanismos, uno neurológico y otro hormonal. El primero está en manos del sistema nervioso autónomo, que, de manera inconsciente, a través del nervio vago y mediante el control de una sustancia llamada gastrina elaborada por el estómago, estimula la producción enzimática del páncreas ante los estímulos proporcionados por la visión o la percepción del aroma y el gusto de los alimentos. Sin embargo, para la secreción enzimática del páncreas resulta más determinante el estímulo proporcionado por unas hormonas que elabora el intestino delgado cuando se distiende ante la llegada del alimento, la secretina y la colecistocinina-pancreocimina.

Pancreatitis

Es una inflamación del páncreas, trastorno que puede tener un curso agudo o crónico, con manifestaciones dolorosas y digestivas importantes que a veces evolucionan favorablemente pero que, en otros casos, dan lugar a complicaciones que ponen en peligro la vida del enfermo. Lo más habitual es que se trate de una complicación de la presencia de cálculos en las vías biliares: un cálculo enclavado en la zona de unión del tramo final de las vías biliares con el conducto pancreático impide la salida del jugo pancreático, provoca su acumulación en el interior del páncreas y, con ello, la activación de las enzimas en el interior del órgano: se produce así una auténtica autodigestión del tejido pancreático. Otras causas menos frecuentes son el abuso de alcohol, la acción de determinados fármacos, una infección, un traumatismo abdominal o un tumor de las vías biliares.

**Localización del dolor
en la pancreatitis aguda**

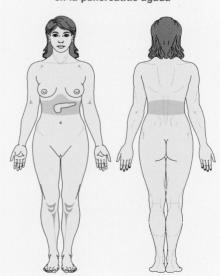

Cavidad abdominal

La cavidad abdominal, limitada en su parte superior por el diafragma, músculo plano que la separa de la cavidad torácica, es la parte del tronco comprendida entre el tórax y la parte inferior de la pelvis, en cuyo interior se encuentra alojada buena parte de los órganos del aparato digestivo, si bien contiene algunos órganos pertenecientes al aparato urinario y al sistema reproductor.

Contenido de la cavidad abdominal

En el interior de la cavidad abdominal están alojados diversos órganos del aparato digestivo (estómago, intestino delgado, intestino grueso, hígado, vesícula y vías biliares, páncreas), el bazo, los riñones y las glándulas suprarrenales, las vías urinarias (uréteres) y la vejiga urinaria, órganos del aparato reproductor (diferentes en cada sexo: prácticamente todos en la mujer, como el útero, los ovarios y las trompas, mientras que en el varón una parte se sitúa en posición externa), numerosos vasos sanguíneos y linfáticos, ligamentos y demás estructuras que fijan los órganos en sus respectivas posiciones.

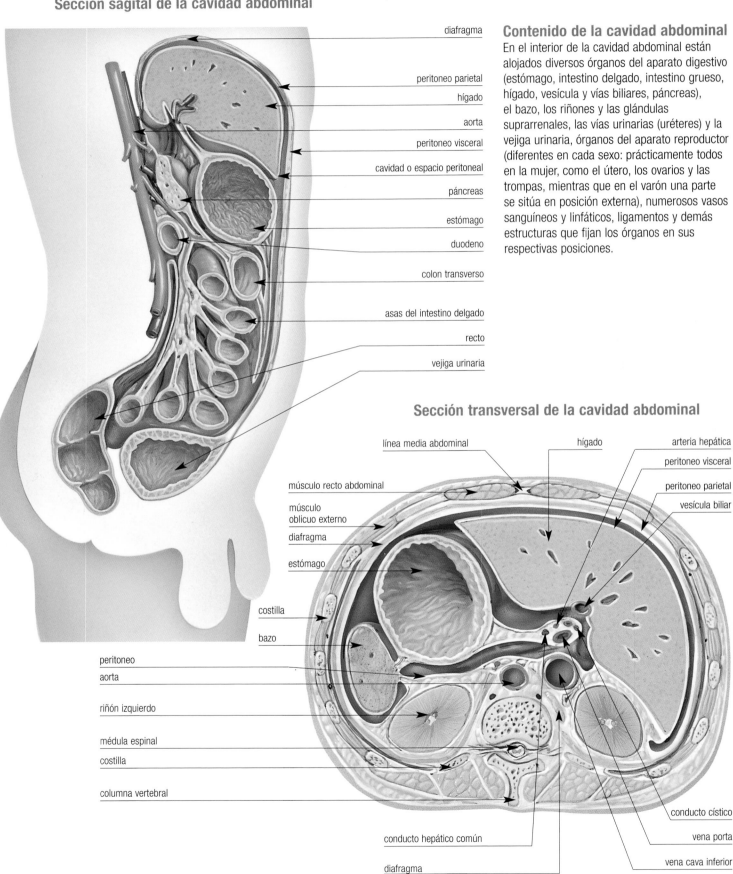

Sección sagital de la cavidad abdominal

diafragma

peritoneo parietal

hígado

aorta

peritoneo visceral

cavidad o espacio peritoneal

páncreas

estómago

duodeno

colon transverso

asas del intestino delgado

recto

vejiga urinaria

Sección transversal de la cavidad abdominal

línea media abdominal

hígado

arteria hepática

peritoneo visceral

peritoneo parietal

vesícula biliar

músculo recto abdominal

músculo oblicuo externo

diafragma

estómago

costilla

bazo

peritoneo

aorta

riñón izquierdo

médula espinal

costilla

columna vertebral

conducto hepático común

diafragma

conducto cístico

vena porta

vena cava inferior

Hernia abdominal

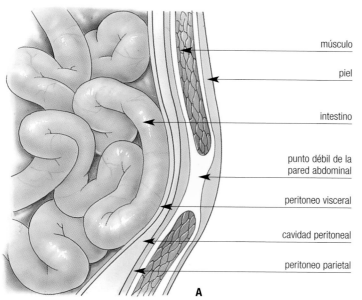

músculo

piel

intestino

punto débil de la
pared abdominal

peritoneo visceral

cavidad peritoneal

peritoneo parietal

A

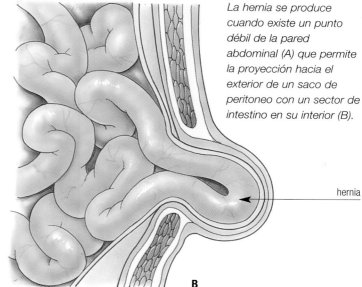

*La hernia se produce
cuando existe un punto
débil de la pared
abdominal (A) que permite
la proyección hacia el
exterior de un saco de
peritoneo con un sector de
intestino en su interior (B).*

hernia

B

Hernia abdominal

Una hernia abdominal consiste en la proyección o salida parcial de un
órgano, como el intestino delgado o el grueso, a través de un orificio
natural o un punto débil de la pared del abdomen, apreciándose como
un bulto indoloro y blando en la superficie del cuerpo. Puede deberse a
la persistencia anormal de un orificio de la pared abdominal presente en
la época de desarrollo o bien al debilitamiento de algún punto de la
pared abdominal consecuente, por ejemplo, al embarazo, la obesidad,
los esfuerzos repetidos, etc. Por el orificio, impulsado por la presión del
interior del abdomen, protruye el peritoneo, que constituye un saco
herniario, a veces con una porción de intestino u otro órgano abdominal
en su interior. El único tratamiento eficaz y definitivo de las hernias
corresponde a la cirugía.

Peritoneo

El peritoneo es una extensa membrana
serosa, formada básicamente por
tejido conjuntivo, que tapiza el interior de
las paredes de la cavidad abdominal y se
refleja para cubrir la mayor parte de los
órganos contenidos en su interior. De este
modo, se considera que, si bien la
membrana es ininterrumpida, está
compuesta por dos capas u hojas: el
peritoneo parietal y el peritoneo visceral.
Entre las dos capas del peritoneo queda
conformado un espacio virtual que sólo
contiene una delgada película de un
líquido lubricante, compuesto por agua,
ciertas células y sustancias minerales,
cuya función primordial es permitir
el desplazamiento de las hojas sin que se
produzcan fricciones entre ambas e,
indirectamente, entre los órganos
abdominales y con la pared abdominal.

Tipos de hernia abdominal

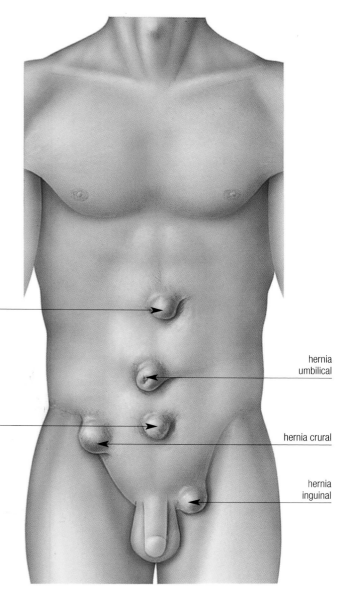

hernia de la línea
media del abdomen
(epigástrica)

hernia
umbilical

hernia de la línea
media del abdomen
(hipogástrica)

hernia crural

hernia
inguinal

Nutrientes y necesidades nutritivas

Los nutrientes, también llamados principios nutritivos, son una serie de sustancias básicas contenidas en los alimentos que el organismo necesita incorporar regularmente tanto para formar y conservar sus tejidos como para obtener energía, que consume al desarrollar sus actividades fisiológicas, y para la correcta regulación del metabolismo.

Funciones de los nutrientes

Cada tipo de nutriente es aprovechado por el organismo de una forma particular, pero de manera genérica se considera que, en conjunto, los principios nutritivos tienen tres tipos de funciones:

■ **función plástica o estructural:** son empleados para la construcción y regeneración de los tejidos y órganos. Con este objetivo se utilizan sobre todo las proteínas y algunos minerales;

■ **función energética:** son empleados para la obtención de la energía necesaria para las reacciones químicas metabólicas que constituyen la base de la vida, para el mantenimiento del calor corporal, para el desarrollo de acciones mecánicas como las contracciones musculares y muchas otras finalidades. Con este objetivo se utilizan en especial los hidratos de carbono y las grasas, secundariamente las proteínas;

■ **función reguladora:** son empleados como elementos que modulan las reacciones químicas metabólicas y la actividad de los diferentes órganos. Con este objetivo se emplean diversos minerales y las vitaminas.

Composición química del cuerpo humano

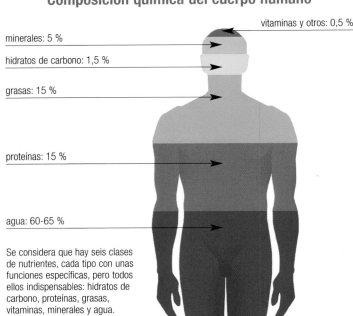

vitaminas y otros: 0,5 %
minerales: 5 %
hidratos de carbono: 1,5 %
grasas: 15 %
proteínas: 15 %
agua: 60-65 %

Se considera que hay seis clases de nutrientes, cada tipo con unas funciones específicas, pero todos ellos indispensables: hidratos de carbono, proteínas, grasas, vitaminas, minerales y agua.

Grupos alimentarios

frutas
tienen un gran contenido en agua, así como la presencia de importantes vitaminas y un porcentaje variable de azúcares

grasas y dulces
se caracterizan por su elevado potencial energético: son buenos complementos de la dieta a condición de que su consumo sea moderado

hortalizas
tienen un mínimo potencial energético a la par que proporcionan una gran variedad de minerales y vitaminas, elementos reguladores indispensables para el correcto funcionamiento del metabolismo orgánico

cereales, tubérculos y legumbres
destaca su elevado contenido en hidratos de carbono complejos, principal fuente energética para el organismo

leche y derivados lácteos
presentan un importante contenido de los diversos nutrientes elementales: son alimentos muy completos

carnes, pescados y huevos
proporcionan, sobre todo, proteínas de alta calidad, los nutrientes plásticos que el organismo requiere para formar y regenerar sus tejidos

Para poder determinar las cualidades de los diferentes alimentos y sentar las bases para una dieta sana, lo más oportuno es clasificarlos en grupos integrados por productos de composición nutritiva equiparable.

Calorías liberadas por la combustión de los diferentes nutrientes

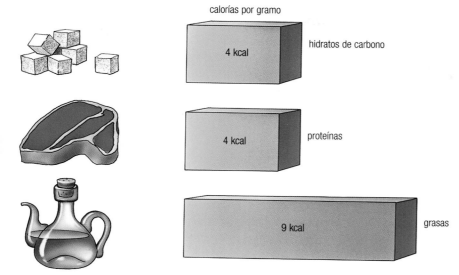

calorías por gramo

hidratos de carbono — 4 kcal

proteínas — 4 kcal

grasas — 9 kcal

Unidades

Para calcular el valor energético de los nutrientes suele emplearse la unidad de energía térmica o calorífica denominada Caloría (con mayúscula), abreviadamente Cal y por lo común designada como kilocaloría o kcal, correspondiente a la cantidad de calor necesaria para elevar la temperatura de 1 litro de agua destilada de 14,5 ºC a 15 ºC; una caloría, abreviadamente cal (con minúscula), corresponde a la milésima parte de 1 kcal. Recientemente se ha comenzado a utilizar otra unidad, el julio (J), así como su múltiplo, el kilojulio (kJ).

Equivalencia de unidades

1 cal:	4,18 J
1 kcal (Cal):	1.000 calorías
1 kcal:	4,18 kJ
1 kJ:	0,24 kcal

Buena parte de los nutrientes obtenidos con la alimentación son utilizados por el organismo para obtener la energía necesaria para el desarrollo de las reacciones bioquímicas del metabolismo, para mantener el calor corporal o para el trabajo muscular, pero sólo hay tres tipos de nutrientes básicos útiles con este cometido: los hidratos de carbono, las proteínas y las grasas, cuya combustión libera cantidades variables de energía.

El organismo requiere una cantidad básica de energía para el desarrollo del metabolismo basal, es decir, el gasto energético fijo necesario para mantener la actividad permanente y la renovación de todos los tejidos, así como el mantenimiento de la temperatura corporal. En términos generales, se acepta que dicho gasto corresponde a unas 25 Cal por kilogramo de peso al día, aunque ello varía en función del peso corporal y la talla, es ligeramente superior en los hombres que en las mujeres y es mayor durante la infancia, cuando todavía se está en plena época de crecimiento, así como durante el embarazo, para satisfacer las demandas del feto, y durante la lactancia, para la fabricación de leche. Además, hay otras necesidades variables, principalmente en función de la actividad física que se desarrolle, puesto que en ella participa la actividad muscular y el trabajo mecánico exige cierto gasto calórico.

Necesidades energéticas según edad, sexo, peso y actividad física

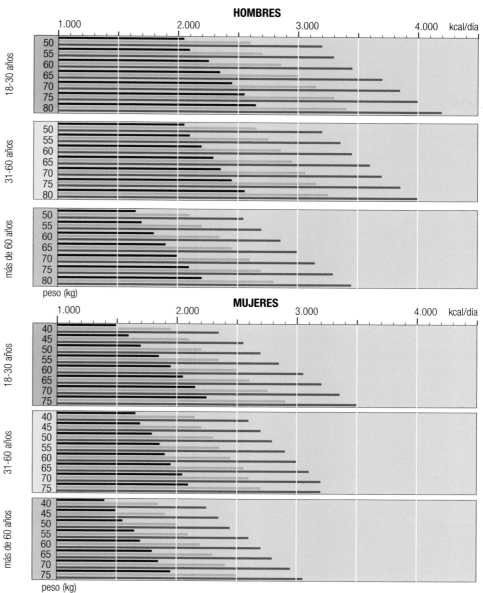

actividad ligera

actividad moderada

actividad pesada

Hidratos de carbono

Los hidratos de carbono, también llamados glúcidos o carbohidratos, son nutrientes presentes en casi todos los alimentos, principalmente en los de origen vegetal, que el organismo utiliza de manera prioritaria para la obtención de la energía destinada a desarrollar las múltiples reacciones bioquímicas que integran el metabolismo: son el principal "combustible" del cuerpo.

Fórmula química de monosacáridos

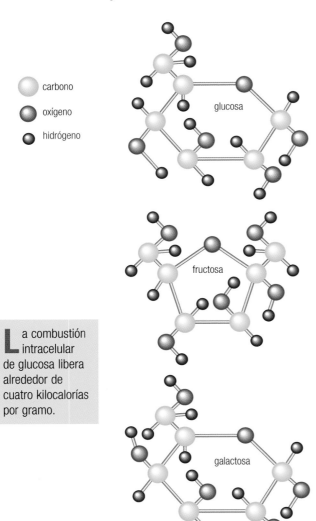

- carbono
- oxígeno
- hidrógeno

glucosa

fructosa

galactosa

La combustión intracelular de glucosa libera alrededor de cuatro kilocalorías por gramo.

Fórmula química de disacáridos

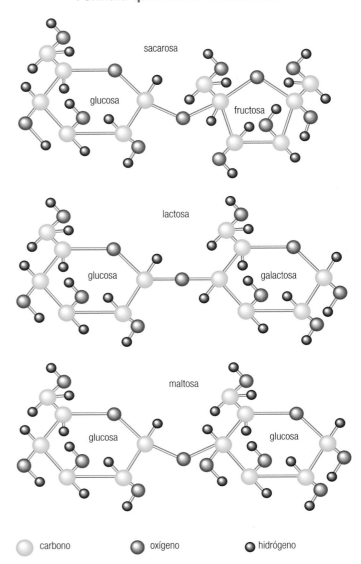

sacarosa

glucosa

fructosa

lactosa

glucosa

galactosa

maltosa

glucosa

glucosa

- carbono
- oxígeno
- hidrógeno

Tipos de hidratos de carbono

Los hidratos de carbono, formados por átomos de carbono, oxígeno e hidrógeno, se llaman así porque cada átomo de carbono está enlazado a un átomo de oxígeno y dos átomos de hidrógeno, la misma proporción que la del agua (H_2O). Según su estructura química y en función de sus unidades básicas, denominadas sacáridos, se distinguen distintos tipos. Los hidratos de carbono simples, también llamados azúcares, pueden estar formados por una sola unidad –monosacáridos, como la glucosa, la fructosa y la galactosa– o bien por dos unidades –disacáridos, como la sacarosa (azúcar común, constituida por una molécula de glucosa y otra de fructosa), la lactosa (azúcar de la leche, constituida por una molécula de glucosa y otra de galactosa) y la maltosa (constituida por dos moléculas de glucosa)–. En cambio, los hidratos de carbono complejos, también llamados polisacáridos, están formados por numerosas unidades simples enlazadas en largas cadenas, como ocurre en los almidones o féculas presentes en los vegetales y en el glucógeno de los organismos animales.

Los cereales (aquí en forma de copos de maíz), los tubérculos y las legumbres son alimentos ricos en hidratos de carbono que constituyen la base energética de la alimentación humana.

Digestión de los hidratos de carbono

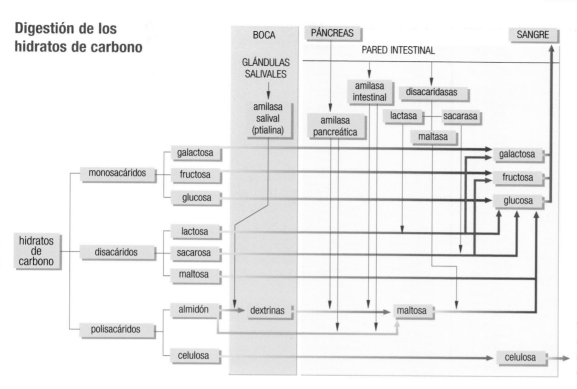

La mayor parte de los hidratos de carbono presentes en los alimentos son disacáridos y polisacáridos, pero sólo los monosacáridos, de diminutas dimensiones, pueden atravesar sin dificultad las paredes del aparato digestivo. Por ello, para ser absorbidos, casi todos los hidratos de carbono deben ser previamente digeridos por enzimas que los fraccionan en sus unidades básicas, los monosacáridos. Como punto final del proceso digestivo, en el intestino se absorben moléculas de glucosa, fructosa y galactosa, moléculas que son transportadas hasta el hígado, donde la fructosa y la galactosa son transformadas en glucosa, que es liberada a la sangre para distribuirse por todo el organismo y ser utilizada.

Contenido en hidratos de carbono
(aproximado, por 100 g de alimento)

azúcar refinado	100 g
copos de maíz	84 g
miel	77g
arroz blanco	77 g
harina de trigo	75 g
pastas alimenticias	73 g
galletas	73 g
mermeladas	70 g
avena	65 g
repostería	60 g
garbanzos	60 g
pan blanco	55 g
pan integral	49 g
plátano	21 g
patata cocida	20 g
uva	17 g

Contenido en fibra vegetal
(g/100 g alimento)

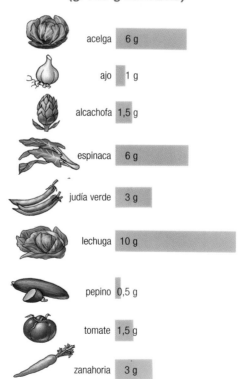

acelga	6 g
ajo	1 g
alcachofa	1,5 g
espinaca	6 g
judía verde	3 g
lechuga	10 g
pepino	0,5 g
tomate	1,5 g
zanahoria	3 g

La glucosa

Las células del organismo humano sólo pueden utilizar un único hidrato de carbono como fuente de energía: la glucosa. Las moléculas de glucosa, absorbidas en el intestino tras la degradación de los hidratos de carbono complejos o bien liberadas por el hígado tras la transformación de otros monosacáridos, recorren el organismo con la circulación sanguínea y son captadas por las células, en cuyo interior son sometidas a un proceso químico de combustión que comporta liberación de energía. La glucosa es tan importante que cuando se realizan análisis de sangre siempre se mide su concentración, llamada glucemia o "azúcar en sangre", pues es un indicador indispensable para conocer nuestro estado de salud.

Fuentes alimenticias

Todos los alimentos contienen hidratos de carbono, excepto los que están formados exclusivamente por grasas, como los aceites. Los alimentos más ricos en hidratos de carbono son los cereales y sus derivados, las legumbres, los tubérculos, las frutas y, desde ya, el azúcar común, en sus diferentes variedades, así como la miel y todos los productos dulces.

Celulosa: la fibra vegetal

La celulosa es un hidrato de carbono complejo que forma la pared de las células vegetales. Los animales herbívoros disponen de enzimas digestivas capaces de degradar este compuesto y liberar así sus componentes, moléculas de glucosa que son absorbidas y utilizadas para aprovechar su potencial de energía. El ser humano, en cambio, no dispone de los fermentos necesarios para digerir la celulosa: forma parte de lo que se conoce como "fibra vegetal" que se elimina del organismo prácticamente sin haber sido modificada. Sin embargo su consumo es beneficioso, porque proporciona un mayor volumen de los residuos digestivos y esto hace que las paredes del intestino grueso funcionen mejor.

Proteínas

Las proteínas, también denominadas prótidos, son unos componentes básicos del cuerpo humano y, por lo tanto, unos nutrientes muy importantes: su consumo regular resulta indispensable para la formación y el desarrollo del organismo, así como para la regeneración de los tejidos y para infinidad de procesos metabólicos de los que depende la salud.

Esquema de un tripéptido

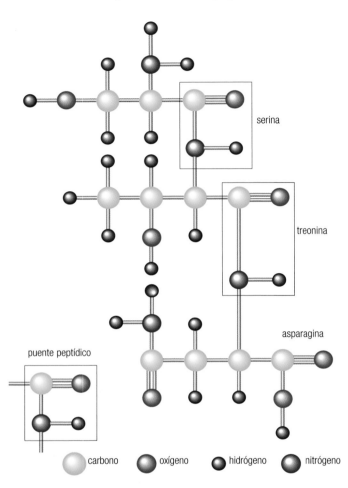

serina

treonina

asparagina

puente peptídico

● carbono ● oxígeno ● hidrógeno ● nitrógeno

Estructura química de las proteínas

Las proteínas están compuestas por la combinación de átomos de carbono, oxígeno, hidrógeno y nitrógeno, a los que a veces se añaden otros elementos químicos. Están formadas por una serie de unidades, los aminoácidos, unidos entre sí por enlaces especiales gracias a los cuales se componen unas cadenas más o menos cortas o largas. Cuando se trata de unas pocas unidades, se habla de péptidos, que incluso se designan según el número de aminoácidos constituyentes, por ejemplo dipéptidos o tripéptidos. Cuando la cadena está formada por muchos aminoácidos, se habla de polipéptidos, como son las auténticas proteínas: algunas cuentan con unos cien aminoácidos, mientras que otras están compuestas por más de mil.

> **L**a combustión intracelular de proteínas libera alrededor de cuatro kilocalorías por gramo.

Los aminoácidos

Aminoácidos no esenciales	Aminoácidos esenciales
■ ácido glutámico	■ arginina
■ alanina	■ fenilalanina
■ asparagina	■ histidina
■ cisteína	■ isoleucina
■ cistina	■ leucina
■ glicina	■ lisina
■ hidroxiprolina	■ metionina
■ prolina	■ treonina
■ serina	■ triptófano
■ tirosina	■ valina

Tipos de aminoácidos

Todas las proteínas que existen en la naturaleza están formadas por la combinación de sólo veinte aminoácidos diferentes, cada uno de los cuales tiene su propia estructura química. Para formar sus propias proteínas, el organismo humano necesita disponer de todos los aminoácidos. En realidad, el organismo puede sintetizar algunos, que se conocen como aminoácidos no esenciales, pero sólo puede obtener otros, denominados aminoácidos esenciales, a través de la alimentación. Por eso es tan importante consumir alimentos variados que proporcionen todos los tipos de aminoácidos y en especial aminoácidos esenciales, presentes sobre todo en los productos de origen animal.

Esquema de algunos aminoácidos

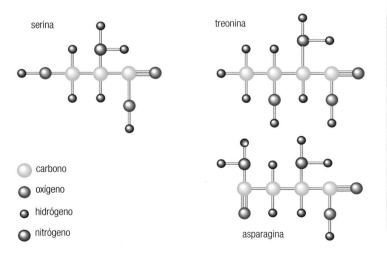

serina

treonina

asparagina

● carbono
● oxígeno
● hidrógeno
● nitrógeno

Digestión de las proteínas

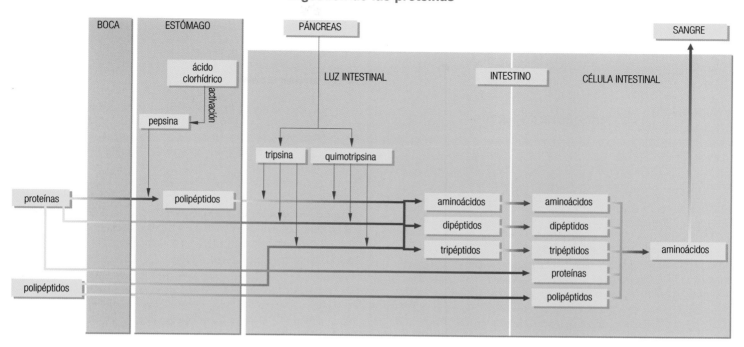

La digestión de las proteínas de los alimentos comienza en el estómago, bajo la acción del jugo gástrico: el ácido clorhídrico secretado por la mucosa del estómago activa una enzima, la pepsina, que actúa sobre las proteínas y rompe algunos enlaces, fraccionándolas y liberando cadenas polipeptídicas de menores dimensiones. Cuando el alimento pasa al intestino delgado, unas enzimas elaboradas por el páncreas liberan aminoácidos, dipéptidos y tripéptidos, que son absorbidos por las células de las paredes intestinales. En el interior de éstas se completa el fraccionamiento, de tal manera que sólo se liberan a la circulación sanguínea aminoácidos libres. Posteriormente, una vez distribuidos por el cuerpo, los diversos aminoácidos serán combinados entre sí para formar las propias proteínas orgánicas.

Contenido en proteínas (aproximado, por 100 g de alimento)

Alimento	Proteínas	Alimento	Proteínas
queso parmesano	34 g	pollo	21 g
soja en grano	34 g	almendras	20 g
pavo	32 g	buey (solomillo)	20,5 g
atún fresco	27 g	cordero (pierna)	19 g
cacahuetes	24 g	merluza	17 g
lentejas	24 g	lenguado	16 g
queso roquefort	23 g	cerdo (chuleta)	15 g
habas	23 g	avellanas	14 g
pato	22 g	avena	13 g
conejo	22 g	huevo entero	13 g
guisantes	22 g	harina de trigo	9,5 g
sardina	21 g	pan blanco	7 g
gambas	21 g	leche de vaca entera	3,5 g
cacao en polvo	21 g		

Funciones de las proteínas

Principalmente, las proteínas tienen una función plástica, porque forman parte de la estructura de las membranas de las células y también constituyen el entramado que brinda soporte a los tejidos y órganos del cuerpo; incluso están presentes en el líquido intracelular y en el núcleo celular. Además, son proteínas las enzimas, los anticuerpos, algunas hormonas e infinidad de elementos que desarrollan acciones específicas muy variadas, todas ellas importantes para el correcto funcionamiento del organismo. Por último, las proteínas también pueden ser utilizadas para la obtención de energía.

Fuentes alimenticias

Prácticamente todos los alimentos contienen proteínas, con la sola excepción de los que están formados únicamente por grasas, como los aceites. Los productos más ricos en proteínas son las carnes, los pescados, los huevos, la leche y algunos derivados lácteos, las legumbres, los frutos secos, los cereales y sus derivados. Contienen también proteínas, pero en mucha menor proporción, las hortalizas y algunas frutas.

Grasas

Las grasas, también denominadas lípidos, son los nutrientes con un mayor poder calórico: el organismo utiliza las grasas procedentes de la alimentación para obtener energía y, por el contrario, almacena en forma de grasas la energía sobrante de la metabolización de otros nutrientes para poder recurrir a esta fuente en caso de necesidades futuras.

Estructura química de las grasas

Las grasas están compuestas por átomos de carbono, oxígeno e hidrógeno combinados de tal modo que estos nutrientes son insolubles en agua. Los lípidos más comunes son los triglicéridos, formados por una molécula de un alcohol llamado glicerol y tres moléculas de ácidos grasos. Dado que existen alrededor de cuarenta ácidos grasos diferentes, las combinaciones posibles son muy numerosas. Y los ácidos grasos, formados por una larga cadena de átomos de carbono enlazados a otros átomos de carbono y dos átomos de hidrógeno, pueden dividirse en diferentes tipos: si los átomos de carbono están enlazados con el máximo de átomos de hidrógeno posible, se dice que son saturados, porque ya no es posible que se unan a ningún otro átomo de hidrógeno, y si tienen algunos enlaces libres, se dice que son insaturados, ya sea monoinsaturados, cuando sólo hay libre un enlace, o bien poliinsaturados, si son varios los enlaces libres.

Esquema de un triglicérido

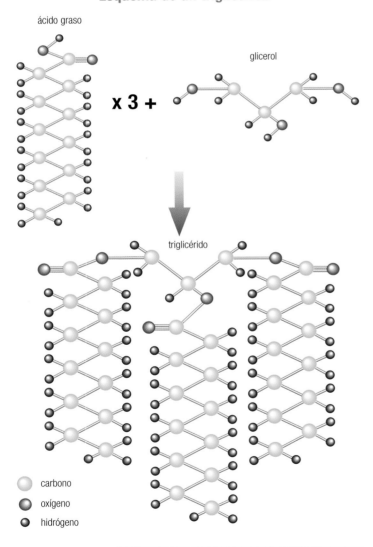

Esquema de los ácidos grasos

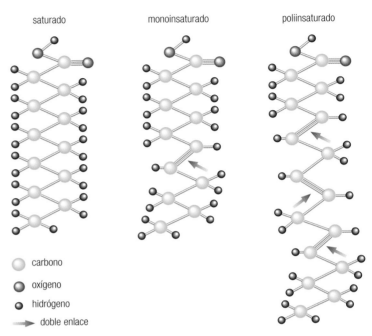

L a combustión intracelular de grasas libera alrededor de nueve kilocalorías por gramo.

Colesterol

E l colesterol no es un nutriente esencial, porque el organismo puede sintetizarlo, a partir de otros sustratos, especialmente en el hígado. Sus funciones son muy variadas e importantes: por ejemplo, forma parte de las membranas celulares y es el precursor de diversas hormonas. Sin embargo, su consumo excesivo resulta peligroso, entre otras cosas porque se relaciona el hecho de tener tasas sanguíneas elevadas de colesterol con un mayor riesgo de enfermedades cardiovasculares, como la aterosclerosis y el infarto de miocardio, que destacan entre las principales causas de mortalidad en los países industrializados. Los alimentos más ricos en colesterol son el huevo (presente en la yema), la mantequilla, los quesos grasos y, en general, las grasas de origen animal.

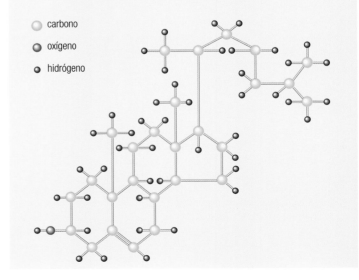

Esquema de la digestión y absorción de las grasas

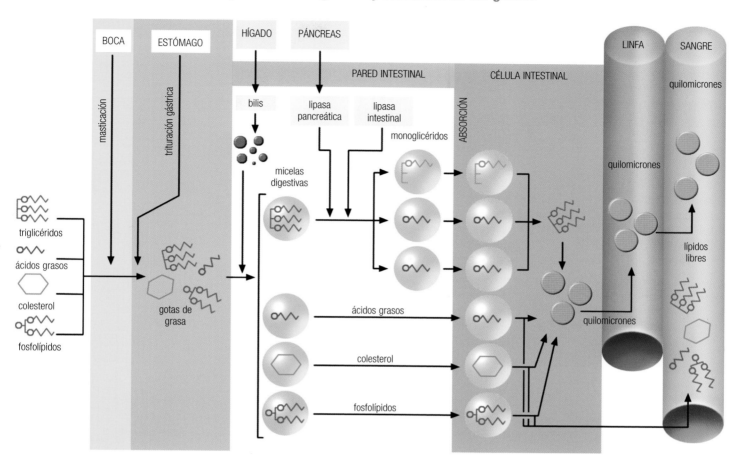

Las grasas contenidas en los alimentos llegan al intestino en forma de pequeñas gotas que todavía no pueden ser atacadas por las enzimas digestivas. En el duodeno, la bilis producida en el hígado actúa sobre estas gotas y ejerce un efecto emulsionante, fraccionándolas en partículas microscópicas denominadas micelas digestivas. Sobre éstas actúan las enzimas pancreáticas e intestinales tipo lipasas, que liberan los ácidos gástricos para que puedan penetrar en las células intestinales, donde se reagrupan y constituyen unas partículas conocidas como quilomicrones, solubles en los líquidos orgánicos. Los quilomicrones pasan entonces a los vasos linfáticos de las vellosidades intestinales y con la circulación linfática llegan a la circulación sanguínea para ser distribuidos por todo el organismo.

Contenido en grasas

(aproximado, por 100 g de alimento)

aceites	100 g
mantequilla	83 g
margarina	83 g
mayonesa	78 g
bacon	70 g
coco	60 g
avellanas	60 g
cacahuetes	60 g
nueces	60 g
almendras	54 g
patatas fritas	37 g
chocolate con leche	34 g
queso emmental	33 g
crema de leche	30 g
aguacate	16 g
carne de cerdo	25 g
carne de buey	20 g

Contenido en ácidos grasos saturados e insaturados

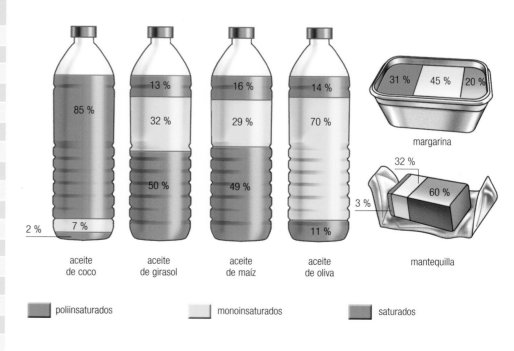

poliinsaturados   monoinsaturados   saturados

Vitaminas

Las vitaminas son sustancias químicas de naturaleza muy diversa que el organismo no puede sintetizar y que, por lo tanto, necesita incorporar en pequeñas cantidades de manera inexorable mediante la alimentación para asegurar su correcto funcionamiento, pues desempeñan funciones reguladoras en múltiples procesos metabólicos esenciales.

Vitaminas liposolubles			
Nombre	**Funciones**	**Necesidades diarias**	**Fuentes**
Vitamina A o retinol	participa en el proceso de la visión y en el crecimiento, la reproducción y el mantenimiento de los tejidos epiteliales (la piel y las mucosas)	niños: 0,4-0,6 mg hombres: 1 mg mujeres: 0,8 mg; embarazo: 1 mg; lactancia: 1,2 mg	leche y derivados (mantequilla), hígado, yema de huevo, pescados grasos, hortalizas ricas en carotenos como las zanahorias, las calabazas y las hortalizas de hoja verde
Vitamina D o calciferol	participa en la regulación del metabolismo del calcio y el fósforo y en la actividad muscular; es indispensable para el proceso de crecimiento	niños: 10 μg adultos: 7,5 μg embarazo: 10 μg lactancia: 10 μg	hígado, pescados y mariscos, carnes, leche y derivados lácteos, huevos; se produce en la piel bajo la influencia de los rayos solares
Vitamina E o tocoferol	acción antioxidante, participa en el mantenimiento de las membranas celulares	niños: 7,5-10 mg adultos: 5-8 mg embarazo: 12-15 mg lactancia: 12-15 mg	huevos, aceites de semillas
Vitamina K o menaquinona	indispensable para la elaboración en el hígado de sustancias que actúan como factores de la coagulación cuya presencia en la sangre es fundamental para la detención de las hemorragias	aproximadamente 1 mg, pero su aporte con la alimentación no es imprescindible porque es sintetizada por la flora bacteriana intestinal	hígado, riñón, hortalizas y frutas; es sintetizada por las bacterias de la flora intestinal

Aunque cada vitamina tiene un nombre específico, las diferentes vitaminas suelen designarse con letras del alfabeto y subíndices, denominación que se les fue poniendo a medida que se descubrieron y cuando aún no se conocía su fórmula química.

La vitamina B12 sólo se encuentra en alimentos de origen animal: una alimentación vegetariana estricta comporta, por tanto, una carencia de esta vitamina.

Algunos alimentos que son fuente de vitaminas liposolubles.

Tipos de vitaminas

Las vitaminas se clasifican en dos grandes grupos, según sus propiedades de solubilidad:

■ **vitaminas hidrosolubles**, es decir, solubles en agua, como son las incluidas en el complejo vitamínico B y la vitamina C. La particularidad de estas vitaminas, que se disuelven en medios acuosos, es que si se produce un consumo exagerado, el exceso es eliminado por el riñón a través de la orina y no genera problema alguno;

■ **vitaminas liposolubles**, o sea, solubles en grasa, como son las vitaminas A, D, E y K. Estas vitaminas sólo se encuentran en alimentos que contienen cierta cantidad de lípidos y su absorción intestinal siempre requiere la presencia de grasas. Como tienden a depositarse en los tejidos grasos, si se produce un consumo excesivo se acumulan en el organismo y ello puede dar lugar a un trastorno conocido como hipervitaminosis, con manifestaciones específicas según sea la vitamina en cuestión.

Conservación

Las vitaminas presentes en los alimentos se deterioran parcialmente ante la exposición prolongada a la luz, el contacto con el aire y la cocción. Por ello, para garantizar su valor vitamínico, conviene guardar los alimentos resguardados de la luz y en un sitio fresco, así como consumir preferentemente hortalizas y frutas crudas.

Vitaminas hidrosolubles

Nombre	Funciones	Necesidades diarias	Fuentes
Vitamina B₁ o tiamina	participa en el metabolismo de los hidratos de carbono y en la actividad de los nervios periféricos, el corazón y los intestinos	niños: 0,3-1 mg adultos, 1,3-1,5 mg	cereales integrales o derivados, levaduras, leche, huevo, carne de buey y de cerdo, frutos secos, legumbres y hortalizas en general
Vitamina B₂ o rivoflavina	participa en los procesos de respiración y oxidación intracelulares, actúa como coenzima en el metabolismo de los hidratos de carbono, las proteínas y las grasas, interviene en el metabolismo de la hemoglobina	niños: 0,6-2,5 mg adultos: 1,6-1,8 mg lactancia: 2 mg	hígado, riñón, levaduras, leche y derivados lácteos, huevo, frutos secos, cereales integrales, hortalizas y frutas
Vitamina B₃, niacina o vitamina PP	participa en el metabolismo de los hidratos de carbono, las proteínas y las grasas	niños: 8-11 mg hombres: 18 mg mujeres: 13 mg embarazo: 15 mg lactancia: 15 mg	carnes rojas, vísceras, pescados, aves, legumbres, cereales integrales y derivados
Vitamina B₅ o ácido pantoténico	constituyente de la coenzima A, participa en el metabolismo de los hidratos de carbono, las proteínas y las grasas, así como en la síntesis de numerosas sustancias	5-10 mg	está presente prácticamente en todos los alimentos
Vitamina B₆ o piridoxina	participa en el metabolismo de la proteína y en la formación de la sangre	niños:0,4-1,4 mg adultos: 1,8 mg embarazo: 2,5 mg	levaduras, carnes rojas, pescados, aves, leche, legumbres, soja, cereales integrales y derivados, frutos secos, algunas frutas
Vitamina B₈, biotina o vitamina H	participa en el metabolismo de los hidratos de carbono, las proteínas y las grasas, estimula el crecimiento del tejido nervioso y de la piel	10 μg	levaduras, riñón, hígado, huevo, chocolate, setas
Vitamina B₉ o ácido fólico	participa en la maduración de los glóbulos rojos y en el proceso de la división celular, indispensable para la formación de nuevos tejidos durante la etapa de crecimiento	200-300 μg	hígado, legumbres, cereales, soja, leche, carnes, frutos secos, hortalizas de hoja verde, frutas frescas
Vitamina B₁₂ o cobalamina	participa en el metabolismo de los hidratos de carbono, las proteínas y los lípidos, interviene en la maduración de los glóbulos rojos, en la síntesis del ADN y en la actividad del sistema nervioso	2,5-4 mg	hígado, riñón, carnes, pescados, leche y derivados lácteos, huevo (ausente en alimentos vegetales)
Vitamina C o ácido ascórbico	participa en el metabolismo intracelular, es indispensable para la síntesis de colágeno y por ello ejerce una función protectora sobre la piel y las mucosas, participa en la formación de algunas hormonas y facilita la absorción intestinal de hierro	niños: 35-40 mg adultos: 60 mg embarazo: 80-100 mg	frutas (cítricos, kiwi, piña, fresas) y hortalizas frescas (pimiento, brócoli, col, berro, acelga, patata)

Algunos alimentos que son fuente de vitaminas hidrosolubles.

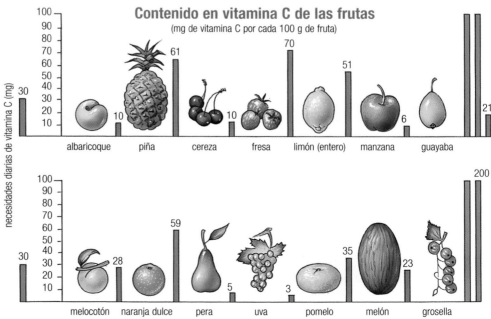

Contenido en vitamina C de las frutas

(mg de vitamina C por cada 100 g de fruta)

necesidades diarias de vitamina C (mg)

30 — albaricoque 10 / piña 61 / cereza 10 / fresa / limón (entero) 70 / manzana 51 / 6 / guayaba 218

30 — melocotón 28 / naranja dulce 59 / pera 5 / uva 3 / pomelo / melón 35 / 23 / grosella 200

Minerales

Los minerales son sustancias químicas inorgánicas, presentes en proporciones muy variables en los diferentes alimentos, que se consideran como nutrientes porque el organismo necesita incorporarlos, en cantidades muy variadas según el caso, tanto para formar sus estructuras como por ser elementos reguladores de múltiples procesos metabólicos.

Funciones, requerimientos y fuentes de los principales minerales

Mineral	Principales funciones	Necesidades diarias	Fuentes
Calcio	forma parte de la estructura de los huesos y los dientes, participa en los impulsos nerviosos, la contracción muscular y la coagulación sanguínea	0-12 meses: 500-600 mg 1-10 años: 600-800 mg 11-18 años: 1.000-1.200 mg adultos: 800-1.000 mg embarazadas y lactantes: 1.200 mg	leche y derivados lácteos, frutos secos, legumbres, huevo, pescados y mariscos, hortalizas
Sodio	participa en la regulación de los líquidos corporales y la presión arterial, así como en la transmisión de los impulsos nerviosos y en el mecanismo de contracción muscular	de 1 a 3 g, en función de factores tales como la actividad corporal, el funcionamiento renal o la sudoración	sal común, embutidos, quesos, conservas, carnes, pescados, hortalizas y frutas en general
Potasio	actúa con el sodio en la transmisión del impulso nervioso y en el mantenimiento del equilibrio hidrosalino; es esencial en el metabolismo de glúcidos y proteínas	0-6 meses: 500 mg 6-12 meses: 700 mg 1-2 años: 1.000 mg 2-5 años: 1.400 mg 6-10 años: 1.600 mg adultos: 2.000 mg	frutas y hortalizas, carnes, pescados y mariscos, legumbres, cereales, frutos secos
Fósforo	forma parte de la estructura de los huesos y los dientes, es un constituyente de la membrana celular y los cromosomas, participa en la obtención de energía y la contracción muscular	0-12 meses: 200-400 mg 1-10 años: 600-800 mg 11-18 años: 800-1.000 mg adultos: 600-800 mg embarazadas y lactantes: 800-1.000 mg	leche y derivados lácteos, frutos secos, cereales, legumbres, huevos, carnes, pescados y mariscos
Magnesio	forma parte de los huesos, activa enzimas intracelulares, participa en la transmisión de impulsos en el tejido muscular	0-12 meses: 40 mg 1-10 años: 60-170 mg adolescentes: 300-400 mg adultos: 350 mg	leche, vegetales de hoja verde, carnes, soja, cacao, frutos secos, productos de mar
Hierro	forma parte de la hemoglobina de los glóbulos rojos, de la mioglobina de los músculos y de múltiples enzimas que participan en el metabolismo	niños: 10-15 mg varones adultos: 10-12 mg mujeres adultas: 15-18 mg embarazadas: 15-20 mg	hígado, carnes rojas, aves de corral, huevos, legumbres, frutos secos, algunas hortalizas
Flúor	forma parte de los huesos y los dientes, a los que protege de la caries.	1-4 mg	agua fluorada, sal de mesa fluorada, productos de mar, algunas variedades de té
Yodo	forma parte de las hormonas elaboradas por el tiroides, que regulan el metabolismo general del organismo y tienen una función capital en el proceso de crecimiento y la maduración del sistema nervioso	niños: 100 μg adultos: 125-150 μg	productos de mar: peces, moluscos, crustáceos, algas
Cobre	forma parte de numerosas enzimas, participa en la síntesis de proteínas y en la obtención de energía	niños 0,5-2 mg adultos: 2-5 mg	pescados, crustáceos y moluscos, soja, legumbres, frutos secos, cereales integrales
Cinc	componente importante de diversas enzimas, indispensable para el crecimiento, participa en la síntesis de las proteínas y de los ácidos nucleicos	0-12 meses: 3-5 mg 1-10 años: 10 mg adultos: 10-15 mg	pescados y crustáceos, leche y derivados, huevo, carnes, legumbres, cereales integrales
Manganeso	participa en múltiples reacciones enzimáticas y en la síntesis de lípidos y mucopolisacáridos	2-5 mg	algas marinas, productos lácteos, legumbres, cereales, carnes
Azufre	componente de diversos aminoácidos, participa en los mecanismos de la respiración celular y en la obtención de energía	5 μg	cereales, pescados y mariscos, productos lácteos, carnes, legumbres, huevo, frutos secos

Tipos de minerales

El organismo humano consta de muy diversos minerales, como parte de su estructura o en compuestos que desempeñan variadas actividades: en conjunto, representan un 5-6 % del peso corporal. Su aporte es esencial en la época de crecimiento y, dado que una parte se elimina con los productos de desecho o las secreciones, a lo largo de toda la vida es preciso reponerlos en una proporción equivalente a las pérdidas. En el ámbito de la nutrición, los minerales se clasifican en dos grandes grupos según sean sus requerimientos cotidianos. Algunos se incluyen en el grupo de macronutrientes, porque su contenido en el organismo es importante y, por lo tanto, se requiere un aporte regular considerable a través de la alimentación. Entre éstos cabe destacar el calcio, el hierro, el fósforo, el sodio, el potasio y el magnesio. Otros, en cambio, se incluyen en el grupo de micronutrientes, también llamados oligoelementos, porque su contenido corporal es muy pequeño y sólo hace falta un aporte regular mínimo a través de la alimentación para cubrir sus necesidades. Forman parte de este grupo, entre otros, el selenio, el flúor, el yodo, el manganeso, el cobre, el molibdeno, el cinc, el cromo, el cobalto, el níquel y el vanadio.

Necesidades diarias de hierro
(mg/día)

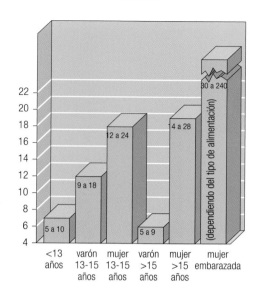

Necesidades diarias de calcio
(mg/día)

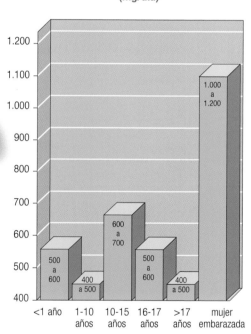

Las hortalizas son alimentos ricos en minerales y, por ello, conviene que formen parte de la dieta cotidiana.

La leche y los derivados lácteos son una excelente fuente de calcio y otros minerales.

Suplementos minerales

Todos los elementos minerales que requiere nuestro organismo pueden obtenerse en cantidades suficientes a partir de una alimentación variada y equilibrada. Sólo es preciso aportar un suplemento, en forma de preparados farmacéuticos, en determinadas épocas o circunstancias de la vida en que sus requerimientos son algo más elevados o debido a algún déficit concreto. Pero, en cualquier caso, se trata de situaciones en las que el médico ya se encarga de recetar un suplemento concreto de un mineral en particular para combatir específicamente su déficit. En términos generales, pues, no es preciso tomar complementos polivitamínicos, y menos aún sin prescripción médica: a veces resulta tanto o más perjudicial un aporte exagerado de minerales que el propio déficit.

Agua

El agua es un elemento fundamental para la vida, constituye el principal componente del ser humano y de todos los seres vivos, pues es el elemento básico de la materia orgánica, el medio donde se desarrollan todas las reacciones bioquímicas del organismo. Sin el debido aporte de agua, el ser humano apenas puede sobrevivir unos días...

Proporción de agua orgánica (% del peso corporal)

Molécula de agua

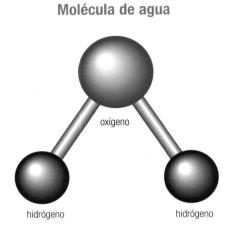

oxígeno

hidrógeno   hidrógeno

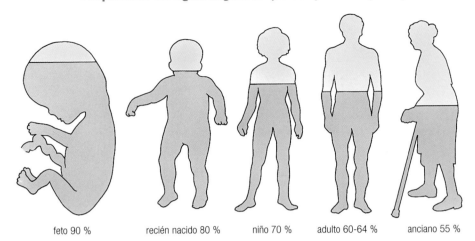

feto 90 %   recién nacido 80 %   niño 70 %   adulto 60-64 %   anciano 55 %

El agua pura es un líquido sin color, olor ni sabor formado por dos elementos químicos: oxígeno (O) e hidrógeno (H). Una molécula de agua está compuesta por un átomo de oxígeno y dos átomos de hidrógeno, por lo que su fórmula química es H_2O.

El agua es muy importante en el organismo humano desde el punto de vista cuantitativo, puesto que constituye el principal componente del cuerpo. Más de la mitad de la masa corporal del ser humano corresponde al agua, aunque la proporción, mucho más elevada al inicio de la vida (alrededor del 80 % en el recién nacido), disminuye de manera paulatina a lo largo de la existencia.

Sin consumir nada de agua, sin beber ni comer nada, sólo se puede sobrevivir alrededor de una semana, como mucho 10 días. Los casos registrados en que se supera este límite son excepcionales.

Compartimentos líquidos del cuerpo

El agua se encuentra tanto en el interior de las células como en el espacio intercelular y en determinados compartimientos específicos, como es el aparato cardiovascular. Dos terceras partes del total, es decir, un 66 %, corresponde al agua contenida en el interior de las células, el líquido intracelular. Otro 25 % del total está distribuido entre las células que constituyen los tejidos: es el líquido intercelular. Y el resto, poco menos del 10 % del total, corresponde al líquido extracelular que forma parte de la sangre, la linfa y otras secreciones orgánicas.

agua orgánica

agua intracelular 66 %

agua intercelular 25 %

agua en sangre, linfa y otros líquidos orgánicos 9 %

Balance hídrico del organismo

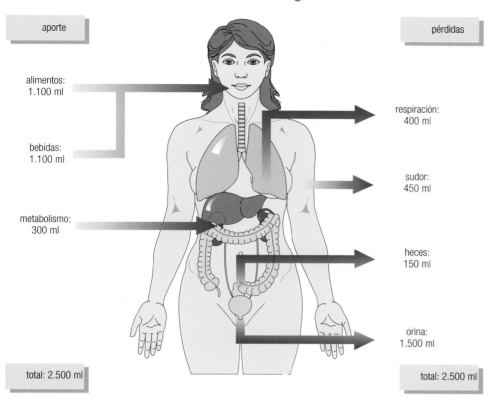

aporte

alimentos:
1.100 ml

bebidas:
1.100 ml

metabolismo:
300 ml

total: 2.500 ml

pérdidas

respiración:
400 ml

sudor:
450 ml

heces:
150 ml

orina:
1.500 ml

total: 2.500 ml

El organismo humano pierde agua constantemente por diferentes vías, por lo que es preciso ingerir una cantidad equivalente para mantener unos niveles estables, es decir, para asegurar un equilibrio hídrico. Las pérdidas se producen por diferentes vías: a través de los desechos, con la orina y las heces; por la piel, con la sudoración, y por los pulmones, con la respiración. En cuanto a las ganancias, las reacciones químicas que se desarrollan en el organismo a partir del metabolismo de los hidratos de carbono, las proteínas y las grasas originan cierta cantidad, la llamada agua endógena, alrededor de unos 300 ml al día en el adulto; pero esta cantidad no basta para reponer las pérdidas. Es preciso, por lo tanto, aportar la diferencia, y eso sólo puede lograrse con la alimentación: la llamada agua exógena es proporcionada por las bebidas, constituidas fundamentalmente por agua, y también por los alimentos, que contienen agua en menor o mayor proporción.

La sed

E l organismo dispone de un mecanismo de alarma que permite advertir si hace falta que se consuma más agua: la sed. Si en el cuerpo hay poca agua, proporcionalmente disminuye la cantidad que forma la sangre y, como consecuencia, las sustancias disueltas en ella están más concentradas. Precisamente, en la base del cerebro hay un centro conectado a receptores especializados en analizar la concentración de sustancias en la sangre: si el centro percibe que la concentración sanguínea es más elevada de lo normal, genera unos estímulos que el cerebro interpreta como la particular sensación de sed, una sensación que impulsa a beber.

Un lubricante excepcional

L os ojos, las articulaciones y las mucosas necesitan el agua para reducir la fricción que deben soportar a diario. Gracias al agua, por ejemplo, nuestros ojos y nuestra lengua permanecen constantemente húmedos.

Principales fuentes externas de agua

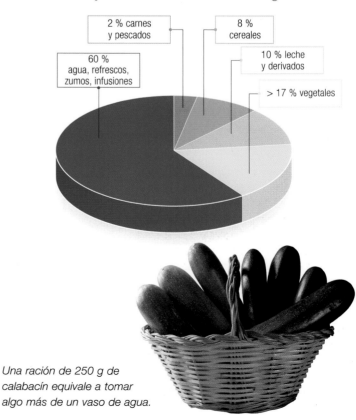

2 % carnes
y pescados

8 %
cereales

60 %
agua, refrescos,
zumos, infusiones

10 % leche
y derivados

> 17 % vegetales

Una ración de 250 g de calabacín equivale a tomar algo más de un vaso de agua.

Contenido de agua en algunos alimentos

pepino	96 %	carne	50-70 %
leche	90 %	quesos	39-50 %
melón	89,9 %	galletas	5 %
pescado	73-84 %	nueces	4 %

Alimentación sana

Se considera que una alimentación es sana cuando, con independencia de los hábitos culturales y las preferencias individuales, aporta al organismo todos los elementos nutritivos que éste requiere, en las cantidades y proporciones adecuadas para cubrir sus necesidades básicas, sin comportar carencias ni excesos: una dieta completa, equilibrada y variada.

Alimentación variada

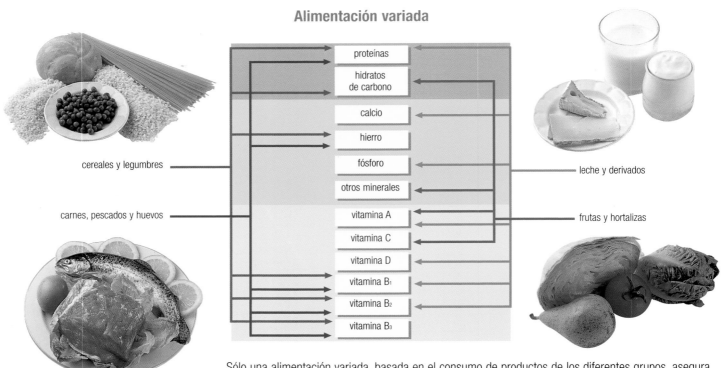

cereales y legumbres

carnes, pescados y huevos

proteínas
hidratos de carbono
calcio
hierro
fósforo
otros minerales
vitamina A
vitamina C
vitamina D
vitamina B₁
vitamina B₂
vitamina B₃

leche y derivados

frutas y hortalizas

Sólo una alimentación variada, basada en el consumo de productos de los diferentes grupos, asegura el aporte de los diversos nutrientes que el organismo requiere.

Un requisito esencial de la alimentación sana es que sea completa, es decir, que aporte todos los tipos de nutrientes, tanto los utilizados con fines plásticos o estructurales (proteínas), como los empleados con fines energéticos (hidratos de carbono y grasas) y con funciones reguladoras (minerales y vitaminas). Y sólo una alimentación variada, basada en el consumo de productos de los diferentes grupos de alimentos, asegura el aporte de los diversos nutrientes que el organismo requiere.

Equilibrio cualitativo

Para evitar carencias o excesos, la dieta habitual debe tener unas proporciones idóneas de los diferentes nutrientes. Para determinar la proporción oportuna de los requerimientos, suele tomarse como base las necesidades calóricas totales de cada persona, calculadas a partir de su edad, talla, peso, complexión física y actividad. Las necesidades de cada tipo de nutriente se satisfacen respetando los siguientes porcentajes de hidratos de carbono, proteínas y grasas indicados en la ilustración. El aporte de minerales y vitaminas, por su parte, se asegura siempre que se siga una alimentación variada, dado que los requerimentos en cantidades absolutas son mínimos y quedan cubiertos con el consumo de productos diversos.

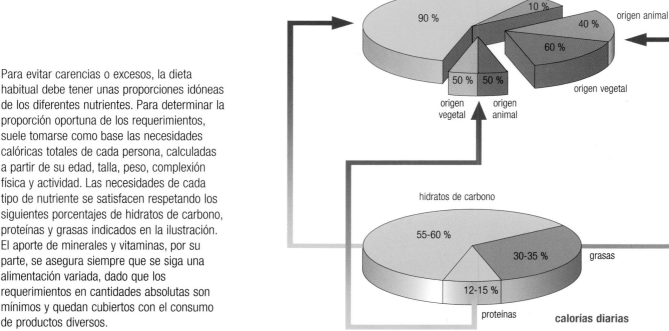

Ejemplo de equilibrio cuantitativo

ingestión diaria de energía   gasto diario de energía

500 kcal — desayuno

1.500 kcal — metabolismo basal

+   +

700 kcal — comida

400 kcal — actividad sedentaria

+   +

900 kcal — cena

400 kcal — desplazamientos

+   +

500 kcal — tentempiés durante el día

300 kcal — ocio

total diario = 2.600 kcal   total diario = 2.600 kcal

Un correcto balance entre el aporte energético y el gasto calórico permite mantener un adecuado funcionamiento del organismo sin carencias ni excesos. En esta ilustración se representa un ejemplo de la correspondencia entre el consumo y el gasto de calorías en una persona adulta de aproximadamente 60 kg de peso.

Raciones alimentarias

cereales, tubérculos y legumbres

leche y derivados lácteos

carne, pescado y huevos

hortalizas

fruta

Los expertos aconsejan basar los cálculos en el concepto de *ración alimentaria*: la cantidad habitual que se suele consumir de un alimento dado en un plato preparado, es decir, a grandes rasgos, la ración media de una determinada comida que suele servirse en un hogar o la que se espera que traiga el camarero en un restaurante. En esta ilustración se muestran ejemplos de raciones de los diferentes tipos de alimentos: pan (un panecillo de 50 g), arroz (30 g en crudo), patatas (80 g), lentejas o garbanzos (plato de 80 a 100 g en crudo); leche (un vaso, 200 ml), yogur (dos, 240 g), queso seco (30 g); carne (bistec de 100 g), pollo (un cuarto, 250 g con hueso), pescado (120 g), huevos (dos), jamón york (80 g); ensalada (200 g), judías verdes (100 g), zanahorias (100 g); manzana (130 g), naranja (160 g), plátano (80 g), melocotones (140 g).

Raciones alimentarias diarias recomendadas según el peso corporal

PESO (kg)	cereales, legumbres y tubérculos	leche y derivados	carnes, pescados y huevos	verduras y hortalizas	frutas
50	▭ ▭ ▭ ▫	▭ ▫	▭ ▫	▭ ▫	▭ ▫
55	▭ ▭ ▭ ▭ ▫	▭ ▫	▭ ▫	▭ ▫	▭ ▫
60	▭ ▭ ▭ ▭ ▫ ▫	▭ ▫	▭ ▫	▭ ▫	▭ ▫
65	▭ ▭ ▭ ▭ ▫	▭ ▫	▭ ▫	▭ ▫	▭ ▫
70	▭ ▭ ▭ ▭	▭ ▫	▭ ▫	▭ ▫	▭ ▫
75	▭ ▭ ▭ ▭	▭ ▫	▭ ▫	▭ ▫	▭ ▫
80	▭ ▭ ▭ ▭ ▫	▭ ▫ ▫	▭ ▫ ▫	▭ ▫	▭ ▫
85	▭ ▭ ▭ ▭ ▭ ▫	▭ ▫ ▫	▭ ▫ ▫	▭ ▭ ▫	▭ ▭ ▫

▭ ración alimentaria   ▫ media ración alimentaria

Ojo y anexos oculares

El ojo, también denominado globo ocular, es una estructura compleja y delicada que constituye un órgano sensorial: su misión consiste en captar los estímulos luminosos procedentes del exterior para transformarlos en impulsos nerviosos que se transmiten hasta el cerebro, donde se convierten en imágenes visuales que representan los elementos que nos rodean.

Sección del globo ocular

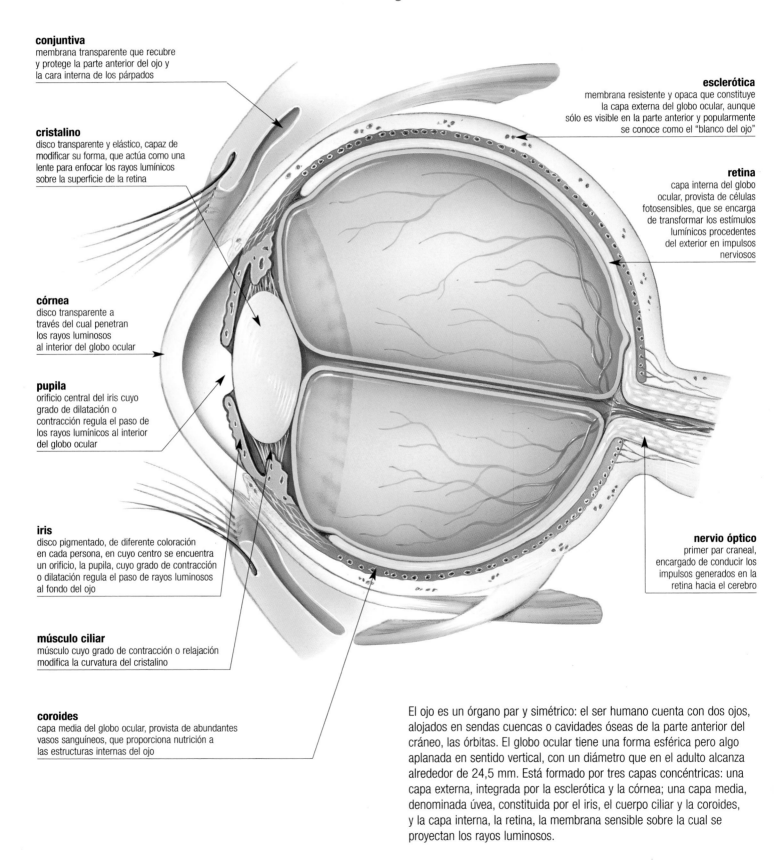

conjuntiva
membrana transparente que recubre y protege la parte anterior del ojo y la cara interna de los párpados

cristalino
disco transparente y elástico, capaz de modificar su forma, que actúa como una lente para enfocar los rayos lumínicos sobre la superficie de la retina

córnea
disco transparente a través del cual penetran los rayos luminosos al interior del globo ocular

pupila
orificio central del iris cuyo grado de dilatación o contracción regula el paso de los rayos lumínicos al interior del globo ocular

iris
disco pigmentado, de diferente coloración en cada persona, en cuyo centro se encuentra un orificio, la pupila, cuyo grado de contracción o dilatación regula el paso de rayos luminosos al fondo del ojo

músculo ciliar
músculo cuyo grado de contracción o relajación modifica la curvatura del cristalino

coroides
capa media del globo ocular, provista de abundantes vasos sanguíneos, que proporciona nutrición a las estructuras internas del ojo

esclerótica
membrana resistente y opaca que constituye la capa externa del globo ocular, aunque sólo es visible en la parte anterior y popularmente se conoce como el "blanco del ojo"

retina
capa interna del globo ocular, provista de células fotosensibles, que se encarga de transformar los estímulos lumínicos procedentes del exterior en impulsos nerviosos

nervio óptico
primer par craneal, encargado de conducir los impulsos generados en la retina hacia el cerebro

El ojo es un órgano par y simétrico: el ser humano cuenta con dos ojos, alojados en sendas cuencas o cavidades óseas de la parte anterior del cráneo, las órbitas. El globo ocular tiene una forma esférica pero algo aplanada en sentido vertical, con un diámetro que en el adulto alcanza alrededor de 24,5 mm. Está formado por tres capas concéntricas: una capa externa, integrada por la esclerótica y la córnea; una capa media, denominada úvea, constituida por el iris, el cuerpo ciliar y la coroides, y la capa interna, la retina, la membrana sensible sobre la cual se proyectan los rayos luminosos.

Conjuntiva

**proyección de la conjuntiva
sobre los párpados**

conjuntiva

conjuntiva

párpado
superior

esclerótica

córnea

cristalino

iris

párpado inferior

La conjuntiva es una delicada membrana mucosa transparente que recubre la parte anterior del ojo, si bien deja libre la córnea, y se repliega para tapizar por dentro los párpados. Su función primordial consiste en brindar protección frente a las agresiones externas.

Aparato lagrimal

glándula lagrimal
(lóbulo superior)

lago lagrimal

conductos
lagrimales

saco lagrimal

glándula lagrimal
(lóbulo inferior)

puntos lagrimales

conducto nasolagrimal

fosa nasal

El aparato lagrimal consta de una glándula situada en la parte superior y externa del ojo que secreta un líquido destinado a lubricar, nutrir y proteger la superficie anterior del globo ocular, evitando el desecamiento de la córnea. Este líquido se produce de manera continua y resulta distribuido por la superficie del ojo mediante el parpadeo. Su exceso es drenado por unas vías excretoras que se inician en el ángulo interno del ojo y desemboca en la correspondiente fosa nasal.

Párpado (sección)

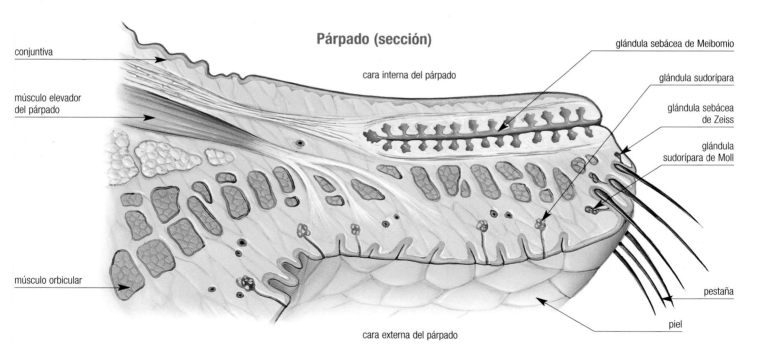

conjuntiva

glándula sebácea de Meibomio

cara interna del párpado

músculo elevador
del párpado

glándula sudorípara

glándula sebácea
de Zeiss

glándula
sudorípara de Moll

músculo orbicular

pestaña

piel

cara externa del párpado

Los párpados, el superior y el inferior, son una especie de velos que cuando están cerrados cubren por completo el globo ocular, mientras que al abrirse forman una hendidura que deja libre la córnea y parte de la esclerótica. Por el exterior cubiertos por piel y por la parte interna tapizados por la conjuntiva, contienen en su espesor unos músculos propios, el orbicular y el elevador, que están inervados por nervios craneales específicos y son responsables del parpadeo, además de glándulas sudoríparas y sebáceas que desembocan en la cara interna y en el borde libre, de donde surgen las pestañas.

Mecanismo de la visión

La visión es el sentido que mayor información nos proporciona del mundo que nos rodea y depende de unos mecanismos complejos: los estímulos luminosos que penetran en el ojo y son transformados en impulsos nerviosos deben seguir un largo recorrido por las vías visuales hasta el cerebro, donde se elaboran y hacen conscientes las imágenes.

Proyección de imágenes sobre la retina

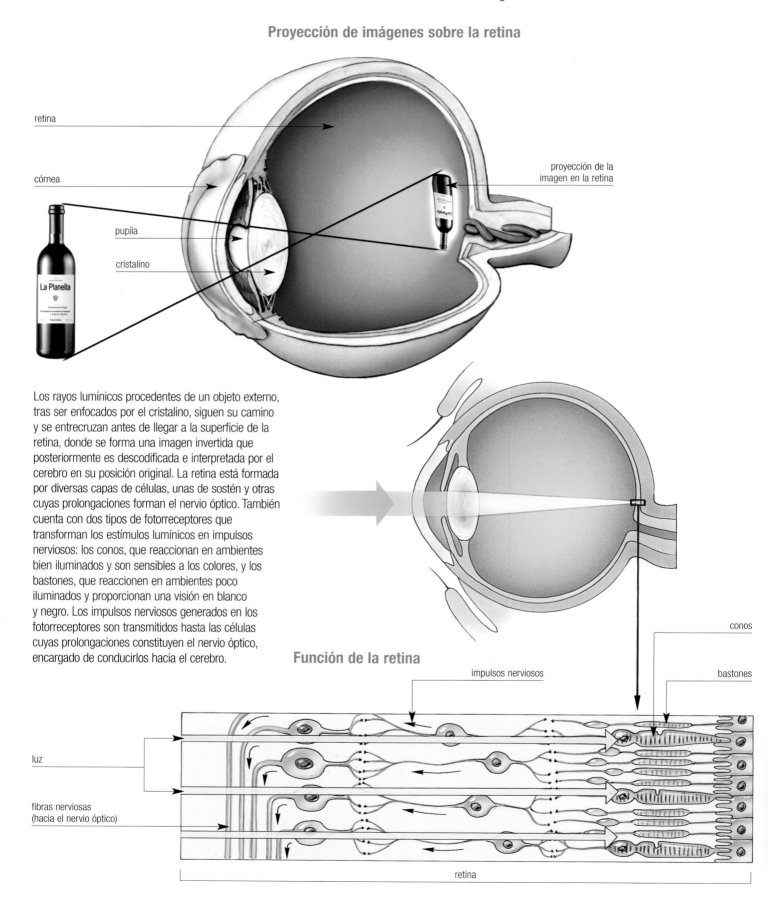

retina

córnea

pupila

cristalino

La Planella

proyección de la imagen en la retina

Los rayos lumínicos procedentes de un objeto externo, tras ser enfocados por el cristalino, siguen su camino y se entrecruzan antes de llegar a la superficie de la retina, donde se forma una imagen invertida que posteriormente es descodificada e interpretada por el cerebro en su posición original. La retina está formada por diversas capas de células, unas de sostén y otras cuyas prolongaciones forman el nervio óptico. También cuenta con dos tipos de fotorreceptores que transforman los estímulos lumínicos en impulsos nerviosos: los conos, que reaccionan en ambientes bien iluminados y son sensibles a los colores, y los bastones, que reaccionen en ambientes poco iluminados y proporcionan una visión en blanco y negro. Los impulsos nerviosos generados en los fotorreceptores son transmitidos hasta las células cuyas prolongaciones constituyen el nervio óptico, encargado de conducirlos hacia el cerebro.

Función de la retina

conos

bastones

impulsos nerviosos

luz

fibras nerviosas (hacia el nervio óptico)

retina

Campo visual

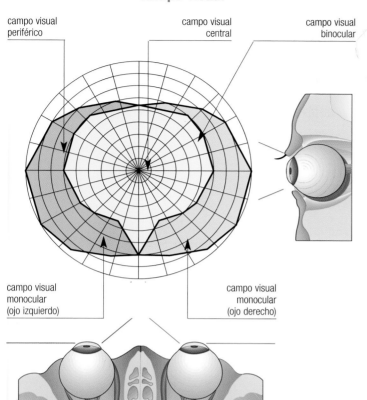

campo visual periférico

campo visual central

campo visual binocular

campo visual monocular (ojo izquierdo)

campo visual monocular (ojo derecho)

Cada ojo sólo puede percibir los rayos lumínicos procedentes de los objetos situados dentro de cierto margen de espacio, que la posibilidad de percepción está limitada en la parte superior por la ceja, en la interna por la nariz y en las partes externa e inferior por los rebordes de la órbita ocular. Queda constituido así un campo visual que en sentido horizontal abarca unos 180º mientras que en sentido vertical comprende unos 140º. En este espacio, se distingue un campo visual central, correspondiente a la imagen proyectada sobre la mácula lútea, la zona retiniana con mayor concentración de fotorreceptores, que es donde la visión alcanza su máxima nitidez, y el campo visual periférico, correspondiente a las áreas menos pobladas de fotorreceptores y donde la visión es menos nítida a mayor distancia de la mácula lútea.

Al mirar con ambos ojos, los campos visuales de ambos se superponen parcialmente en la parte central, que corresponde por tanto al campo visual binocular. Hay una zona, sin embargo, que sólo es percibida por un ojo y queda fuera del alcance del otro, correspondiendo por tanto al campo visual monocular. Éste es el motivo por el cual el campo visual varía si se mantienen abiertos los dos ojos, si se cierra uno y si se cierra el otro.

Vías visuales

Los impulsos nerviosos producidos en los fotorreceptores de la retina a partir del impacto de los rayos lumínicos siguen una compleja trayectoria hasta llegar al cerebro, donde se hacen conscientes las percepciones. Las prolongaciones de las células más superficiales de la retina se agrupan y salen del globo ocular por el polo posterior, constituyendo las fibras que conforman el nervio óptico. Los dos nervios ópticos, procedentes cada uno de un ojo, surcan la cara inferior del cerebro y confluyen en su base, en un punto próximo a la glándula hipófisis, donde se encuentra el quiasma óptico. De allí, donde parte de las fibras nerviosas de ambos nervios ópticos se entrecruzan, surgen las cintillas ópticas que llegan al tálamo óptico, concretamente a los cuerpos geniculados externos, de los que parten las radiaciones ópticas de Gratiolet que llegan hasta la corteza cerebral del lóbulo occipital, donde se encuentra el área visual. Es en esta zona donde, por mecanismos aún poco conocidos, los impulsos nerviosos procedentes de los ojos se transforman en sensaciones visuales, haciéndose conscientes las percepciones.

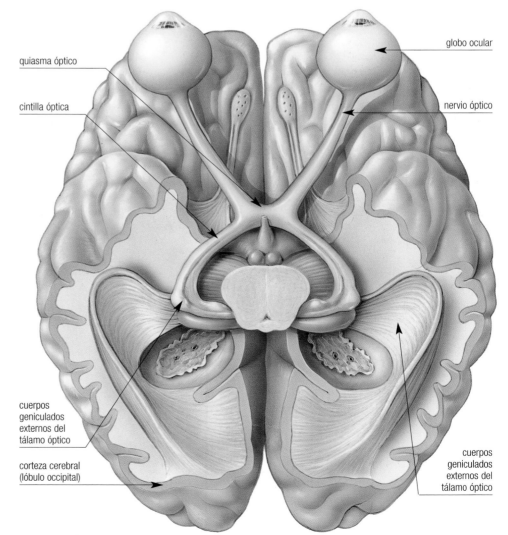

quiasma óptico

cintilla óptica

globo ocular

nervio óptico

cuerpos geniculados externos del tálamo óptico

corteza cerebral (lóbulo occipital)

cuerpos geniculados externos del tálamo óptico

La refracción ocular y sus defectos

El sistema óptico del ojo cuenta con diversos elementos que propician la refracción de los rayos lumínicos, que al pasar por diferentes medios desvían su trayectoria, así como con mecanismos que garantizan su oportuno enfoque sobre la retina para que se forme una imagen nítida: cuando estos mecanismos fallan surgen problemas de visión muy comunes.

Mecanismo de acomodación del cristalino

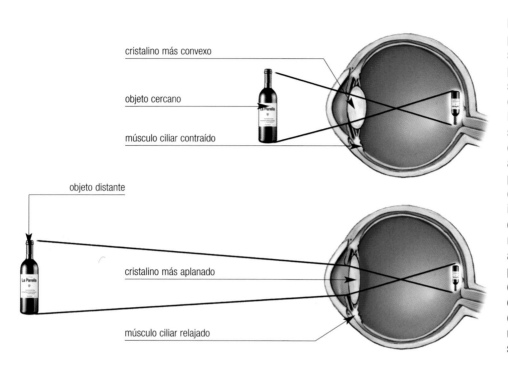

cristalino más convexo

objeto cercano

músculo ciliar contraído

objeto distante

cristalino más aplanado

músculo ciliar relajado

Para una correcta visión de los objetos, es preciso que su imagen se forme exactamente sobre la retina, pues de lo contrario se percibirían borrosos. Los componentes del sistema óptico del ojo, sobre todo la córnea y el cristalino, están adaptados naturalmente para la visión lejana, para ver bien los objetos situados más allá de cinco metros del ojo: el cristalino mantiene una forma relativamente aplanada para que los rayos lumínicos procedentes de objetos distantes resulten enfocados sobre la retina y den lugar a una imagen nítida. No ocurre lo mismo con la visión cercana: si no se produjera ninguna modificación, la imagen de los objetos situados a pocos metros se vería borrosa. Esto no sucede porque el ojo cuenta con un mecanismo denominado "acomodación": cuando se mira un objeto cercano, el músculo ciliar se contrae y el cristalino modifica su forma a fin de que los rayos lumínicos se desvíen lo preciso para que se enfoquen perfectamente sobre la retina.

Defecto de refracción en la miopía

normal

las imágenes se proyectan sobre la retina

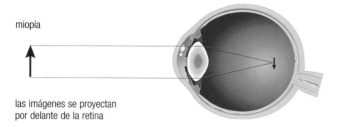

miopía

las imágenes se proyectan por delante de la retina

Corrección óptica de la miopía

refracción incorrecta

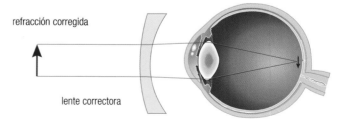

refracción corregida

lente correctora

La miopía es un defecto de la refracción ocular por el cual los rayos lumínicos procedentes de los objetos distantes se enfocan por delante de la retina y, en consecuencia, se tiene una visión lejana borrosa. Por lo general, se debe a que el globo ocular tiene un diámetro anteroposterior más largo de lo normal. El problema puede corregirse fácilmente con el uso de lentes esféricas cóncavas, gracias a su poder divergente: este

tipo de lente separa los rayos lumínicos que la atraviesan y, por tanto, si se coloca delante del ojo, los desvía de tal modo que sus propios elementos de refracción pueden enfocarlos sobre la superficie de la retina. Hoy en día también se puede recurrir a la cirugía, con el empleo de láser para modificar la curvatura de la córnea y, con ello, el poder de refracción ocular.

Defecto de refracción en la hipermetropía

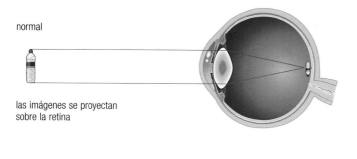

normal

las imágenes se proyectan
sobre la retina

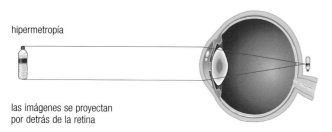

hipermetropía

las imágenes se proyectan
por detrás de la retina

La hipermetropía es un defecto de la refracción ocular por el cual los rayos lumínicos procedentes de los objetos próximos se enfocan hacia un punto situado por detrás de la retina y, en consecuencia, se tiene una visión cercana borrosa. Por lo general, se debe a que el globo ocular tiene un diámetro anteroposterior más corto de lo normal.

Corrección óptica de la hipermetropía

refracción incorrecta

refracción corregida

lente correctora

El problema se corrige fácilmente con el uso de lentes esféricas convexas, gracias a su poder convergente: este tipo de lente aproximan los rayos lumínicos que la atraviesan y, por tanto, si se coloca delante del ojo, los desvía de tal modo que el cristalino puede enfocarlos sin dificultades sobre la superficie de la retina.

Defecto de refracción del astigmatismo

normal

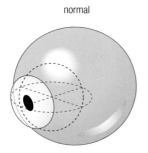

astigmatismo

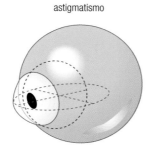

la curvatura de la córnea es idéntica
en todos los meridianos

la curvatura de la córnea es distinta
en los diferentes meridianos

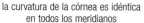

normal

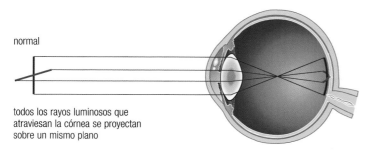

todos los rayos luminosos que
atraviesan la córnea se proyectan
sobre un mismo plano

astigmatismo

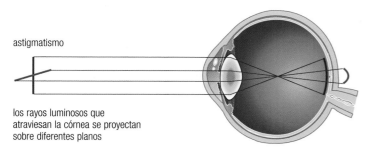

los rayos luminosos que
atraviesan la córnea se proyectan
sobre diferentes planos

Corrección óptica del astigmatismo

refracción incorrecta

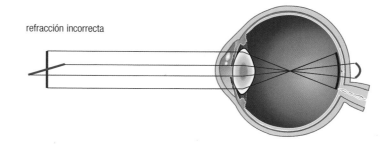

refracción corregida

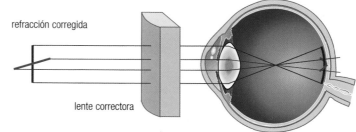

lente correctora

El astigmatismo es un defecto debido a una alteración de la curvatura de la córnea que provoca una visión distorsionada de las imágenes. En condiciones normales, la córnea tiene una forma semiesférica y la curvatura de todos sus meridianos es prácticamente idéntica: los rayos lumínicos que atraviesan este disco transparente, por tanto, se concentran sobre un mismo plano y permiten una visión perfecta. Si existe una curvatura desigual entre los diferentes meridianos, los rayos lumínicos que atraviesan la córnea se desvían de tal modo que se proyectan sobre distintos planos: la visión resulta entonces distorsionada. El problema se corrige con el uso de lentes cilíndricas, que tienen el poder de desviar la trayectoria de los rayos luminosos en un eje mientras que su efecto es neutro en el resto.

Problemas oculares y de visión

El ojo y la visión pueden estar afectados por alteraciones de muy diversa naturaleza y diferente grado de gravedad, algunas muy frecuentes y otras en extremo raras, pero todas con algo en común: al ser la vista el sentido que más información nos proporciona sobre el mundo que nos rodea, sus problemas generan variadas repercusiones.

Tipos de estrabismo

estrabismo convergente: el ojo se desvía hacia adentro, de tal modo que parece que la mirada se cruce

estrabismo divergente: el ojo se desvía hacia afuera

estrabismo vertical: el ojo se desvía hacia arriba o hacia abajo

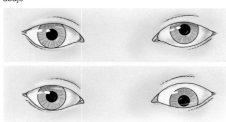

estrabismo concomitante: el ángulo de desviación de los ojos se mantiene constante en todas las direcciones de la mirada

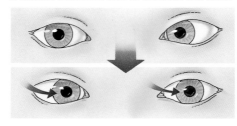

estrabismo paralítico: el ángulo de desviación de los ojos varía en función de la dirección de la mirada

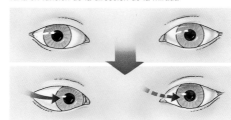

Músculos extrínsecos del ojo

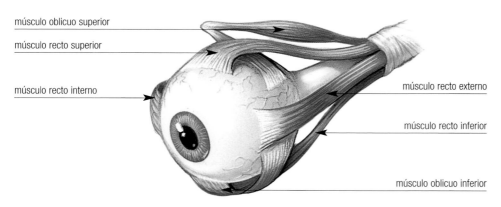

músculo oblicuo superior
músculo recto superior
músculo recto interno
músculo recto externo
músculo recto inferior
músculo oblicuo inferior

Los movimientos de cada ojo dependen de la acción de seis pequeños músculos insertados en la superficie del globo ocular. Para que ambos globos oculares se muevan en la misma dirección es precisa una perfecta coordinación entre los músculos de ambos ojos. Por ejemplo, para los movimientos laterales, a la par que el músculo recto interno de un ojo se contrae, el músculo recto externo se relaja, y en el otro ojo sucede lo inverso.

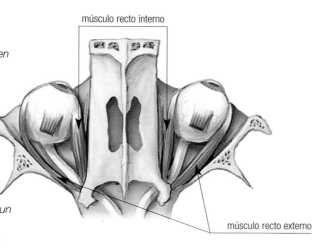

músculo recto interno

músculo recto externo

Estrabismo

Consiste en la pérdida del paralelismo ocular gracias al cual ambos ejes visuales siempre se dirigen al mismo objeto, con la consecuente desviación de un ojo en relación con el otro. El problema se debe a la parálisis o bien a un fallo en la coordinación de los músculos extrínsecos del ojo que controlan los movimientos oculares y permiten que el cerebro reciba imágenes complementarias de ambos ojos. Las consecuencias dependen de la edad en que se presente el trastorno.

Cuando el estrabismo se presenta en la edad adulta, da lugar a visión doble, pues en cada ojo se forma una imagen distinta y el cerebro no puede fusionar ambas en una sola. Cuando se presenta en la infancia, no comporta visión doble, porque el mecanismo que permite al cerebro fusionar las imágenes procedentes de ambos ojos requiere una maduración que acontece durante los primeros años de vida: si el cerebro recibe dos imágenes muy diferentes, "suprime" la que procede de uno de ellos y sólo elabora la que proviene del otro. Inicialmente se trata de una supresión temporal y ambos ojos mantienen potencialmente toda su agudeza visual; sin embargo, si el estrabismo persiste el ojo desviado pierde su capacidad visual.

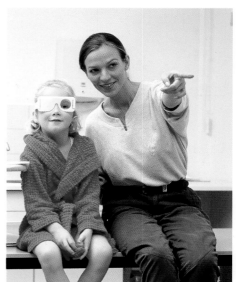

Para solucionar el problema, se llevan a cabo ejercicios visuales para "entrenar" a los músculos oculares más débiles: este tratamiento, denominado ortóptica, muchas veces permite alcanzar un correcto paralelismo ocular.

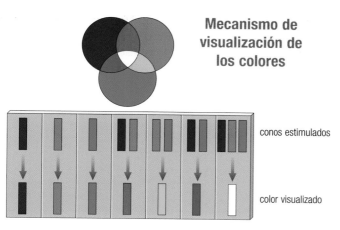

Mecanismo de visualización de los colores

conos estimulados

color visualizado

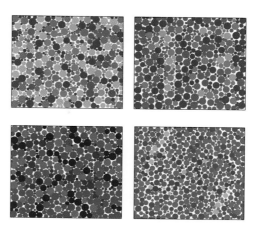

tablas de colores para el diagnóstico del daltonismo

Si se tiene una visión cromática correcta, se deben distinguir en estas tablas las leyendas: 182, 13, F4 y 69.

Daltonismo

Es un trastorno congénito hereditario de la visión cromática caracterizado por una incapacidad para distinguir ciertos colores. Los fotorreceptores sensibles a los colores, los conos, se diferencian en tres tipos, cada uno capaz de captar sólo un color fundamental: rojo, verde o azul. En condiciones normales, la estimulación simultánea y parcial de los tres tipos de conos permite distinguir un amplio abanico de matices cromáticos. En caso de daltonismo, hay una disminución o incluso una

total ausencia de alguno de los diferentes tipos de conos, razón por la cual no se pueden distinguir los colores a los cuales éstos son sensibles. Por lo común, existe una imposibilidad de discriminar el rojo o bien el verde. Para diagnosticar el problema suelen usarse unas tarjetas con puntos de colores distintos entre los cuales hay algunos de cierto color que forman letras o números: las personas con una visión normal pueden distinguir estos símbolos, que pasan inadvertidos para quienes tienen una deficiencia cromática y confunden colores.

Tipos de cataratas

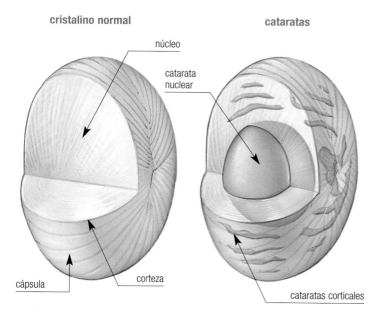

cristalino normal

cataratas

núcleo

catarata nuclear

cápsula

corteza

cataratas corticales

Catarata

La catarata corresponde a una opacificación del cristalino, con la consecuente pérdida de la transparencia que caracteriza a la lente del ojo en condiciones normales, por lo que la principal manifestación corresponde a una disminución de la agudeza visual, una pérdida de visión más o menos acentuada según sea la extensión y la localización de la zona opaca. Cualquier alteración en la disposición de los elementos que constituyen el cristalino puede comportar la formación de una zona opaca, ya sea en la parte central (catarata nuclear) ya sea en la zona periférica (catarata cortical), con las consecuentes repercusiones sobre la visión. Algunas veces el problema es congénito, pero la inmensa mayoría de los casos se da a edades avanzadas, como consecuencia de las transformaciones que experimenta el cristalino con el paso de los años, en especial por una pérdida de su contenido acuoso y la condensación de sus fibras. El único tratamiento posible corresponde a la cirugía.

Ejemplo de técnica quirúrgica para extirpar el cristalino opacificado

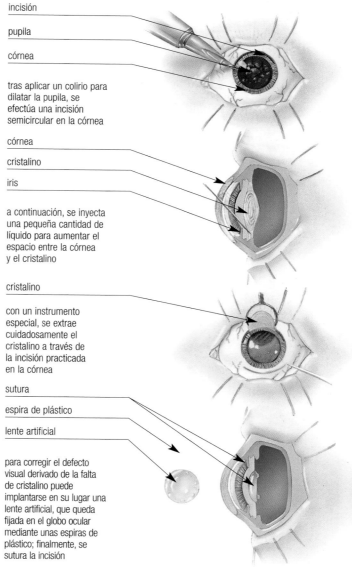

incisión

pupila

córnea

tras aplicar un colirio para dilatar la pupila, se efectúa una incisión semicircular en la córnea

córnea

cristalino

iris

a continuación, se inyecta una pequeña cantidad de líquido para aumentar el espacio entre la córnea y el cristalino

cristalino

con un instrumento especial, se extrae cuidadosamente el cristalino a través de la incisión practicada en la córnea

sutura

espira de plástico

lente artificial

para corregir el defecto visual derivado de la falta de cristalino puede implantarse en su lugar una lente artificial, que queda fijada en el globo ocular mediante unas espiras de plástico; finalmente, se sutura la incisión

Anatomía del oído

El oído es un órgano complejo que por un lado se encarga de la audición, sentido mediante el cual percibimos los sonidos procedentes del exterior y herramienta fundamental para advertir lo que ocurre en el entorno así como para comunicarnos con nuestros semejantes, mientras que por otro lado participa en el mantenimiento del equilibrio corporal.

Sección del oído

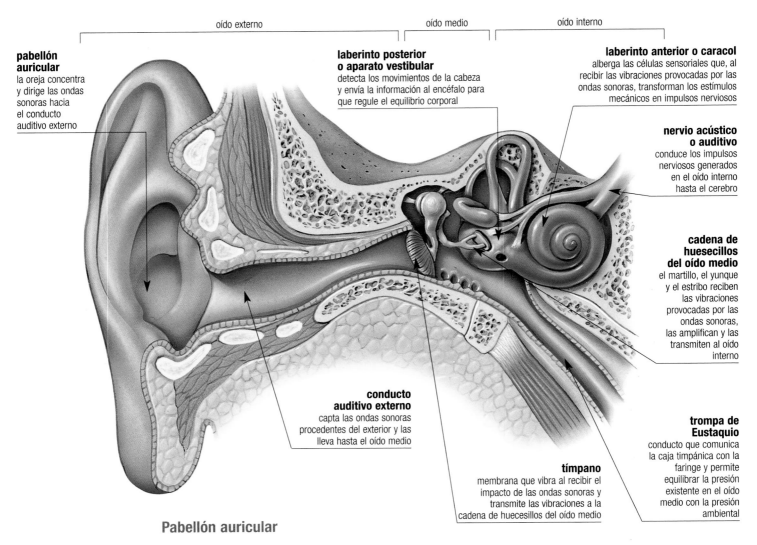

oído externo · oído medio · oído interno

pabellón auricular
la oreja concentra y dirige las ondas sonoras hacia el conducto auditivo externo

laberinto posterior o aparato vestibular
detecta los movimientos de la cabeza y envía la información al encéfalo para que regule el equilibrio corporal

laberinto anterior o caracol
alberga las células sensoriales que, al recibir las vibraciones provocadas por las ondas sonoras, transforman los estímulos mecánicos en impulsos nerviosos

nervio acústico o auditivo
conduce los impulsos nerviosos generados en el oído interno hasta el cerebro

cadena de huesecillos del oído medio
el martillo, el yunque y el estribo reciben las vibraciones provocadas por las ondas sonoras, las amplifican y las transmiten al oído interno

conducto auditivo externo
capta las ondas sonoras procedentes del exterior y las lleva hasta el oído medio

trompa de Eustaquio
conducto que comunica la caja timpánica con la faringe y permite equilibrar la presión existente en el oído medio con la presión ambiental

tímpano
membrana que vibra al recibir el impacto de las ondas sonoras y transmite las vibraciones a la cadena de huesecillos del oído medio

Pabellón auricular

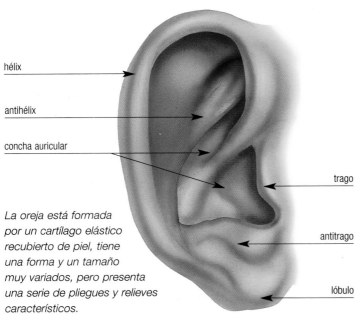

hélix

antihélix

concha auricular

trago

antitrago

lóbulo

La oreja está formada por un cartílago elástico recubierto de piel, tiene una forma y un tamaño muy variados, pero presenta una serie de pliegues y relieves característicos.

La trompa de eustaquio

En el oído se distinguen tres sectores, cuyas funciones son diferentes:

• el **oído externo**, constituido por la oreja o pabellón auricular y el conducto auditivo externo, sólo participa en la audición;

• el **oído medio**, situado en una cavidad del hueso temporal denominada caja timpánica, separado del oído externo por una membrana vibratoria, el tímpano, y que alberga en su interior una cadena de tres huesecillos articulados, también participa sólo de la audición;

• el **oído interno**, llamado también laberinto, formado a su vez por dos porciones con funciones diferentes: el laberinto anterior, denominado caracol o cóclea, donde se encuentra el órgano de Corti, responsable de la audición, y el laberinto posterior, o aparato vestibular, donde se generan estímulos que participan en el mantenimiento del equilibrio corporal.

Cadena de huesecillos del oído medio

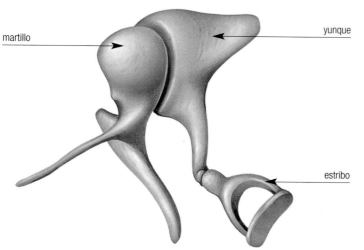

martillo

yunque

estribo

Oído interno

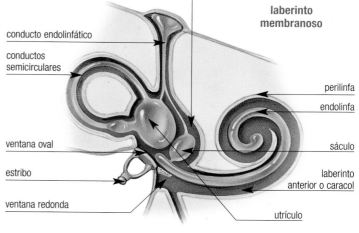

conductos semicirculares

cápsula ótica
o laberinto óseo

laberinto anterior
o caracol

laberinto
posterior

vestíbulo

ventana oval

ventana redonda

El oído interno o laberinto consta de un esqueleto óseo de consistencia muy dura, la cápsula ótica o laberinto óseo, dentro del cual se encuentra el laberinto membranoso, una estructura de forma casi idéntica pero de tejido membranoso. El interior del oído interno es hueco, pero está relleno de líquido: entre el laberinto óseo y el membranoso circula un líquido denominado perilinfa, mientras que el interior del laberinto membranoso está ocupado por un líquido denominado endolinfa.

El laberinto anterior, cuyo molde óseo se denomina caracol, contiene las estructuras encargadas de generar los impulsos auditivos. El laberinto posterior, que interviene en la regulación del equilibrio corporal, tiene un esqueleto óseo formado por una parte cúbica, el vestíbulo, y tres canales en forma de arco, los conductos semicirculares, cada uno dispuesto en uno de los planos del espacio.

vestíbulo

**laberinto
membranoso**

conducto endolinfático

conductos
semicirculares

perilinfa

endolinfa

sáculo

ventana oval

estribo

laberinto
anterior o caracol

ventana redonda

utrículo

Caracol

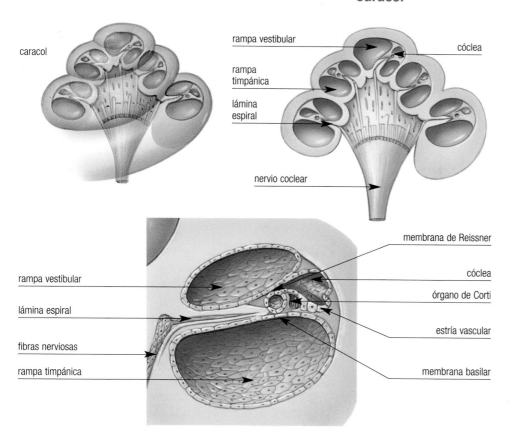

caracol

rampa vestibular

cóclea

rampa
timpánica

lámina
espiral

nervio coclear

rampa vestibular

lámina espiral

fibras nerviosas

rampa timpánica

membrana de Reissner

cóclea

órgano de Corti

estría vascular

membrana basilar

El caracol, llamado así por su forma en espiral tiene una parte membranosa constituida por unos conductos ocupados por líquido: uno central y de sección triangular ocupado por la endolinfa, la cóclea, interpuesto entre otros dos, la rampa vestibular y la rampa timpánica. Estas dos rampas, separadas de forma incompleta, abocan a sendas aberturas del caracol recubiertas por unas finas membranas que separan el oído interno del oído medio: la rampa timpánica se inicia en la ventana oval, mientras que la rampa vestibular llega hasta la ventana redonda. Al ser de forma triangular, la cóclea cuenta con tres caras: la superior está separada de la rampa vestibular por la membrana de Reissner, la inferior está separada de la rampa timpánica por la membrana basilar y la lateral, que está adherida al caracol, constituye la estría vascular, donde se fabrica la endolinfa. En el interior de la cóclea se encuentra el órgano específico de la audición, el órgano de Corti.

Audición

En el mecanismo de la audición intervienen diversas estructuras: las ondas sonoras, que corresponden a las vibraciones de las moléculas de aire que se expanden a partir del punto donde se produce un sonido, son recogidas por el oído externo, amplificadas por el oído medio y transformadas por el oído interno en impulsos nerviosos que viajan hasta el cerebro, donde se hacen conscientes.

Fisiología de la audición

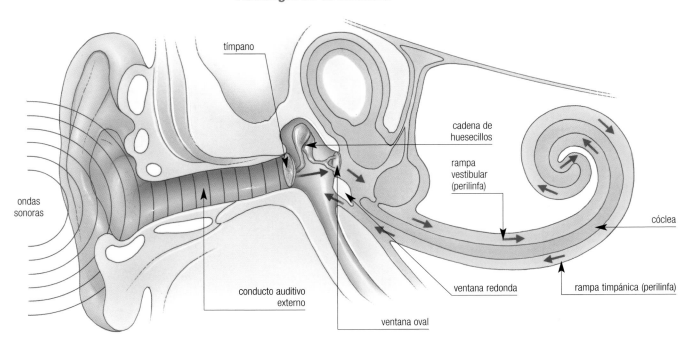

Las ondas sonoras son captadas por la oreja y conducidas, a través del conducto auditivo externo, hasta el tímpano, membrana que separa el oído externo del medio.

Las vibraciones del tímpano se transmiten a la cadena de huesecillos del oído medio, que percuten sobre la ventana oval para que pasen al oído interno, relleno de líquido. Cuando la ventana oval vibra, se genera un movimiento de la perilinfa y se produce así una especie de "ola" que recorre todo el caracol, primero por la rampa vestibular y luego por la rampa timpánica, hasta desvanecerse en la ventana redonda. En su recorrido, el desplazamiento de la perilinfa provoca la estimulación del órgano de Corti situado en la cóclea, generando los estímulos que son transmitidos al cerebro por el nervio auditivo.

El desplazamiento de la perilinfa hace vibrar la membrana basilar que constituye el suelo de la cóclea, donde se encuentra el órgano de Corti. Cuando las células sensoriales se desplazan por las vibraciones, los pequeños cilios de su superficie superior chocan contra la membrana tectoria y generan unas modificaciones metabólicas que transforman los estímulos mecánicos en impulsos nerviosos que se transmiten a las fibras del nervio coclear y llegan mediante el nervio auditivo hasta el cerebro, donde se hace consciente la percepción sonora.

Mecanismo de la audición en el oído interno

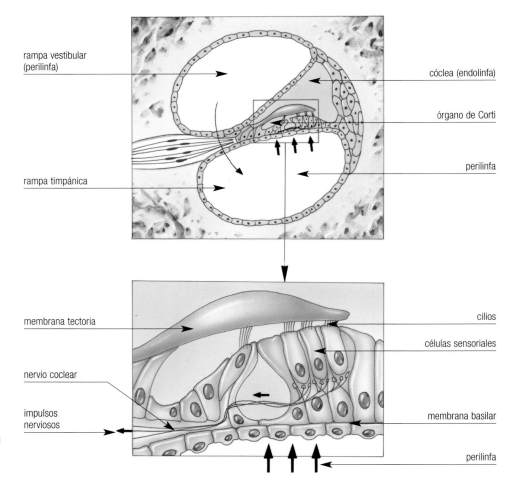

Función de la cadena de huesecillos del oído medio

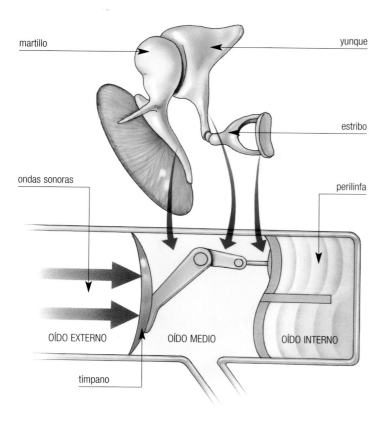

martillo

yunque

estribo

ondas sonoras

perilinfa

OÍDO EXTERNO

OÍDO MEDIO

OÍDO INTERNO

tímpano

Vías nerviosas auditivas

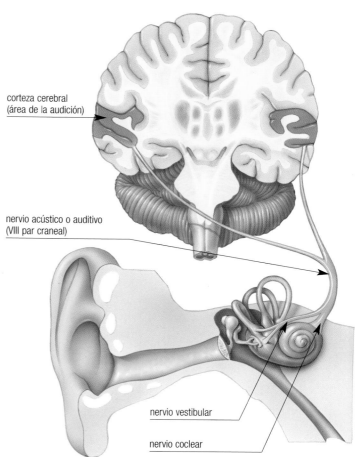

corteza cerebral
(área de la audición)

nervio acústico o auditivo
(VIII par craneal)

nervio vestibular

nervio coclear

Cuando el tímpano vibra, mueve la cadena de huesecillos del oído medio: cada vibración provoca el desplazamiento del martillo, el martillo mueve al yunque y éste al estribo, cuya base impacta en la ventana oval y origina así una onda en el líquido contenido en el oído interno. Como el tímpano tiene una superficie mayor que la ventana oval, el sonido se concentra e intensifica en su recorrido por la cadena de huesecillos a fin de compensar la pérdida de energía que sufren las ondas sonoras con su paso de un medio aéreo a un medio líquido. Gracias a este mecanismo pueden percibirse los sonidos más débiles.

Trauma acústico

Es una reducción en la audición debida a una exposición a un ruido fuerte puntual (p.ej., explosión) o prolongado (discotecas, conciertos, puesto de trabajo, etc.). Como resultado de un trauma acústico, la persona que lo ha sufrido tendrá una audición normal en las frecuencias bajas (tonos graves), mientras que experimentará una reducción significativa en la habilidad de oír las frecuencias altas (los tonos agudos).
Es posible proteger la audición contra traumas acústicos, simplemente mediante la utilización de protectores para la audición.

El oído humano sólo puede percibir ondas sonoras que tengan determinadas características en cuanto a frecuencia e intensidad. En lo que se refiere a la frecuencia, el ser humano únicamente puede captar sonidos comprendidos entre 16 y 20.000 hercios (vibraciones por segundo), con una especial sensibilidad por los emitidos por la voz humana, sobre todo entre 1.000 y 4.000 hercios. Con respecto a la intensidad, que depende de la amplitud de las ondas sonoras, es preciso que los sonidos alcancen cierto umbral, de unos 10 decibelios, por debajo del cual resultan inaudibles.

Frecuencia e intensidad de los sonidos adecuados para el oído humano

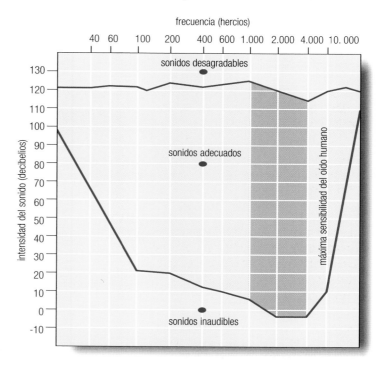

frecuencia (hercios)

40 60 100 200 400 600 1.000 2.000 4.000 10.000

sonidos desagradables

sonidos adecuados

sonidos inaudibles

intensidad del sonido (decibelios)

máxima sensibilidad del oído humano

Un sonido de 400 hercios resultaría inaudible a 0 decibelios, adecuado para el oído humano a 80 decibelios y desagradable a 130 decibelios.

Equilibrio

La información que proporciona el oído interno al sistema nervioso central sobre las posiciones y los movimientos de la cabeza resulta de la máxima importancia para que se pueda adecuar de manera automática el estado de nuestra musculatura a las modificaciones de cada momento y que podamos mantenernos en perfecto equilibrio cuando estamos de pie y al caminar.

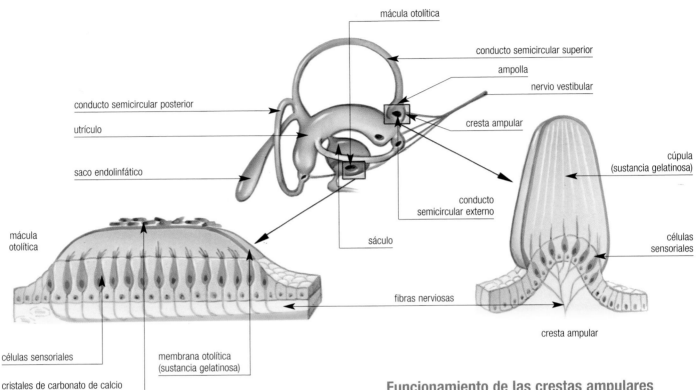

Aparato vestibular

mácula otolítica

conducto semicircular superior

ampolla

nervio vestibular

conducto semicircular posterior

utrículo

cresta ampular

saco endolinfático

cúpula (sustancia gelatinosa)

conducto semicircular externo

sáculo

células sensoriales

mácula otolítica

fibras nerviosas

cresta ampular

células sensoriales

membrana otolítica (sustancia gelatinosa)

cristales de carbonato de calcio

Función del aparato vestibular

El sáculo y el utrículo, rellenos de líquido endolinfático, contienen unas estructuras llamadas máculas otolíticas, una dispuesta en el plano horizontal y otra en el plano vertical. En las máculas otolíticas hay unas células sensoriales provistas en su cara superficial de diminutos cilios, unas pequeñas pestañas inmersas en una masa gelatinosa que contiene unos minúsculos cristales de carbonato de calcio. El peso de estos gránulos curva los cilios de las células sensoriales y, según el grado de la distorsión, genera unos estímulos nerviosos que, a través del nervio vestibular, informan al encéfalo sobre la posición de la cabeza en el espacio y sus movimientos lineales.

Los conductos semicirculares, que nacen y desembocan en el utrículo, tienen forma de arco y cada uno está dispuesto en uno de los tres planos del espacio. Cada uno consta en un extremo de una pequeña dilatación, llamada ampolla, donde hay una cresta ampular que contiene células sensoriales. Los pequeños cilios superficiales de dichas células están englobados en una masa gelatinosa que con los movimientos de la cabeza resulta desplazada por la endolinfa: al efectuar un movimiento angular o de rotación de la cabeza, las células sensoriales generan estímulos nerviosos según sea el grado de torsión de sus cilios y envían dicha información al encéfalo. Dado que cada conducto semicircular está situado en un plano del espacio, con la información que recibe de todos ellos el cerebro es capaz de discriminar el sentido y la intensidad tanto de los movimientos rotatorios como de las aceleraciones angulares en cualquier plano del espacio.

Funcionamiento de las crestas ampulares

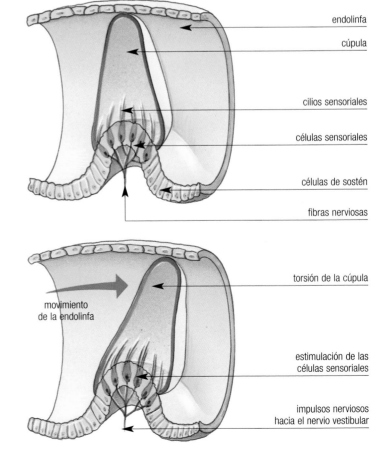

endolinfa

cúpula

cilios sensoriales

células sensoriales

células de sostén

fibras nerviosas

torsión de la cúpula

movimiento de la endolinfa

estimulación de las células sensoriales

impulsos nerviosos hacia el nervio vestibular

Elementos que intervienen en el equilibrio

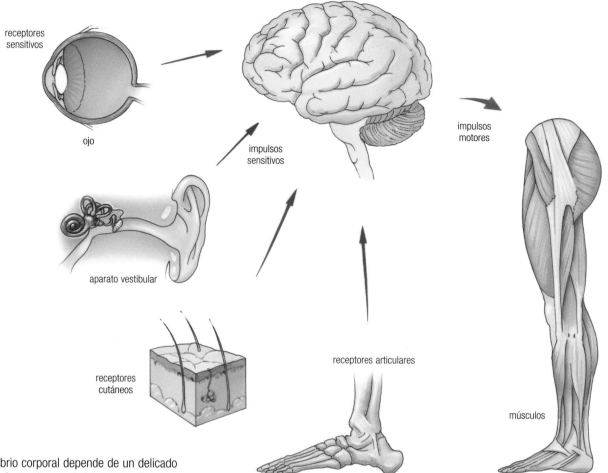

receptores sensitivos

ojo

aparato vestibular

receptores cutáneos

impulsos sensitivos

impulsos motores

receptores articulares

músculos

El equilibrio corporal depende de un delicado control efectuado por el sistema nervioso central sobre el estado de los músculos y las articulaciones, un control inconsciente pero constante y dinámico: excepto cuando se está tumbado, para no caer es preciso que en todo momento se mantenga cierta tensión muscular, que unos músculos estén más contraídos y otros más relajados, que al efectuar cada movimiento se hagan los ajustes pertinentes. Para poder ordenar los debidos ajustes, el sistema nervioso central debe contar con una información precisa sobre la posición que tienen en cada momento todas y cada una de las partes de nuestro cuerpo.

Esta información procede de distintas fuentes: los receptores sensitivos localizados en la piel y las articulaciones informan sobre la situación del cuerpo en el espacio y sobre la posición relativa de todas las partes del cuerpo; la visión proporciona una idea global de la situación del cuerpo respecto al espacio circundante y unos puntos de referencia de suma importancia, y el aparato vestibular del oído interno informa sobre la posición y los desplazamientos de la cabeza.

Transmisión de información del laberinto al sistema nervioso central

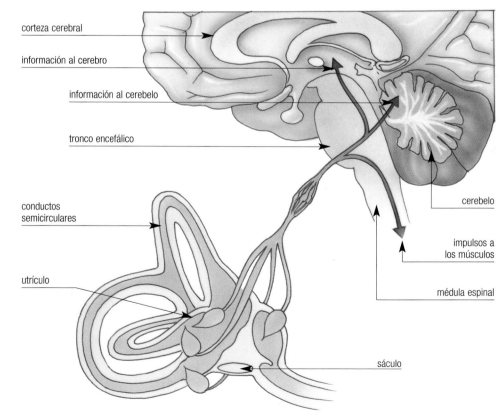

corteza cerebral

información al cerebro

información al cerebelo

tronco encefálico

conductos semicirculares

utrículo

cerebelo

impulsos a los músculos

médula espinal

sáculo

Anatomía de la piel

La piel es una membrana gruesa, resistente y flexible formada por tres capas superpuestas —epidermis, dermis e hipodermis— y con diversas estructuras anexas —glándulas sudoríparas, glándulas sebáceas, receptores sensitivos, folículos pilosos y uñas— que le permiten no sólo servir como revestimiento corporal sino también desarrollar otras diversas e importantes funciones.

Representación tridimensional de un corte de piel

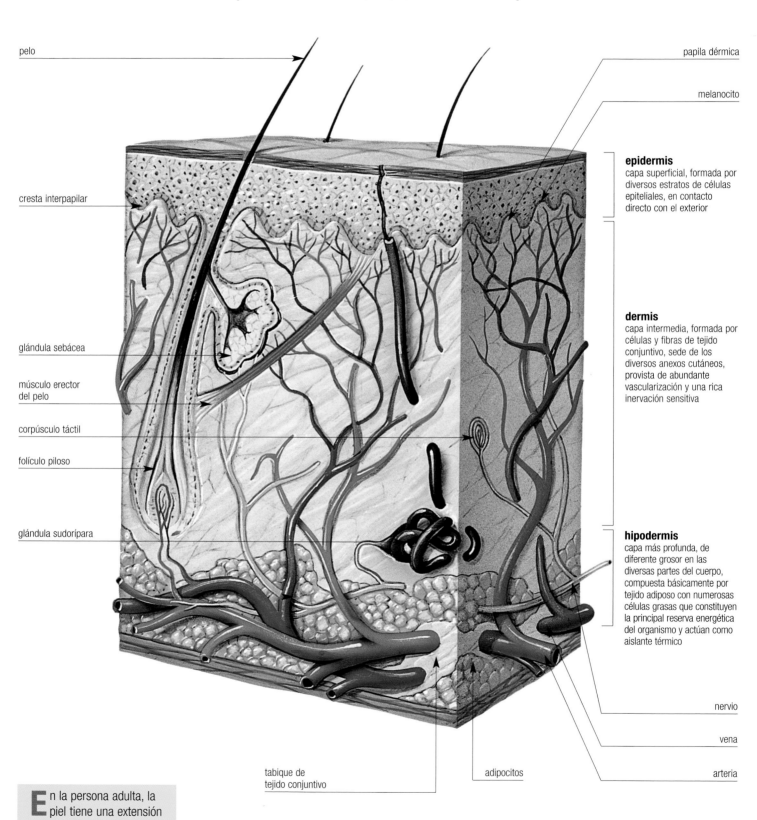

pelo

papila dérmica

melanocito

cresta interpapilar

epidermis
capa superficial, formada por diversos estratos de células epiteliales, en contacto directo con el exterior

glándula sebácea

dermis
capa intermedia, formada por células y fibras de tejido conjuntivo, sede de los diversos anexos cutáneos, provista de abundante vascularización y una rica inervación sensitiva

músculo erector del pelo

corpúsculo táctil

folículo piloso

glándula sudorípara

hipodermis
capa más profunda, de diferente grosor en las diversas partes del cuerpo, compuesta básicamente por tejido adiposo con numerosas células grasas que constituyen la principal reserva energética del organismo y actúan como aislante térmico

nervio

vena

tabique de tejido conjuntivo

adipocitos

arteria

En la persona adulta, la piel tiene una extensión total de 1,5-2 m².

Estructura microscópica de la epidermis

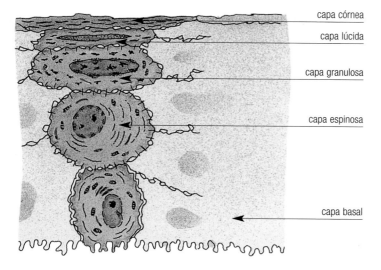

capa córnea
capa lúcida
capa granulosa
capa espinosa
capa basal

La epidermis, la capa de la piel, la que está directamente en contacto con el exterior, tiene un espesor que en las diversas partes del cuerpo oscila entre 0,05 y 0,5 mm y está formada por tejido epitelial, constituido sólo por células adosadas entre sí que no cuentan con ninguna sustancia intercelular entre ellas. Estas células están dispuestas en estratos superpuestos que conforman cuatro o cinco capas según el sector del cuerpo.

Regeneración de la epidermis

L a epidermis se renueva constantemente, porque las células superficiales, expuestas al medio externo y las múltiples agresiones que ello implica, se descaman de manera continua y son sustituidas por otras procedentes de la profundidad. Por ello, las células de la capa basal se multiplican sin cesar y las nuevas empujan a las que están por encima hacia la superficie, que atraviesan las diversas capas a la par que se modifican y pierden vitalidad, hasta llegar a la capa córnea y, al cabo de cierto tiempo, desprenderse. Este proceso toma un período que oscila entre 20 y 30 días.

Melanocito

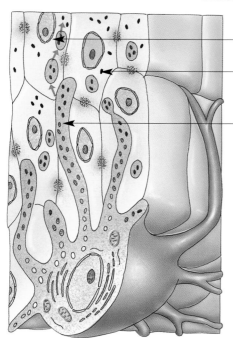

células de la epidermis
gránulos de melanina
gránulos de melanina en formación

Intercaladas entre las células epiteliales de la profundidad de la epidermis hay unas células encargadas de sintetizar melanina, pigmento oscuro cuya concentración proporciona a cada piel su coloración propia y que también es responsable del fenómeno del bronceado: los melanocitos. Estas células, redondeadas y con numerosas prolongaciones, contienen unos diminutos corpúsculos denominados melanosomas, en los cuales, bajo la influencia de factores hormonales y de la radiación ultravioleta del sol, se fabrica la melanina.

Papilas y crestas dérmicas

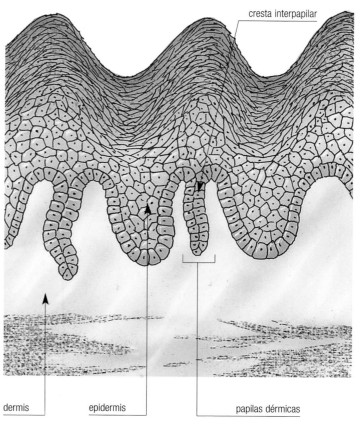

cresta interpapilar

dermis   epidermis   papilas dérmicas

La dermis que se encuentra debajo de la epidermis, separada de ésta por una delgada membrana basal, presenta numerosos repliegues: pueden apreciarse unas prominencias cónicas de la dermis que se proyectan hacia la epidermis, las papilas dérmicas, intercaladas con unas prominencias de la epidermis que se proyectan hacia la dermis, las crestas interpapilares. Gracias a ello resulta aumentada considerablemente la superficie de contacto entre ambas capas, algo muy importante porque la nutrición de la epidermis depende de los vasos sanguíneos que llegan sólo hasta la dermis.

Coloración de la piel

E l color de la piel depende de dos factores: por un lado, de la sangre que circula por la red de capilares de la dermis y se transparenta en la superficie cutánea proporcionándole una tonalidad rosada; por otro, del contenido, la cantidad y distribución de melanina, un pigmento que tiene la función de absorber las radiaciones solares e impedir su paso al interior del organismo, donde ejercerían efectos nocivos. La producción del pigmento por parte de los melanocitos está regulada por factores genéticos y hormonales, lo cual explica la diversa coloración cutánea de los individuos de diferentes razas y de cada persona en particular. El principal estímulo para la fabricación de melanina corresponde a la exposición al sol, que determina el fenómeno del bronceado.

Funciones de la piel

La piel actúa como una barrera que protege la superficie del cuerpo frente a agentes potencialmente agresivos del medio externo e impide su paso al interior del organismo, pero también desarrolla otras funciones relevantes, por ejemplo con una activa participación en la regulación de la temperatura corporal.

Mecanismos cutáneos involucrados en la regulación de la temperatura corporal

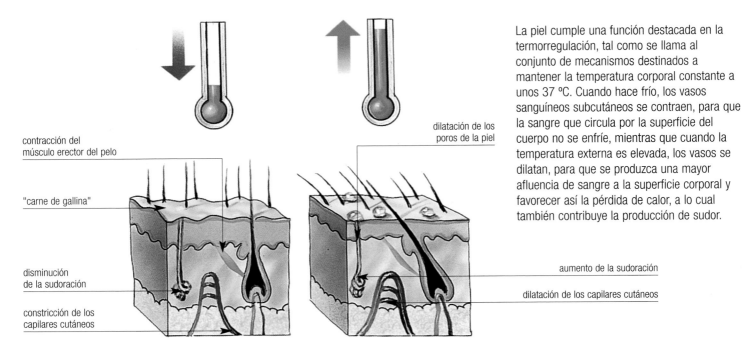

contracción del
músculo erector del pelo

"carne de gallina"

disminución
de la sudoración

constricción de los
capilares cutáneos

dilatación de los
poros de la piel

aumento de la sudoración

dilatación de los capilares cutáneos

La piel cumple una función destacada en la termorregulación, tal como se llama al conjunto de mecanismos destinados a mantener la temperatura corporal constante a unos 37 ºC. Cuando hace frío, los vasos sanguíneos subcutáneos se contraen, para que la sangre que circula por la superficie del cuerpo no se enfríe, mientras que cuando la temperatura externa es elevada, los vasos se dilatan, para que se produzca una mayor afluencia de sangre a la superficie corporal y favorecer así la pérdida de calor, a lo cual también contribuye la producción de sudor.

Glándulas sudoríparas

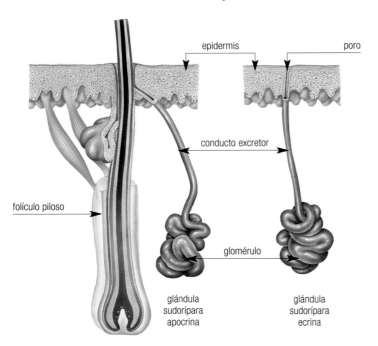

epidermis

poro

conducto excretor

folículo piloso

glomérulo

glándula
sudorípara
apocrina

glándula
sudorípara
ecrina

Distribución corporal de las glándulas sudoríparas

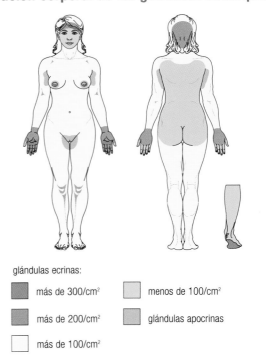

glándulas ecrinas:

▨ más de 300/cm²	▨ menos de 100/cm²
▨ más de 200/cm²	▨ glándulas apocrinas
▢ más de 100/cm²	

Producción de sudor

El sudor es el producto de la secreción de las glándulas sudoríparas y está compuesto de agua y pequeñas cantidades de sales y diversas sustancias químicas derivadas del metabolismo. Existen dos tipos de glándulas sudoríparas, las ecrinas, que son las más abundantes y desembocan en unos diminutos poros de la superficie de la piel, y las apocrinas, que abocan su secreción a un folículo piloso.

La actividad de las glándulas sudoríparas, controlada por el sistema nervioso autónomo, contribuye a regular la temperatura corporal, pues la evaporación del sudor tiene un efecto refrescante sobre la piel. Cada día se produce un mínimo de medio litro de sudor, que apenas se percibe, pero esta cantidad puede incrementarse de manera notoria en un ambiente caluroso y al practicar ejercicio físico.

Glándula sebácea

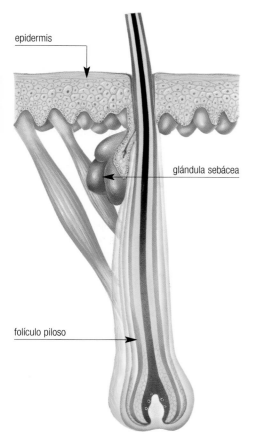

epidermis

glándula sebácea

folículo piloso

Zonas corporales donde son más abundantes las glándulas sebáceas

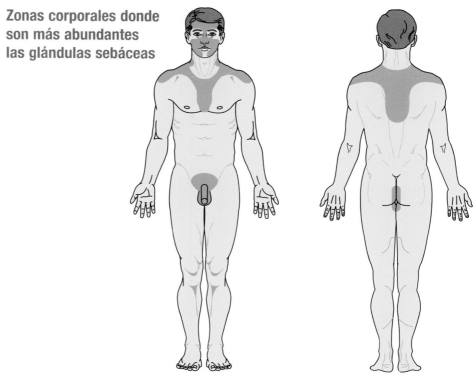

Función de las glándulas sebáceas

Las glándulas sebáceas, distribuidas por toda la superficie corporal pero más abundantes en la cara, el pecho, la espalda y la zona genital, elaboran una secreción grasa que forma una película protectora sobre la epidermis y lubrifica los pelos. El sebo tiene una función protectora, pues se mezcla con los productos de descamación de la epidermis y con el sudor constituyendo un manto ácido-graso que, entre otras cosas, dificulta el desarrollo de gérmenes en la superficie cutánea. Cuando la temperatura ambiente es baja, la secreción sebácea está más solidificada y dificulta la evaporación de sudor, con lo que contribuye a mantener la temperatura corporal.

Cicatrización

La particular renovación del tejido cutáneo permite una pronta y eficaz reparación de las heridas, aunque la consecuencias dependen de la profundidad de la lesión. Si sólo resulta afectada la epidermis, como ocurre cuando se produce una simple raspadura, el tejido se regenera a partir de la capa basal y no queda ninguna marca visible. En cambio, cuando resulta afectada también la dermis, como suele ocurrir ante un corte, se produce una brecha y los dos bordes de la herida se separan, iniciándose el proceso de cicatrización.

Desde los bordes prolifera un tejido de granulación compuesto de células y fibras conjuntivas que poco a poco rellena las zonas vacías y restablece la continuidad de la epidermis, que finalmente recubre la lesión. Sin embargo, como la capa epidérmica de la zona es más delgada de lo normal y el tejido conjuntivo que repara la herida no tiene la misma estructura de la dermis original, queda en la zona una marca primero rosada y luego blanquecina, que se denomina cicatriz.

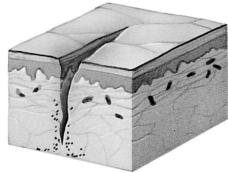

los bordes de la herida quedan separados

desde los bordes prolifera un tejido fibroso que tiende a rellenar la zona vacía

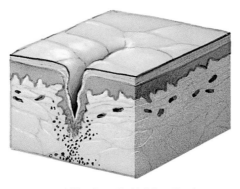
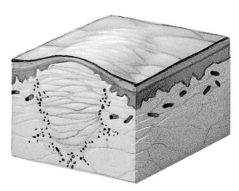

se restablece la continuidad de epidermis en el fondo de la lesión

el tejido fibroso empuja la epidermis a la superficie

Pelos y uñas

Los pelos, unos filamentos delgados y resistentes que están distribuidos prácticamente por toda la superficie del cuerpo, y las uñas, unas láminas delgadas semitransparentes, duras y resistentes que protegen la cara dorsal de la última falange de los dedos de las manos y los pies, son los principales anexos cutáneos.

Sección longitudinal y transversal de un folículo piloso

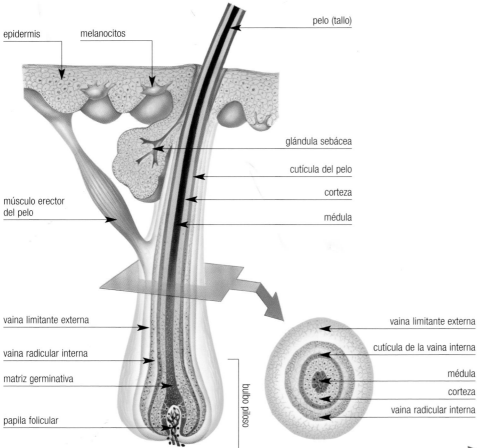

epidermis
melanocitos
pelo (tallo)
glándula sebácea
cutícula del pelo
corteza
médula
músculo erector del pelo
vaina limitante externa
vaina radicular interna
matriz germinativa
papila folicular
bulbo piloso
vaina limitante externa
cutícula de la vaina interna
médula
corteza
vaina radicular interna

Estructura del pelo y del folículo piloso

El pelo es un filamento formado por tres capas diferenciadas, la cutícula, que es la parte más dura; la corteza, que es la de mayor grosor, y la médula, que constituye el eje del pelo. En un pelo se distinguen dos porciones elementales: el tallo, que es la parte que sobresale de la piel, y la raíz, que es la porción interna. Cada pelo está alojado en una depresión de la piel que corresponde a una invaginación de tejido epidérmico en la dermis, el folículo piloso, donde se produce su generación. La raíz del pelo surge de una expansión del folículo denominada bulbo piloso, en cuya base hay una concavidad, la papila folicular, a la cual llegan los vasos sanguíneos que nutren el folículo y también fibras nerviosas. La parte más profunda del folículo piloso corresponde a la matriz germinativa, constituida por células epidérmicas cuya multiplicación da origen a las que forman el propio folículo y también a las que forman el pelo. En esta matriz germinativa hay también algunos melanocitos encargados de producir pigmento, cuyo número y grado de actividad, condicionados genéticamente, determinan el color del pelo en cada persona.

El pelo crece en el folículo piloso a partir de células de la matriz germinativa que, de manera progresiva, se llenan de una proteína fibrosa llamada queratina y finalmente mueren, pasando a constituir el tallo del filamento que se desplaza hacia el exterior y termina por sobresalir de la piel. Este crecimiento acontece de forma cíclica, pues los pelos experimentan una fase de crecimiento, que dura unos tres años; una fase de regresión, en que la actividad del folículo piloso se detiene durante unas semanas, y una fase de reposo, que dura algunos meses y tras la cual comienza a crecer un nuevo pelo que empuja al anterior, hasta que éste se desprende.

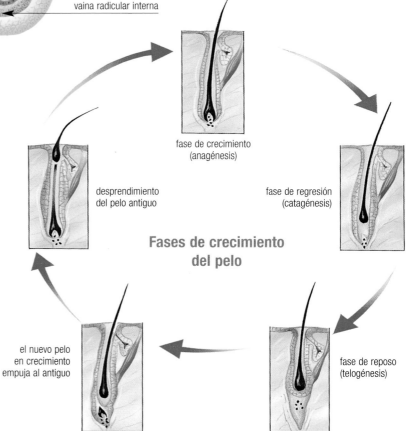

fase de crecimiento (anagénesis)

fase de regresión (catagénesis)

Fases de crecimiento del pelo

fase de reposo (telogénesis)

desprendimiento del pelo antiguo

el nuevo pelo en crecimiento empuja al antiguo

Las canas

El color del pelo depende de su contenido en melanina, pigmento fabricado por los melanocitos de las matrices germinativas, pero también, en menor grado, de la disposición de las propias células componentes del pelo, que según sea su oblicuidad reflejan más o menos la luz y dan un aspecto más o menos brillante, así como del contenido de aire existente entre las células, que clarifica la tonalidad.

Con el paso del tiempo, aunque a una edad muy diversa y en un grado muy variable según las personas, los melanocitos de las matrices germinativas de algunos folículos pilosos cesan su actividad y dejan de fabricar pigmentos: es entonces cuando aparecen los típicos cabellos blancos denominados canas.

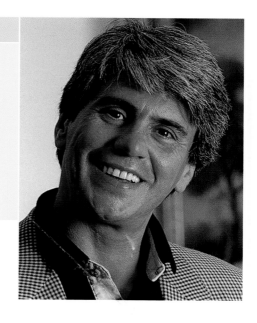

Evolución de la alopecia (calvicie) común

 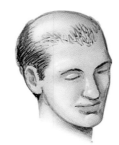 

Se denomina alopecia o calvicie a la pérdida del cabello, fenómeno que puede ocurrir de manera total o parcial y obedecer a diversas causas. La forma más habitual es la alopecia común o androgénica, propia del sexo masculino, que tiene su origen en factores genéticos hereditarios que determinan una particular sensibilidad de los folículos pilosos a la acción de los andrógenos, las hormonas sexuales masculinas. A partir de cierto momento de la vida, bajo el estímulo de tales hormonas, se acelera el ritmo de regeneración normal de los pelos, los cabellos se desprenden con mayor rapidez y cada vez son más finos, a la par que los folículos pilosos se van atrofiando. Así, en algunas zonas de la cabeza, por lo común siguiendo un patrón bien definido, paulatinamente el cabello normal es sustituido por pelos cada vez más finos hasta convertirse en un delgado vello, prácticamente inapreciable.

Estructura de la uña

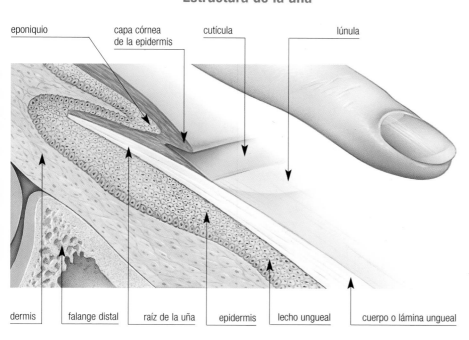

eponiquio   capa córnea de la epidermis   cutícula   lúnula

dermis   falange distal   raíz de la uña   epidermis   lecho ungueal   cuerpo o lámina ungueal

Las uñas son unas láminas delgadas pero a la par duras y resistentes cuya función consiste en proteger la última falange de los dedos de las manos y los pies, aunque también resultan útiles para realizar acciones que requieren cierta precisión, como pinzar, plegar o separar. Su estructura es parecida a la de los pelos, pues están compuestas fundamentalmente por queratina y son producidas por la epidermis. El crecimiento se produce en la raíz, que queda oculta a la vista, donde las células de la capa córnea epidérmica elaboran una queratina muy dura que se desliza sobre el lecho ungueal formando una lámina correspondiente a la uña. Aunque la velocidad de crecimiento de las uñas es variable según las personas, suele ser de alrededor de 0,1 mm al día.

El tacto

La piel, es el órgano del tacto, sentido que proporciona una valiosa información sobre el mundo que nos rodea: permite percibir roces y presiones, identificar la forma, la textura y otras cualidades palpables de los objetos, así como distinguir las variaciones térmicas y advertir agresiones externas que provocan estímulos dolorosos.

Receptores sensitivos de la piel

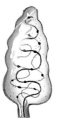

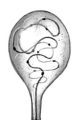

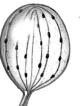

corpúsculo de Meissner · corpúsculo de Krause · corpúsculo de Ruffini · corpúsculo de Vater-Pacini · terminaciones nerviosas libres

Distribuidos por la superficie cutánea existen innumerables receptores que responden a diversos estímulos y, a través de las vías sensitivas, envían información al sistema nervioso central para que sean interpretados. Por un lado asumen esta función las terminaciones libres de los nervios sensitivos que llegan a la piel y perciben estímulos táctiles pero sobre todo estímulos dolorosos.

Otras formaciones especiales constituyen receptores especializados en la percepción de distintos estímulos: los corpúsculos de Vater-Pacini, situados en zonas profundas de la dermis, detectan sobre todo los cambios de presión y las vibraciones que se producen sobre la piel, así como sus estiramientos; los corpúsculos de Meissner, localizados en las papilas dérmicas y especialmente abundantes en las yemas de los dedos y en los labios, responden a los estímulos táctiles; los corpúsculos de Krause, localizados en la zona superficial de la dermis, son sensibles al frío; y los corpúsculos de Ruffini, localizados en la zona profunda de la dermis, son sensibles al calor.

epidermis

dermis

hipodermis

Vías nerviosas sensitivas

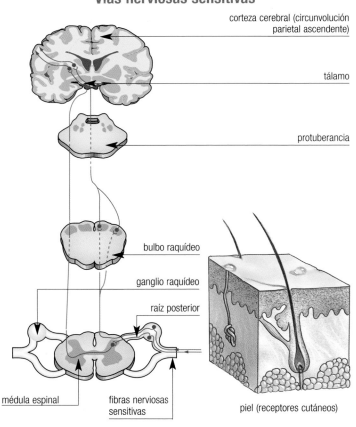

corteza cerebral (circunvolución parietal ascendente)

tálamo

protuberancia

bulbo raquídeo

ganglio raquídeo

raíz posterior

médula espinal

fibras nerviosas sensitivas

piel (receptores cutáneos)

La capacidad de discriminación de los estímulos táctiles puede ser ampliamente desarrollada con la práctica. Esta facultad se pone de manifiesto en el caso de las personas sin visión que aprenden a leer mediante el sistema Braille, basado en un alfabeto de símbolos de puntos en relieve que pueden interpretarse deslizando los dedos sobre ellos.

Los estímulos mecánicos, térmicos y dolorosos detectados por receptores cutáneos viajan por nervios sensitivos que llegan hasta la médula espinal y recorren un camino ascendente por fibras nerviosas que constituyen unos cordones específicos según sea el tipo sensibilidad que transmiten. De este modo, las informaciones alcanzan el encéfalo y, tras ciertas escalas, sobre todo en el tálamo, llegan hasta el cerebro, concretamente a la circunvolución parietal ascendente de la corteza cerebral, donde los estímulos son interpretados y las sensaciones se hacen conscientes.

Desarrollo del sentido del tacto

El sentido del tacto es proporcionalmente el más desarrollado en el recién nacido, el que proporciona al bebé una mayor información con respecto al mundo circundante. Éste es el motivo por el cual responde tan bien a las caricias, se muestra plácido cuando está seco y en un ambiente cálido o, por el contrario, llora al advertir que está mojado. Es fundamental tener presente que para el niño pequeño el tacto es tan importante, poniendo especial énfasis en proporcionarle contactos agradables que, en definitiva, condicionarán su modo de percibir el mundo.

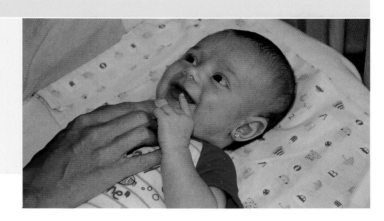

Acto reflejo frente a un estímulo doloroso

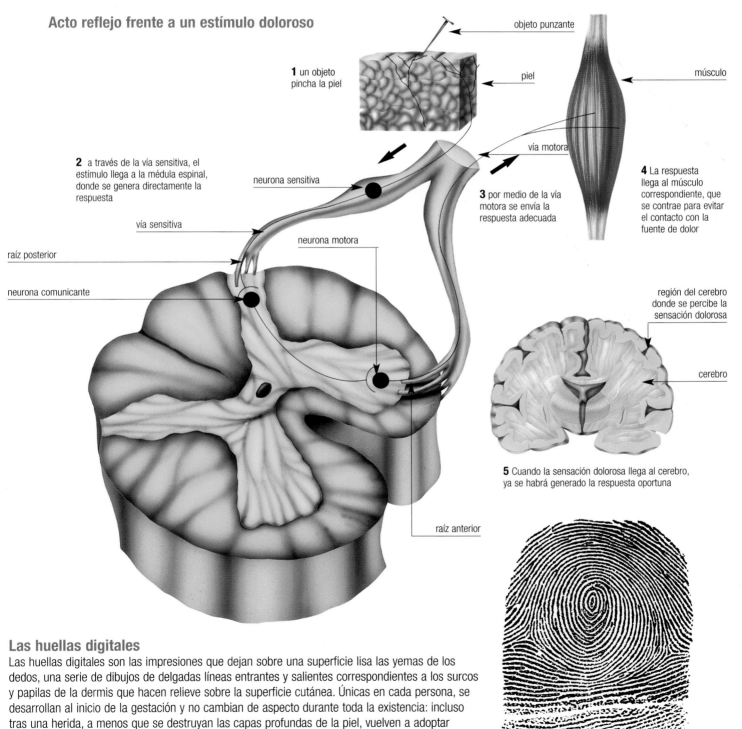

objeto punzante

1 un objeto pincha la piel

piel

músculo

2 a través de la vía sensitiva, el estímulo llega a la médula espinal, donde se genera directamente la respuesta

neurona sensitiva

vía motora

4 La respuesta llega al músculo correspondiente, que se contrae para evitar el contacto con la fuente de dolor

vía sensitiva

3 por medio de la vía motora se envía la respuesta adecuada

neurona motora

raíz posterior

neurona comunicante

región del cerebro donde se percibe la sensación dolorosa

cerebro

5 Cuando la sensación dolorosa llega al cerebro, ya se habrá generado la respuesta oportuna

raíz anterior

Las huellas digitales

Las huellas digitales son las impresiones que dejan sobre una superficie lisa las yemas de los dedos, una serie de dibujos de delgadas líneas entrantes y salientes correspondientes a los surcos y papilas de la dermis que hacen relieve sobre la superficie cutánea. Únicas en cada persona, se desarrollan al inicio de la gestación y no cambian de aspecto durante toda la existencia: incluso tras una herida, a menos que se destruyan las capas profundas de la piel, vuelven a adoptar siempre la misma forma.

Sabores y olores

El gusto y el olfato son dos sentidos relacionados y con una importante función en el proceso digestivo, pues tanto un aroma agradable como un sabor placentero estimulan las secreciones salivales y gástricas, pero el olfato, además, también proporciona una valiosa información sobre la presencia de gases tóxicos que huelen mal.

Las papilas gustativas de la lengua

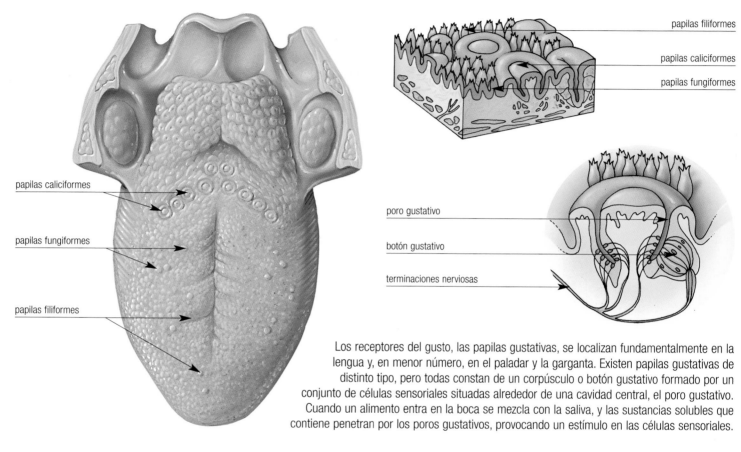

papilas filiformes
papilas caliciformes
papilas fungiformes

papilas caliciformes

papilas fungiformes

papilas filiformes

poro gustativo

botón gustativo

terminaciones nerviosas

Los receptores del gusto, las papilas gustativas, se localizan fundamentalmente en la lengua y, en menor número, en el paladar y la garganta. Existen papilas gustativas de distinto tipo, pero todas constan de un corpúsculo o botón gustativo formado por un conjunto de células sensoriales situadas alrededor de una cavidad central, el poro gustativo. Cuando un alimento entra en la boca se mezcla con la saliva, y las sustancias solubles que contiene penetran por los poros gustativos, provocando un estímulo en las células sensoriales.

Tipos de papilas gustativas

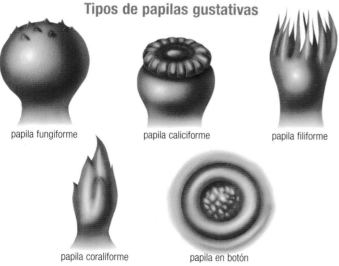

papila fungiforme

papila caliciforme

papila filiforme

papila coraliforme

papila en botón

Todos los tipos de papilas gustativas localizadas en la superficie de la lengua son capaces de percibir las cuatro sensaciones básicas: dulce, amargo, salado y ácido. Sin embargo, algunas reaccionan con mayor intensidad a distintos estímulos, lo cual hace que se diferencien zonas especializadas en la percepción de los diferentes gustos: el dulce en la punta, el amargo en la parte posterior, el ácido a los lados y el salado en la parte anterior, exceptuando la punta.

Áreas del gusto en la lengua

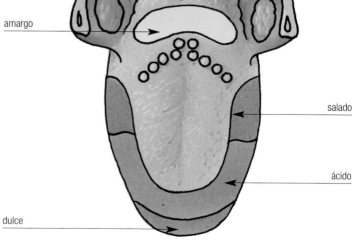

amargo

salado

ácido

dulce

Las vías gustativas

corteza cerebral

tálamo

bulbo raquídeo

nervios trigémino y facial

nervio glosofaríngeo

nervio vago

No todos percibimos los mismos sabores

A pesar de que las papilas gustativas perciben sólo cuatro tipos de sensaciones básicas, en la práctica se pueden distinguir muchos sabores, por un lado por la combinación de estímulos y, por otro, sobre todo porque al sentido del gusto se suma el del olfato, mucho más discriminativo. Esto hace que la gama de sabores sea extremadamente amplia y, por otra parte, que cada persona establezca, según la experiencia individual, sus preferencias: a casi todos nos gusta el dulce, pero no ocurre lo mismo, por ejemplo, con el ácido. Pero, además, sucede algo muy curioso: hay algunas sustancias químicas que distintas personas perciben como un gusto diferente. El ejemplo más típico es el de la feniltiocarbamida: para cerca de un 70 % de las personas tiene un sabor muy amargo, mientras que para el resto es por completo insípida e, incluso, para algunas resulta ligeramente dulce.

Los estímulos que se producen en las papilas gustativas salen por las terminaciones nerviosas de las células sensoriales y viajan a través de diversos nervios que inervan la boca hasta el bulbo raquídeo. Desde el tronco encefálico pasan por otras vías nerviosas específicas hasta el tálamo y, en una tercera etapa, llegan hasta el área del gusto, situada en el lóbulo parietal de la corteza cerebral, donde son descodificados y las sensaciones se hacen conscientes. Aunque sólo hay cuatro sensaciones gustativas básicas, el cerebro interpreta infinidad de matices según sea la combinación de los diferentes gustos y, así mismo, de los olores.

Mecanismo del olfato

Célula olfatoria

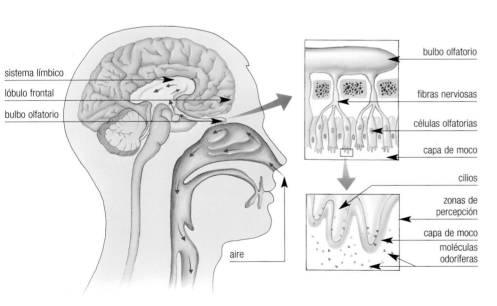

sistema límbico

lóbulo frontal

bulbo olfatorio

aire

bulbo olfatorio

fibras nerviosas

células olfatorias

capa de moco

cilios

zonas de percepción

capa de moco

moléculas odoríferas

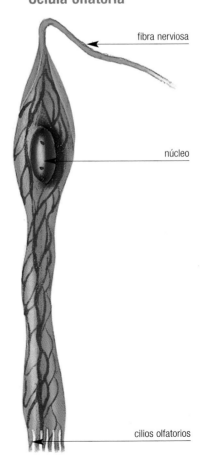

fibra nerviosa

núcleo

cilios olfatorios

Los receptores de este sentido se encuentran en la membrana olfatoria, una pequeña zona del techo de las fosas nasales donde hay una capa de células especializadas en la detección de olores. Estas células son alargadas y tienen en su extremo libre unos diminutos cilios olfatorios que están inmersos en una capa de moco fabricada por las glándulas de la pared nasal.
Las moléculas volátiles presentes en el aire que inspiramos, tras disolverse en el moco, se acoplan con las zonas de recepción de estos cilios y generan en las células unos estímulos nerviosos. Por el otro extremo, las células olfatorias cuentan con unas delgadas fibras nerviosas que atraviesan el techo de las fosas nasales y llegan hasta el bulbo olfatorio, del cual surge el nervio olfatorio que lleva la información hasta los centros olfatorios de la corteza cerebral.

Estructura del sistema nervioso

El sistema nervioso está formado por una intrincada red de células especializadas que constituyen diversas estructuras interrelacionadas y controlan todas las actividades del organismo, tanto las conscientes y voluntarias como las que se desarrollan de forma automática, nos permiten relacionarnos con el mundo exterior y son responsables de las funciones intelectuales.

Componentes del sistema nervioso

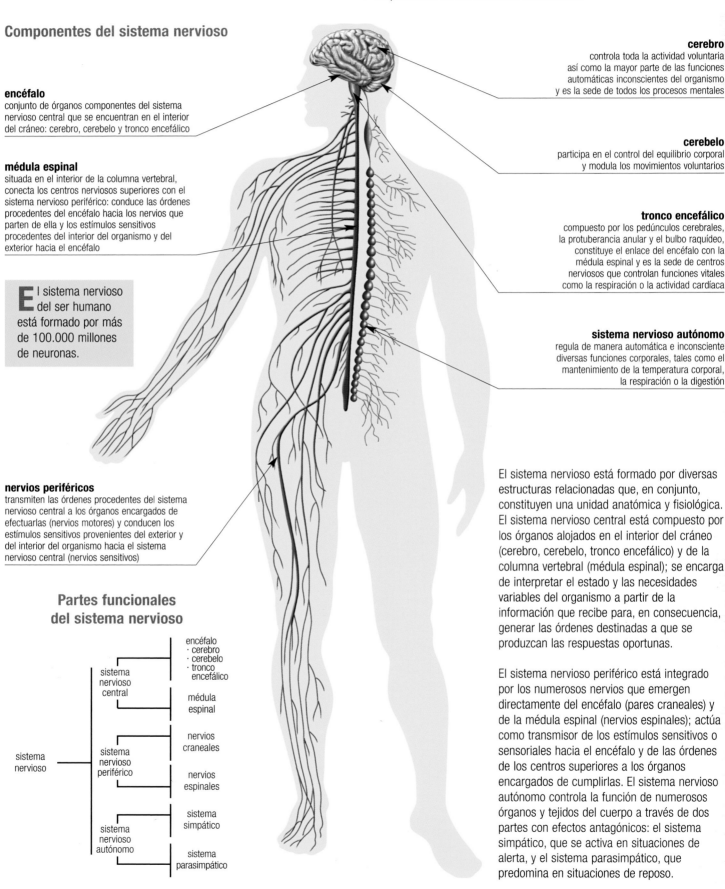

encéfalo
conjunto de órganos componentes del sistema nervioso central que se encuentran en el interior del cráneo: cerebro, cerebelo y tronco encefálico

médula espinal
situada en el interior de la columna vertebral, conecta los centros nerviosos superiores con el sistema nervioso periférico: conduce las órdenes procedentes del encéfalo hacia los nervios que parten de ella y los estímulos sensitivos procedentes del interior del organismo y del exterior hacia el encéfalo

El sistema nervioso del ser humano está formado por más de 100.000 millones de neuronas.

nervios periféricos
transmiten las órdenes procedentes del sistema nervioso central a los órganos encargados de efectuarlas (nervios motores) y conducen los estímulos sensitivos provenientes del exterior y del interior del organismo hacia el sistema nervioso central (nervios sensitivos)

cerebro
controla toda la actividad voluntaria así como la mayor parte de las funciones automáticas inconscientes del organismo y es la sede de todos los procesos mentales

cerebelo
participa en el control del equilibrio corporal y modula los movimientos voluntarios

tronco encefálico
compuesto por los pedúnculos cerebrales, la protuberancia anular y el bulbo raquídeo, constituye el enlace del encéfalo con la médula espinal y es la sede de centros nerviosos que controlan funciones vitales como la respiración o la actividad cardíaca

sistema nervioso autónomo
regula de manera automática e inconsciente diversas funciones corporales, tales como el mantenimiento de la temperatura corporal, la respiración o la digestión

Partes funcionales del sistema nervioso

sistema nervioso
- sistema nervioso central
  - encéfalo
    · cerebro
    · cerebelo
    · tronco encefálico
  - médula espinal
- sistema nervioso periférico
  - nervios craneales
  - nervios espinales
- sistema nervioso autónomo
  - sistema simpático
  - sistema parasimpático

El sistema nervioso está formado por diversas estructuras relacionadas que, en conjunto, constituyen una unidad anatómica y fisiológica. El sistema nervioso central está compuesto por los órganos alojados en el interior del cráneo (cerebro, cerebelo, tronco encefálico) y de la columna vertebral (médula espinal); se encarga de interpretar el estado y las necesidades variables del organismo a partir de la información que recibe para, en consecuencia, generar las órdenes destinadas a que se produzcan las respuestas oportunas.

El sistema nervioso periférico está integrado por los numerosos nervios que emergen directamente del encéfalo (pares craneales) y de la médula espinal (nervios espinales); actúa como transmisor de los estímulos sensitivos o sensoriales hacia el encéfalo y de las órdenes de los centros superiores a los órganos encargados de cumplirlas. El sistema nervioso autónomo controla la función de numerosos órganos y tejidos del cuerpo a través de dos partes con efectos antagónicos: el sistema simpático, que se activa en situaciones de alerta, y el sistema parasimpático, que predomina en situaciones de reposo.

Estructura de la neurona

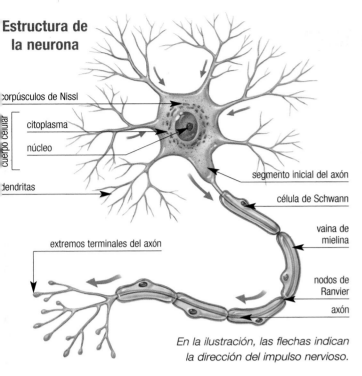

corpúsculos de Nissl

citoplasma

núcleo

cuerpo celular

dendritas

segmento inicial del axón

célula de Schwann

vaina de mielina

extremos terminales del axón

nodos de Ranvier

axón

En la ilustración, las flechas indican la dirección del impulso nervioso.

Sinapsis

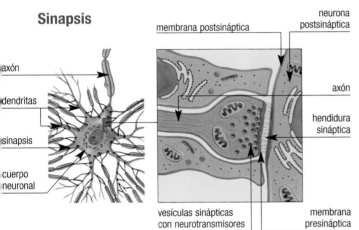

membrana postsináptica

neurona postsináptica

axón

dendritas

sinapsis

cuerpo neuronal

axón

hendidura sináptica

vesículas sinápticas con neurotransmisores

membrana presináptica

Tipos de neurona

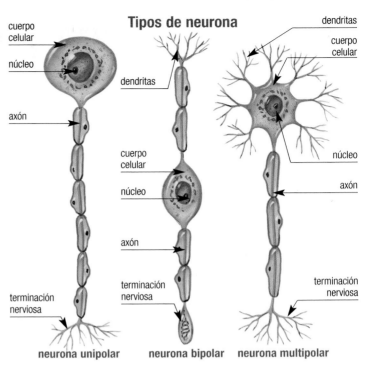

cuerpo celular

núcleo

axón

dendritas

cuerpo celular

núcleo

axón

terminación nerviosa

terminación nerviosa

neurona unipolar   **neurona bipolar**   **neurona multipolar**

dendritas

cuerpo celular

núcleo

axón

terminación nerviosa

Neurona: la célula nerviosa

Todas las estructuras del sistema nervioso están constituidas por un mismo tejido, formado básicamente por unas células especializadas encargadas de generar y transmitir los impulsos nerviosos, las neuronas, y un conjunto de células que les proporcionan sostén, nutrición y protección, la neuroglia. En el organismo hay miles de millones de neuronas, de diverso tipo, forma y tamaño, pero con una estructura fundamental. Cada neurona tiene un cuerpo celular del cual parten unas prolongaciones encargadas de recibir y transmitir impulsos nerviosos desde y hacia otras neuronas: las dendritas, unas ramificaciones arborescentes y cortas que reciben los estímulos procedentes de otras células nerviosas, y el axón o cilindroeje, una prolongación única y de longitud variable que acaba en minúsculas ramificaciones y es responsable de transmitir los impulsos a otras células nerviosas.

Las neuronas se comunican mediante señales transmitidas por un complejo mecanismo fisicoquímico en forma de impulsos nerviosos. Ante ciertos estímulos, se producen en la neurona unos cambios bioquímicos que desencadenan una señal eléctrica que recorre la célula a lo largo del axón, en cuyo extremo se establece la comunicación con las neuronas adyacentes. El impulso nervioso no se transmite a las neuronas adyacentes por contacto directo sino a través de una conexión especial denominada **sinapsis**. Las ramificaciones del axón terminan muy próximas a las neuronas adyacentes, pero siempre separadas por un estrecho espacio, la hendidura sináptica. El impulso nervioso atraviesa ese espacio mediante unas sustancias químicas denominadas neurotransmisores.

Cada neurona elabora un neurotransmisor específico, que se almacena en unas vesículas sinápticas acumuladas en las ramificaciones del axón. Ante la llegada de un impulso eléctrico al extremo del axón, estas vesículas liberan su contenido a la hendidura sináptica. Al atravesar este espacio, el neurotransmisor se combina con unos receptores presentes en la superficie de las neuronas adyacentes y ello genera unos cambios bioquímicos en su membrana cuyos efectos dependen del tipo de neurotransmisor: puede desencadenar una señal eléctrica (sinapsis excitadora) o, por el contrario, reducir su excitabilidad (sinapsis inhibidora).

Sustancia gris y sustancia blanca

El axón de la mayor parte de las neuronas está recubierto por una envoltura formada por una serie de capas concéntricas de una sustancia grasa blanquecina con propiedades aislantes y muy importante para la correcta transmisión de los impulsos nerviosos, llamada vaina de mielina, que es elaborada por unas células especiales, los oligodendrocitos o células de Schwann. En los órganos del sistema nervioso central hay zonas compuestas básicamente por cuerpos neuronales mientras que otras contienen sobre todo haces de fibras nerviosas correspondientes a las prolongaciones celulares, los axones. En el primer caso, se habla de "sustancia gris", porque éste es el color predominante de los cuerpos neuronales. En cambio, los acúmulos de fibras nerviosas, rodeadas cada una por una vaina de mielina de color blanquecino, constituyen la denominada "sustancia blanca".

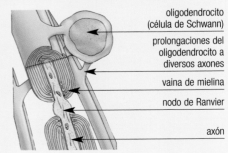

oligodendrocito (célula de Schwann)

prolongaciones del oligodendrocito a diversos axones

vaina de mielina

nodo de Ranvier

axón

Encéfalo

El encéfalo es la parte del sistema nervioso central constituida por los órganos contenidos en el interior del cráneo, rodeados por unas membranas protectoras, las meninges, entre las cuales circula un líquido destinado a amortiguar los traumatismos, el líquido cefalorraquídeo, que también se acumula en unas dilataciones llamadas ventrículos cerebrales.

Sección sagital del encéfalo

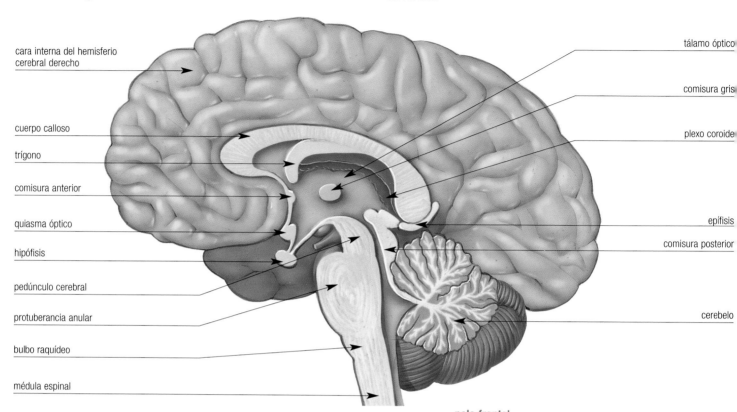

cara interna del hemisferio cerebral derecho

cuerpo calloso

trígono

comisura anterior

quiasma óptico

hipófisis

pedúnculo cerebral

protuberancia anular

bulbo raquídeo

médula espinal

tálamo óptico

comisura gris

plexo coroide

epífisis

comisura posterior

cerebelo

Vista inferior del encéfalo

El encéfalo está constituido por:
- el **cerebro**, que es el órgano más voluminoso e importante, porque controla toda la actividad voluntaria y gran parte de la actividad involuntaria del cuerpo, además de ser la sede de los procesos mentales, como la memoria, la inteligencia, etc.;
- el **tronco encefálico**, compuesto, a su vez, por la protuberancia anular o puente de Varolio y el bulbo raquídeo, sede de centros que regulan funciones vitales así como de los núcleos de origen de la mayoría de los nervios craneales;
- el **cerebelo**, que participa en el control del equilibrio y en la coordinación de los movimientos corporales.

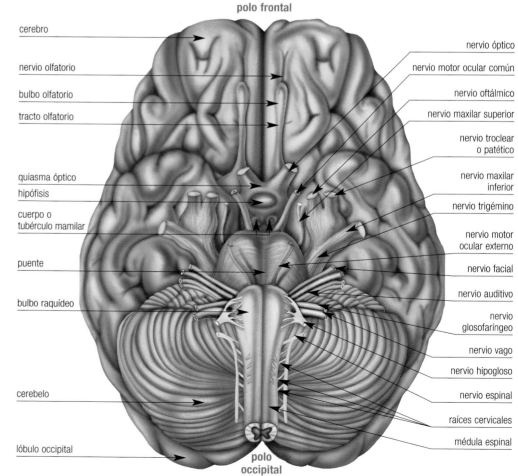

polo frontal

cerebro

nervio olfatorio

bulbo olfatorio

tracto olfatorio

quiasma óptico

hipófisis

cuerpo o tubérculo mamilar

puente

bulbo raquídeo

cerebelo

lóbulo occipital

nervio óptico

nervio motor ocular común

nervio oftálmico

nervio maxilar superior

nervio troclear o patético

nervio maxilar inferior

nervio trigémino

nervio motor ocular externo

nervio facial

nervio auditivo

nervio glosofaríngeo

nervio vago

nervio hipogloso

nervio espinal

raíces cervicales

médula espinal

polo occipital

Meninges

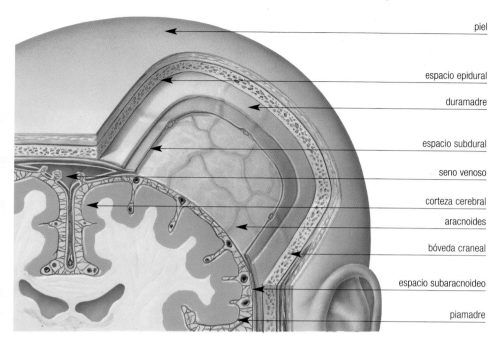

piel

espacio epidural

duramadre

espacio subdural

seno venoso

corteza cerebral

aracnoides

bóveda craneal

espacio subaracnoideo

piamadre

Las meninges son tres membranas superpuestas, concéntricas, que envuelven el encéfalo y la médula espinal, desempeñando una función eminentemente protectora: la duramadre, que es la más externa, gruesa y resistente, situada en inmediato contacto con la superficie interna del cráneo y las paredes internas del conducto vertebral donde se aloja la médula espinal; la aracnoides, es la intermedia, sutil y elástica, cuya estructura forma una malla que recuerda una "tela de araña", y la piamadre, la membrana interna, muy fina y delicada, firmemente adherida a la superficie del encéfalo y de la médula espinal.

Detalle de las meninges

Entre las distintas meninges, así como entre la duramadre y los huesos que tapiza por dentro, quedan conformados diversos espacios que tienen denominaciones y características diferentes: el espacio subaracnoideo, que separa la aracnoides y la piamadre, está ocupado por líquido cefalorraquídeo; el espacio subdural, situado entre la duramadre y la aracnoides, y el espacio epidural, situado entre la duramadre y la superficie de los huesos que tapiza internamente, que en algunos sectores donde la duramadre se divide en dos láminas forma unos espacios llenos de sangre denominados senos venosos, dentro de los cuales se introducen unas ramificaciones de la aracnoides, llamadas granulaciones aracnoideas, encargadas de filtrar el líquido cefalorraquídeo.

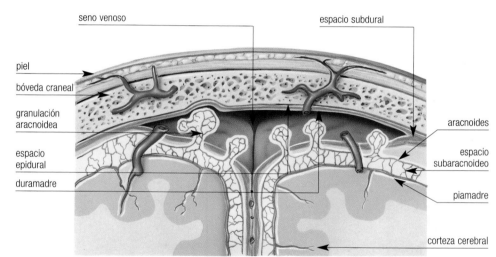

seno venoso

espacio subdural

piel

bóveda craneal

granulación aracnoidea

espacio epidural

duramadre

aracnoides

espacio subaracnoideo

piamadre

corteza cerebral

Ventrículos cerebrales

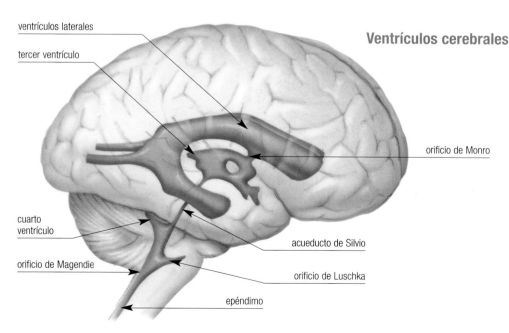

ventrículos laterales

tercer ventrículo

orificio de Monro

cuarto ventrículo

acueducto de Silvio

orificio de Magendie

orificio de Luschka

epéndimo

En el interior del encéfalo existen diversas cavidades rellenas de líquido cefalorraquídeo, unidas entre sí por unos finos conductos y orificios que permiten la circulación de dicho fluido: los ventrículos laterales, situados dentro de los dos hemisferios cerebrales; el tercer ventrículo, prácticamente en el centro del cerebro; y el cuarto ventrículo, situado entre el tronco encefálico y el cerebelo, comunicado con el anterior a través del acueducto de Silvio y también con el espacio subaracnoideo, que se continúa por abajo con el conducto central de la médula espinal, el epéndimo.

Cerebro

El cerebro es el órgano más importante del sistema nervioso: en la corteza cerebral, la delgada capa de sustancia gris que constituye la superficie externa del órgano, formada por miles de millones de neuronas, se hacen conscientes las sensaciones, se genera toda la actividad voluntaria y se procesan las funciones mentales superiores como el pensamiento, la inteligencia, la memoria o el lenguaje.

El cerebro tiene una estructura muy compleja, formada por miles de millones de neuronas cuyos cuerpos celulares se agrupan en algunos sectores, constituyendo la denominada sustancia gris, mientras que otros sectores contienen sobre todo fibras nerviosas recubiertas de mielina que emergen de los mismos o llegan hasta ellos procedentes de otras zonas y que conforman la llamada sustancia blanca. Está dividido en dos mitades simétricas, los hemisferios cerebrales, separados por una gran hendidura longitudinal y cuya superficie externa corresponde a una capa de sustancia gris, de 3-4 mm de espesor, compuesta por varios estratos de cuerpos neuronales: la corteza cerebral.

Visión superior del cerebro

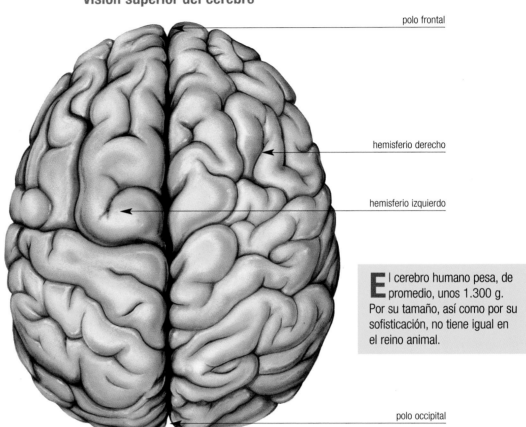

polo frontal

hemisferio derecho

hemisferio izquierdo

polo occipital

El cerebro humano pesa, de promedio, unos 1.300 g. Por su tamaño, así como por su sofisticación, no tiene igual en el reino animal.

Visión externa del cerebro

La superficie del cerebro es muy irregular, puesto que la corteza presenta multitud de repliegues que forman numerosos surcos y hendiduras. Algunas de estas hendiduras, las más profundas, denominadas cisuras, dividen cada hemisferio cerebral en cuatro sectores llamados lóbulos, cuyo nombre se corresponde con el del hueso craneal que los recubre: los lóbulos frontal, parietal, temporal y occipital. Cada lóbulo, a su vez, está surcado por hendiduras menos profundas que delimitan unas zonas alargadas llamadas circunvoluciones.

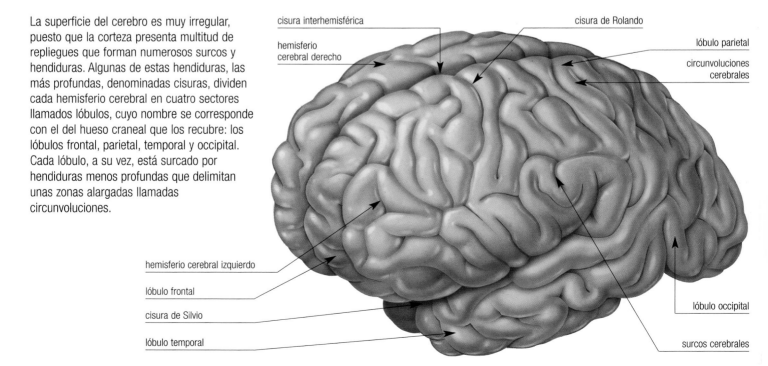

cisura interhemisférica

hemisferio cerebral derecho

cisura de Rolando

lóbulo parietal

circunvoluciones cerebrales

hemisferio cerebral izquierdo

lóbulo frontal

cisura de Silvio

lóbulo temporal

lóbulo occipital

surcos cerebrales

Visión de la cara interna del cerebro

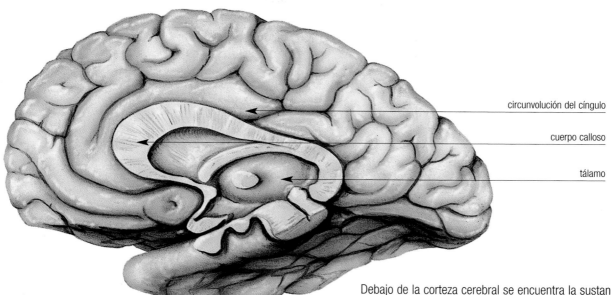

circunvolución del cíngulo

cuerpo calloso

tálamo

Debajo de la corteza cerebral se encuentra la sustancia blanca, formada por los axones de neuronas que emergen de la corteza o llegan hasta la misma, enlazando diferentes zonas de un mismo hemisferio (fibras de asociación), áreas de la corteza con diversas estructuras encefálicas (fibras de proyección) y también los dos hemisferios entre sí (fibras comisurales). Las fibras que enlazan ambos hemisferios se agrupan sobre todo en una gruesa banda de sustancia blanca denominada cuerpo calloso.

Sección transversal del cerebro

En la parte más profunda del cerebro hay también unos acúmulos de cuerpos neuronales que constituyen los denominados núcleos grises de la base, entre los que destacan algunos como el tálamo, el núcleo caudado, el núcleo lenticular –formado a su vez por el núcleo pálido y el putamen– o el hipotálamo, por debajo del cual pende la hipófisis. Estos núcleos están separados entre sí por bandas de sustancia blanca, entre las que destaca una lámina llamada cápsula externa, por donde discurren fibras nerviosas que conectan la corteza cerebral con el tálamo, el tronco encefálico y la médula espinal.

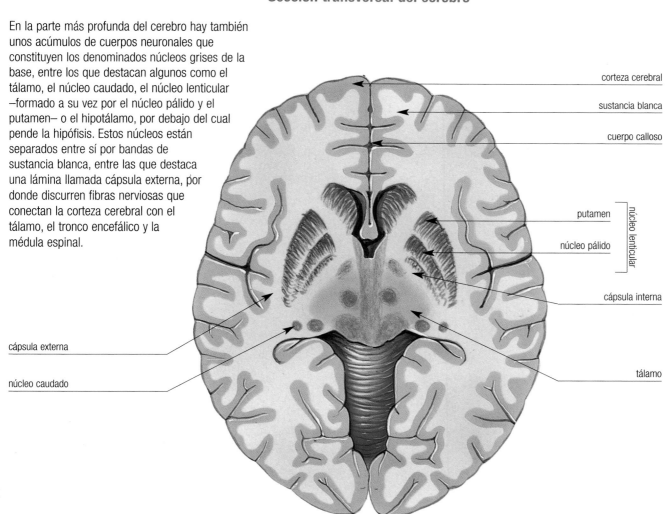

corteza cerebral

sustancia blanca

cuerpo calloso

putamen

núcleo pálido

núcleo lenticular

cápsula interna

tálamo

cápsula externa

núcleo caudado

Cerebelo
y médula espinal

Integrantes del sistema nervioso central, el cerebelo, un órgano que tiene múltiples conexiones con los demás sectores del encéfalo, se encarga de modular los movimientos corporales, mientras que la médula espinal, una prolongación del encéfalo contenida en la columna vertebral, es la estructura de la cual nacen los nervios que llevan la información motora y recogen información sensitiva de todo el cuerpo

Cerebelo

El cerebelo tiene una forma redondeada que recuerda la de una mariposa, ya que consta de dos porciones laterales, los hemisferios cerebelosos, unidos por una parte longitudinal central, denominada vermis. En su superficie presenta unas profundas hendiduras paralelas que discurren del centro a la periferia de los hemisferios y dividen al órgano en varios lóbulos, a su vez surcados por numerosos pliegues menos profundos. Está conectado con la médula espinal y con el cerebro a través del tronco encefálico mediante tres gruesos haces de fibras nerviosas conocidos como pedúnculos cerebelosos. El órgano, de hecho, constituye una vía de paso de toda la información sensitiva y motora concerniente al equilibrio corporal y los movimientos.

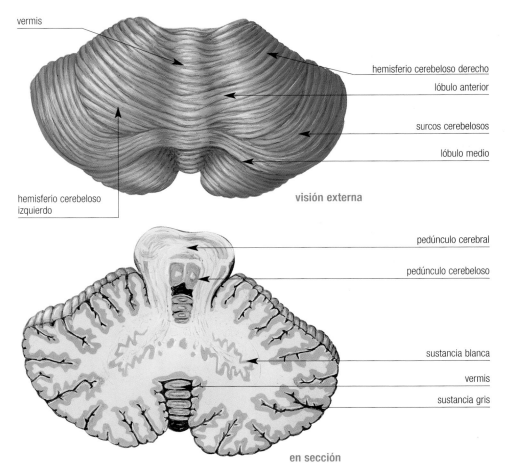

vermis

hemisferio cerebeloso derecho

lóbulo anterior

surcos cerebelosos

lóbulo medio

hemisferio cerebeloso izquierdo

visión externa

pedúnculo cerebral

pedúnculo cerebeloso

sustancia blanca

vermis

sustancia gris

en sección

Médula espinal

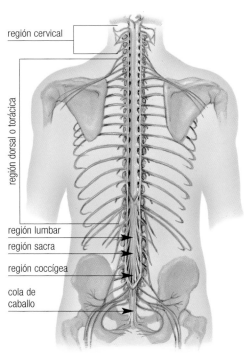

región cervical

región dorsal o torácica

región lumbar

región sacra

región coccígea

cola de caballo

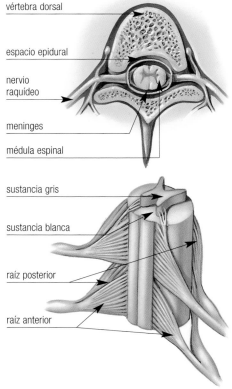

vértebra dorsal

espacio epidural

nervio raquídeo

meninges

médula espinal

sustancia gris

sustancia blanca

raíz posterior

raíz anterior

La médula espinal es una prolongación del encéfalo, un largo cilindro contenido en el interior de la columna vertebral y del cual emergen los nervios periféricos. Nace en el bulbo raquídeo y discurre por el interior del canal central de la columna vertebral hasta la región lumbar de la columna vertebral. Aunque no presenta ninguna interrupción, se considera que la médula espinal está dividida en cinco regiones, cada una de las cuales toma el nombre de la parte de la columna vertebral por la que surgen los respectivos nervios raquídeos: las regiones cervical, dorsal, lumbar, sacra y coccígea. Dado que la longitud de la médula espinal es inferior a la de la columna vertebral que la contiene, la parte inferior del conducto interno de la columna vertebral está surcado por las raíces nerviosas que emergen en los sectores más bajos, cuyo conjunto constituye la denominada "cola de caballo".

Sección de la médula espinal

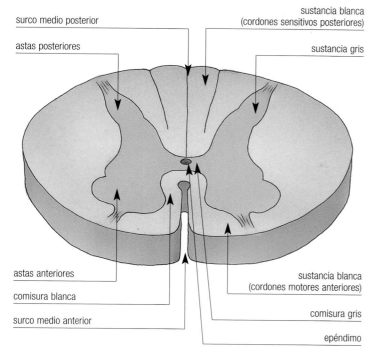

surco medio posterior

astas posteriores

sustancia blanca
(cordones sensitivos posteriores)

sustancia gris

astas anteriores

comisura blanca

surco medio anterior

sustancia blanca
(cordones motores anteriores)

comisura gris

epéndimo

En una sección transversal, puede observarse que la médula tiene una parte central en forma de mariposa constituida por sustancia gris, que contiene los cuerpos de multitud de neuronas, rodeada por una zona de sustancia blanca, formada por haces de fibras nerviosas que recorren toda la médula espinal: algunas llevan información sensitiva desde la periferia hasta el encéfalo y otras transportan impulsos motores en dirección inversa. Todas estas fibras tienen una ordenación específica, agrupadas en diversos fascículos o cordones: los que transportan información motora, situados en la parte anterior, y los que llevan distintos tipos de información sensitiva a diferentes estructuras superiores, en la parte posterior.

Representación esquemática de la médula espinal con los nervios raquídeos

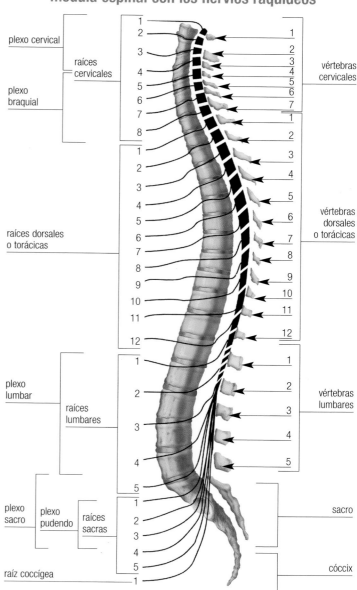

plexo cervical

raíces cervicales

plexo braquial

raíces dorsales o torácicas

plexo lumbar

raíces lumbares

plexo sacro

plexo pudendo

raíces sacras

raíz coccígea

vértebras cervicales

vértebras dorsales o torácicas

vértebras lumbares

sacro

cóccix

Representación esquemática de la médula espinal y un nervio raquídeo

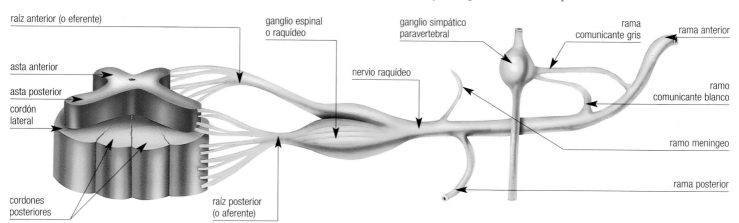

raíz anterior (o eferente)

asta anterior

asta posterior

cordón lateral

cordones posteriores

raíz posterior (o aferente)

ganglio espinal o raquídeo

nervio raquídeo

ganglio simpático paravertebral

rama comunicante gris

rama anterior

ramo comunicante blanco

ramo meníngeo

rama posterior

De la médula espinal surgen 31 pares de nervios raquídeos o espinales, cuyas ramificaciones llegan hasta todos los sectores del organismo. Cada uno procede de un segmento de la médula espinal, de donde a cada lado surge una raíz anterior, formada por los axones de las neuronas motoras localizadas en el asta anterior, y una raíz posterior,

formada por los axones que conducen los estímulos sensitivos de la piel y los órganos internos. Cada raíz posterior presenta un engrosamiento, denominado ganglio espinal o raquídeo, al cual llegan los estímulos sensitivos y de donde parten axones que penetran en la médula espinal por la parte posterior.

Sistema nervioso periférico

El sistema nervioso periférico está formado por los nervios que emergen del encéfalo y de la médula espinal, responsables de recoger los estímulos procedentes del exterior y del propio organismo así como de conducir las órdenes en los centros nerviosos superiores para controlar el funcionamiento de todo el cuerpo.

Estructura de un nervio

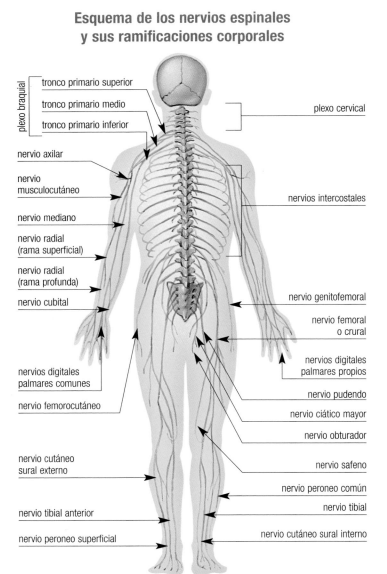

raíz posterior
médula espinal
neurona sensitiva
ganglio espinal
endoneuro
perineuro
epineuro
neurona motora
raíz anterior
nervio periférico
fibra nerviosa motora
fibra nerviosa sensitiva
célula de Schwann
mielina
receptor sensitivo
músculo

Un nervio, de forma esquemática, está constituido por un conjunto de fibras nerviosas, es decir, los axones o prolongaciones de neuronas, además de células de la neuroglia y otras conjuntivas encargadas de su protección y mantenimiento. Las fibras nerviosas están agrupadas en haces envueltos por vainas de tejido conjuntivo, y los diversos haces que constituyen un nervio están rodeados por una envoltura externa denominada epineuro.

Esquema de los nervios espinales y sus ramificaciones corporales

plexo braquial
tronco primario superior
tronco primario medio
tronco primario inferior
plexo cervical
nervio axilar
nervio musculocutáneo
nervio mediano
nervio radial (rama superficial)
nervio radial (rama profunda)
nervio cubital
nervios intercostales
nervio genitofemoral
nervio femoral o crural
nervios digitales palmares propios
nervio pudendo
nervio ciático mayor
nervio obturador
nervio safeno
nervio peroneo común
nervio tibial
nervio cutáneo sural interno
nervios digitales palmares comunes
nervio femorocutáneo
nervio cutáneo sural externo
nervio tibial anterior
nervio peroneo superficial

El acto reflejo

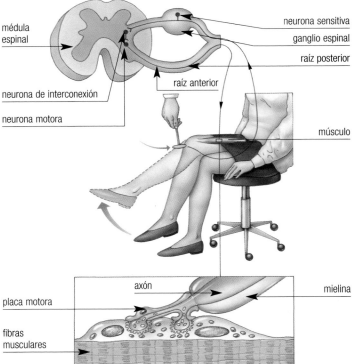

médula espinal
neurona de interconexión
neurona motora
neurona sensitiva
ganglio espinal
raíz posterior
raíz anterior
músculo
placa motora
fibras musculares
axón
mielina

A diferencia de las acciones voluntarias, controladas por el cerebro, hay actos que se producen de forma automática sin la participación de los centros superiores y que se desarrollan a través de un circuito denominado arco reflejo: unos receptores que reconocen el estímulo, unas fibras nerviosas que llevan la información a la médula, donde se elabora la respuesta, y unas fibras que conducen las órdenes pertinentes a los órganos encargados de efectuarla. Es el caso del reflejo rotuliano: ante una percusión en el tendón de la rodilla, la pierna se extiende de manera automática. Otros reflejos son más complejos y requieren la participación del tronco encefálico, como por ejemplo el reflejo de la micción que se desencadena cuando la vejiga está llena de orina y que, hasta cierto punto, podemos controlar.

Nervios craneales

Hay 12 nervios que tienen su núcleo de origen o de destino en el encéfalo y que emergen directamente del cerebro o del tronco encefálico: como surgen a cada lado del encéfalo se denominan pares craneales y, aunque cada uno tiene su nombre propio, se designan con números romanos del I al XII. Estos nervios son muy importantes, puesto que algunos, como el nervio óptico o el auditivo, recogen estímulos sensoriales, mientras que otros controlan los movimientos de los ojos o bien participan en la regulación automática de las funciones digestiva, cardíaca y respiratoria.

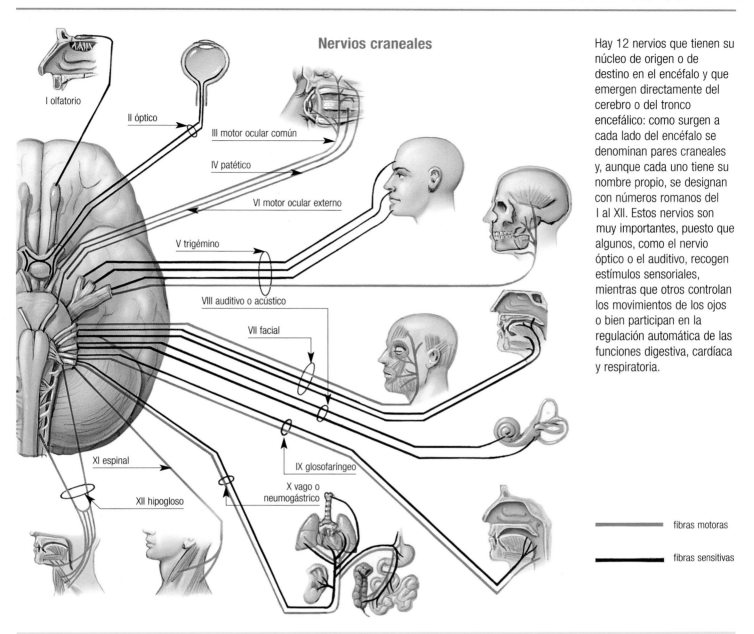

I olfatorio

II óptico

III motor ocular común

IV patético

VI motor ocular externo

V trigémino

VIII auditivo o acústico

VII facial

XI espinal

IX glosofaríngeo

XII hipogloso

X vago o neumogástrico

—— fibras motoras

—— fibras sensitivas

Función de los nervios craneales

nervios	nombre	función
par I	olfatorio	conduce las sensaciones olfativas desde las fosas nasales hasta el cerebro
par II	óptico	conduce las sensaciones visuales desde la retina del ojo hasta el cerebro
par III	motor ocular común	participa en el control de los movimientos de los ojos
par IV	patético	participa en el control de los movimientos de los ojos
par V	trigémino	recoge la sensibilidad de la cara y participa en el control de la masticación
par VI	motor ocular externo	participa en el control de los movimientos de los ojos
par VII	facial	controla los movimientos de los músculos de la cara y conduce sensaciones gustativas de la lengua al cerebro
par VIII	auditivo o acústico	conduce las sensaciones auditivas y estímulos que permiten controlar el equilibrio del oído interno al cerebro
par IX	glosofaríngeo	controla los movimientos de los músculos de la faringe y conduce sensaciones gustativas de la lengua al cerebro
par X	vago o neumogástrico	controla los movimientos de la faringe y la laringe y participa en la regulación de los órganos del cuello, el tórax (corazón, respiración) y el abdomen (aparato digestivo)
par XI	espinal	controla movimientos de músculos del cuello, el hombro y la laringe
par XII	hipogloso	controla movimientos de la lengua

Áreas cerebrales y vías nerviosas

Las órdenes elaboradas en el encéfalo y los estímulos procedentes del exterior y del propio organismo que llegan hasta los centros superiores siguen unas vías específicas y perfectamente determinadas con un recorrido ya sea desde el sistema nervioso central hasta el sistema nervioso periférico ya sea en la dirección inversa.

Áreas cerebrales

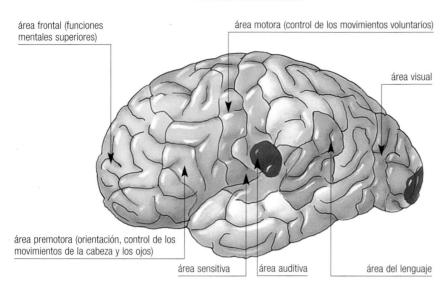

área frontal (funciones mentales superiores)

área motora (control de los movimientos voluntarios)

área visual

área premotora (orientación, control de los movimientos de la cabeza y los ojos)

área sensitiva

área auditiva

área del lenguaje

Aunque todavía falta mucho por conocer del funcionamiento cerebral, se ha podido localizar con bastante aproximación las zonas del cerebro responsables de distintas y variadas funciones. Así, se sabe que los movimientos voluntarios se originan en el área motora, localizada en la circunvolución frontal ascendente, en la cual incluso puede apreciarse que cada sector se asocia específicamente con la movilidad de cada parte del cuerpo. Otro tanto ocurre con la sensibilidad: los estímulos táctiles, de dolor, de temperatura y de diverso tipo procedentes de todo el cuerpo se hacen conscientes en la circunvolución parietal ascendente. También se conocen diversas zonas sensoriales, como el área de la visión, que se localiza en el lóbulo occipital, o el de la audición, en el temporal. Incluso se han localizado zonas donde se procesan funciones intelectuales superiores, como el lenguaje.

Áreas cerebrales motora y sensitiva

circunvolución frontal ascendente

circunvolución parietal ascendente

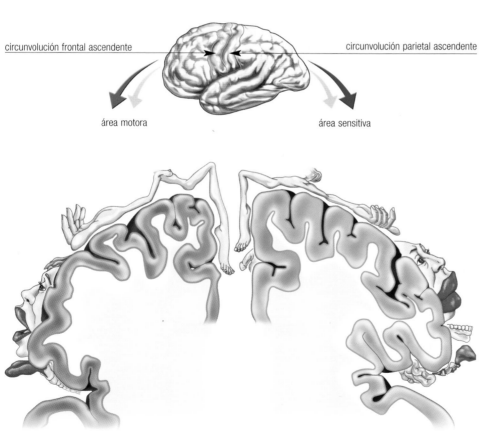

área motora

área sensitiva

Lateralidad

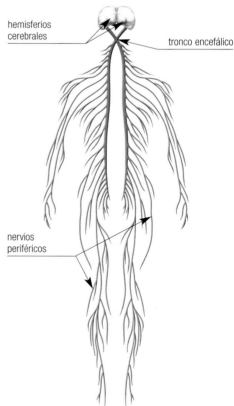

hemisferios cerebrales

tronco encefálico

nervios periféricos

En el área motora localizada en la circunvolución frontal ascendente y en el área sensitiva ubicada en la circunvolución frontal ascendente, a uno y otro lado de la cisura de Rolando, existe tal correlación entre cada sector y la parte del cuerpo correspondiente que podría representarse en ellas una figura humana, aunque grotesca, pues ello depende de las partes del cuerpo que requieren un control motor más preciso o de las cuales se recibe más cantidad de estímulos sensitivos.

Tanto las vías nerviosas motoras como las sensitivas se entrecruzan en su paso por el tronco encefálico: por ello, cada hemisferio cerebral controla los movimientos y recibe la sensibilidad de la mitad opuesta del cuerpo.

Vías motoras

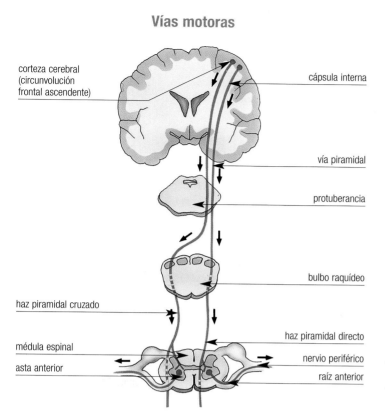

corteza cerebral (circunvolución frontal ascendente)

cápsula interna

vía piramidal

protuberancia

bulbo raquídeo

haz piramidal cruzado

haz piramidal directo

médula espinal

nervio periférico

asta anterior

raíz anterior

En el área motora hay un acúmulo de neuronas conocidas como células piramidales, responsables de toda acción motriz y cuyos axones forman la denominada vía piramidal, que se dirige al tronco encefálico. En el bulbo raquídeo, las fibras nerviosas se dividen en dos ramas: unas cruzan al otro lado y forman el haz piramidal cruzado, que desciende por el cordón lateral de la médula espinal, mientras que el resto constituye el haz piramidal directo, que desciende por el cordón anterior de la médula espinal. Allí establecen contacto con neuronas cuyos axones forman parte de los nervios periféricos que llegan hasta los músculos esqueléticos.

Vías sensitivas

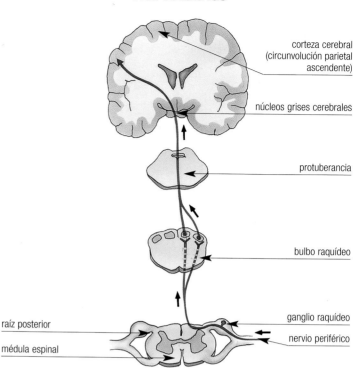

corteza cerebral (circunvolución parietal ascendente)

núcleos grises cerebrales

protuberancia

bulbo raquídeo

ganglio raquídeo

raíz posterior

nervio periférico

médula espinal

Los estímulos de diversa índole procedentes del exterior (táctiles, dolorosos, térmicos, etc.) y del interior del organismo (musculares, tendinosos, articulares, etc.) son registrados por receptores especiales que desencadenan impulsos nerviosos cuyo destino es el sistema nervioso central. Estos impulsos viajan por las fibras de nervios sensitivos que llegan hasta los ganglios de las raíces raquídeas posteriores, donde se encuentran los cuerpos neuronales. A continuación, los estímulos continúan su recorrido por dichas raíces y penetran en la médula espinal, siguiendo un camino ascendente, por cordones específicos según sea el tipo sensibilidad que transmiten, hasta alcanzar diversas estructuras encefálicas. Después de distintas escalas, por fin llegan a la circunvolución parietal ascendente de la corteza cerebral, donde las sensaciones se hacen conscientes.

Control cerebral en un individuo diestro

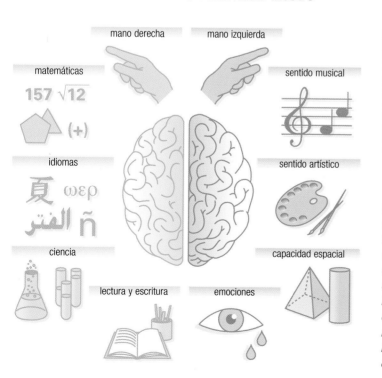

mano derecha

mano izquierda

matemáticas

sentido musical

idiomas

sentido artístico

ciencia

capacidad espacial

lectura y escritura

emociones

El dolor

Los nociceptores son los receptores de los estímulos dolorosos; éstos se encuentran en diferentes tejidos corporales como son la piel, las vísceras, los vasos sanguíneos, los músculos, las cápsulas de tejido conectivo, el periostio y la hoz cerebral; los demás tejidos apenas cuentan con terminaciones nociceptivas.

Cada hemisferio cerebral, además de controlar la motricidad y la sensibilidad del lado opuesto del cuerpo, alberga zonas especializadas en funciones mentales concretas. Por ejemplo, en un individuo diestro, el hemisferio derecho es la sede de los sentidos musical y artístico, de la capacidad espacial y de las emociones, mientras que el hemisferio izquierdo rige el lenguaje, las emociones, la lógica y la capacidad analítica.

Sistema nervioso autónomo

El sistema nervioso autónomo o vegetativo se encarga de regular de forma automática e inconsciente, independientemente de nuestra voluntad y sin que lo advirtamos, el funcionamiento de las vísceras internas, las glándulas, los vasos sanguíneos y numerosos tejidos del organismo para lograr su adecuada adaptación a las necesidades cambiantes de cada momento.

Estructura del sistema nervioso autónomo

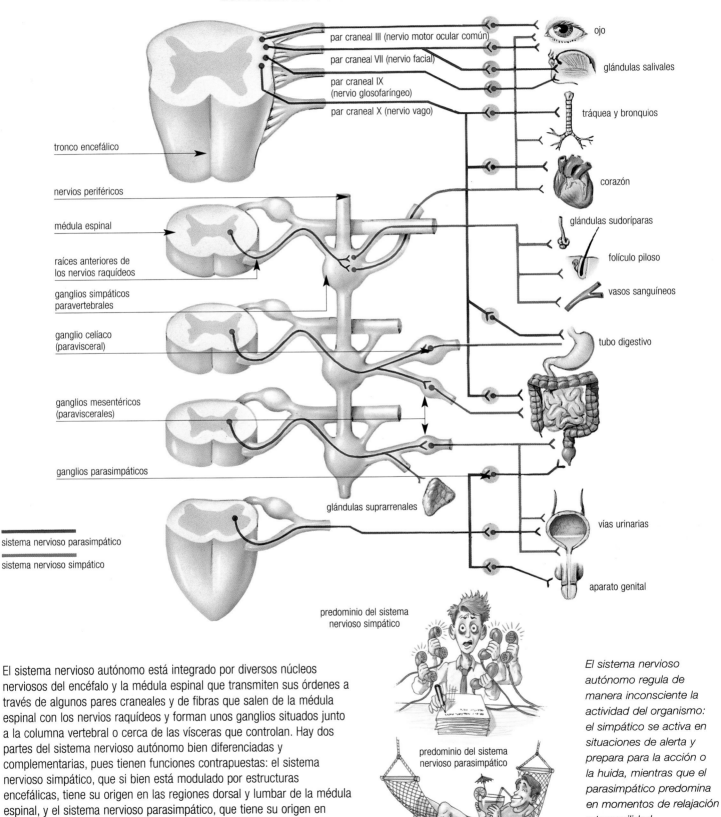

par craneal III (nervio motor ocular común)
par craneal VII (nervio facial)
par craneal IX (nervio glosofaríngeo)
par craneal X (nervio vago)

tronco encefálico

nervios periféricos

médula espinal

raíces anteriores de los nervios raquídeos

ganglios simpáticos paravertebrales

ganglio celíaco (paravisceral)

ganglios mesentéricos (paraviscerales)

ganglios parasimpáticos

sistema nervioso parasimpático
sistema nervioso simpático

ojo
glándulas salivales
tráquea y bronquios
corazón
glándulas sudoríparas
folículo piloso
vasos sanguíneos
tubo digestivo
glándulas suprarrenales
vías urinarias
aparato genital

predominio del sistema nervioso simpático

predominio del sistema nervioso parasimpático

El sistema nervioso autónomo está integrado por diversos núcleos nerviosos del encéfalo y la médula espinal que transmiten sus órdenes a través de algunos pares craneales y de fibras que salen de la médula espinal con los nervios raquídeos y forman unos ganglios situados junto a la columna vertebral o cerca de las vísceras que controlan. Hay dos partes del sistema nervioso autónomo bien diferenciadas y complementarias, pues tienen funciones contrapuestas: el sistema nervioso simpático, que si bien está modulado por estructuras encefálicas, tiene su origen en las regiones dorsal y lumbar de la médula espinal, y el sistema nervioso parasimpático, que tiene su origen en diversos núcleos localizados en el tronco encefálico y también en la región sacra de la médula espinal.

El sistema nervioso autónomo regula de manera inconsciente la actividad del organismo: el simpático se activa en situaciones de alerta y prepara para la acción o la huida, mientras que el parasimpático predomina en momentos de relajación y tranquilidad.

Acciones del sistema nervioso autónomo

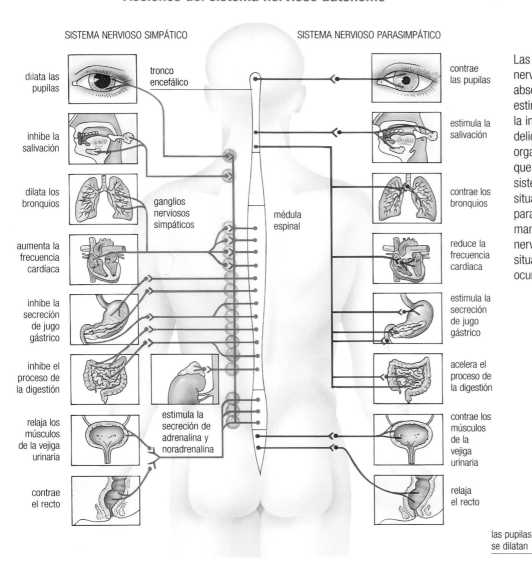

SISTEMA NERVIOSO SIMPÁTICO

dilata las pupilas

tronco encefálico

inhibe la salivación

dilata los bronquios

ganglios nerviosos simpáticos

aumenta la frecuencia cardíaca

médula espinal

inhibe la secreción de jugo gástrico

inhibe el proceso de la digestión

relaja los músculos de la vejiga urinaria

estimula la secreción de adrenalina y noradrenalina

contrae el recto

SISTEMA NERVIOSO PARASIMPÁTICO

contrae las pupilas

estimula la salivación

contrae los bronquios

reduce la frecuencia cardíaca

estimula la secreción de jugo gástrico

acelera el proceso de la digestión

contrae los músculos de la vejiga urinaria

relaja el recto

Las acciones de los dos sectores del sistema nervioso autónomo son antagónicas, absolutamente contrapuestas: si un sector estimula una actividad, el otro, por el contrario, la inhibe. Gracias a ello, y gracias a un delicado equilibrio, adaptan rápidamente el organismo a las múltiples situaciones con las que nos enfrentamos en la vida cotidiana: el sistema nervioso simpático se activa en situaciones de alerta y prepara al organismo para hacer frente a una emergencia de manera inmediata, mientras que el sistema nervioso parasimpático predomina en las situaciones de relajación y descanso, como ocurre durante el sueño.

Efectos de la adrenalina

las pupilas se dilatan

el vello se eriza

los bronquios se dilatan

aumenta la frecuencia cardíaca

la presión sanguínea aumenta

los músculos se tensan

la vejiga se contrae

los vasos sanguíneos de los músculos se dilatan

La médula suprarrenal

El sistema simpático cuenta entre sus estructuras anatómicas integrantes una muy particular que, ante una situación de alerta, le permite ejercer su acción de inmediato sobre todo el organismo: la médula suprarrenal. Se denomina así la porción central de cada una de las dos glándulas suprarrenales, una formación que actúa como un auténtico gran ganglio simpático pero de una manera muy especial: ante las oportunas señales procedentes de las neuronas localizadas en la médula espinal, la médula suprarrenal libera a la sangre los neurotransmisores adrenalina y noradrenalina, que llegan así con la circulación hasta todos los sectores del organismo y provocan las reacciones del sistema simpático que preparan para la huida o la acción.

El sistema nervioso simpático emite fibras que llegan hasta los diversos tejidos donde ejerce su influencia y allí, ante los oportunos estímulos, liberan dos neurotransmisores, adrenalina y noradrenalina, para los cuales existen receptores específicos que desencadenan las oportunas respuestas. Sin embargo, ante una situación de estrés, un acontecimiento que produce temor o requiere una respuesta inmediata, dispone de un mecanismo especial: ante un peligro, el simpático produce un estímulo sobre las glándulas suprarrenales para que liberen a la circulación una hormona llamada adrenalina, que llega con la sangre a todo el cuerpo y da lugar a una serie de adaptaciones que, por lo común, permiten reaccionar con mayor eficiencia ante una emergencia.

Riñón y producción de orina

El aparato urinario tiene como principal cometido filtrar la sangre que circula sin cesar por el cuerpo a fin de regular su composición y con el propósito primordial de depurarla y expulsar al exterior, a través de la orina elaborada en los riñones, tanto los excedentes de agua y sales como los productos tóxicos y los residuos metabólicos cuya acumulación en el organismo resultaría nociva.

Componentes del aparato urinario

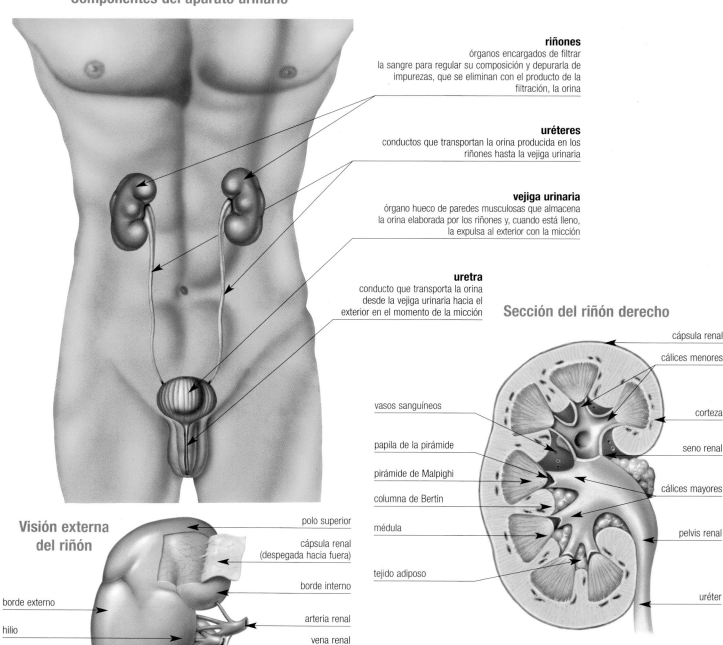

riñones
órganos encargados de filtrar la sangre para regular su composición y depurarla de impurezas, que se eliminan con el producto de la filtración, la orina

uréteres
conductos que transportan la orina producida en los riñones hasta la vejiga urinaria

vejiga urinaria
órgano hueco de paredes musculosas que almacena la orina elaborada por los riñones y, cuando está lleno, la expulsa al exterior con la micción

uretra
conducto que transporta la orina desde la vejiga urinaria hacia el exterior en el momento de la micción

Sección del riñón derecho

cápsula renal

cálices menores

corteza

vasos sanguíneos

seno renal

papila de la pirámide

pirámide de Malpighi

cálices mayores

columna de Bertin

médula

pelvis renal

tejido adiposo

uréter

Visión externa del riñón

polo superior

cápsula renal (despegada hacia fuera)

borde interno

borde externo

arteria renal

hilio

vena renal

pelvis renal

uréter

polo inferior

Cara interior del riñón derecho

Los riñones son dos órganos simétricos que se localizan en la parte más alta y posterior de la cavidad abdominal, a cada lado de la columna vertebral, en la región lumbar. Tienen una forma ovalada característica, que recuerda la de una habichuela, y miden cada uno alrededor de 12 cm en su eje mayor, cerca de 6 cm de ancho y unos 3 cm de espesor, con un peso aproximado de 150 g.

Al efectuar un corte del riñón se distinguen dos regiones: una zona periférica, la corteza, y otra subyacente, de color rojo oscuro, la médula. La **corteza** presenta unas prolongaciones que se internan en la médula y la dividen en diversos sectores, las columnas de Bertin. La **zona medular** está constituida por unas estructuras de forma triangular, denominadas pirámides de Malpighi. La punta de cada pirámide, o papila, se proyecta hacia el seno renal y en su superficie presenta numerosos orificios diminutos por donde la orina elaborada en el riñón mana hacia las vías urinarias. Las pirámides abocan sus secreciones a unos delgados tubos denominados cálices menores y éstos a otros de mayor calibre, los cálices mayores, los cuales confluyen para formar una cavidad única con forma de embudo, la pelvis renal, que surge por el hilio del riñón y se continúa con el uréter.

La **nefrona** es la unidad funcional del riñón, pues se encarga de filtrar la sangre y elaborar la orina. Está formada por un corpúsculo renal, donde se filtra la sangre, y un túbulo renal, donde termina de producirse la orina. El corpúsculo renal está compuesto por un glomérulo renal, ovillo de vasos capilares por donde circula la sangre y rodeado por una membrana doble con forma de embudo, denominada cápsula de Bowman, que se continúa directamente con el túbulo renal.

El **glomérulo** corresponde a las ramificaciones de una arteriola aferente que lleva la sangre hasta el corpúsculo renal y que luego se unen para constituir una arteriola eferente por donde sale la sangre ya filtrada. Entre las dos capas de la cápsula de Bowman que rodea al glomérulo queda una diminuta hendidura, el espacio urinario, al cual se vierte el producto del filtrado glomerular. La continuación de esta cápsula, el túbulo renal, es un conducto constituido por varios segmentos de diversa forma y grosor que están rodeados de vasos sanguíneos y se encargan de procesar el filtrado glomerular para elaborar la orina.

Nefrona

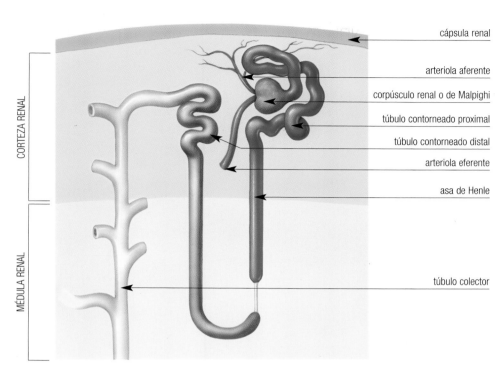

cápsula renal

arteriola aferente

corpúsculo renal o de Malpighi

túbulo contorneado proximal

túbulo contorneado distal

arteriola eferente

asa de Henle

túbulo colector

CORTEZA RENAL

MÉDULA RENAL

Corpúsculo renal

capa parietal

capa visceral

cápsula de Bowman

arteriola aferente

glomérulo renal

arteriola eferente

túbulo proximal

espacio de Bowman

capilares glomerulares

Simulación del proceso de filtración glomerular

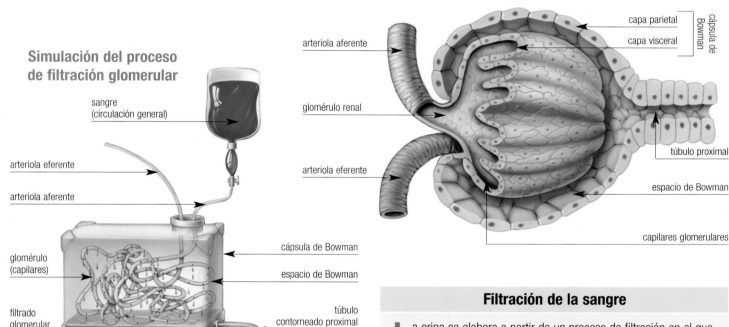

sangre (circulación general)

arteriola eferente

arteriola aferente

glomérulo (capilares)

filtrado glomerular

cápsula de Bowman

espacio de Bowman

túbulo contorneado proximal

Elaboración de la orina

El filtrado glomerular se modifica en su recorrido por los túbulos renales, pues la mayor parte del agua y diversas sustancias que contiene son **reabsorbidas**, es decir, pasan a los vasos capilares adyacentes para volver a la sangre, mientras que otras sustancias que no han sido filtradas en el glomérulo son **secretadas** en dirección inversa, o sea, pasan de la sangre que circula por los capilares cercanos al interior del túbulo. Gracias a ello, los 180 litros diarios de filtrado glomerular se convierten en apenas 1,5-2 litros de orina, y además el organismo recupera **sustancias útiles** que se han filtrado en los glomérulos, y también se deshace de otras para mantener un adecuado equilibrio físico y químico del medio interno.

Filtración de la sangre

L a orina se elabora a partir de un proceso de filtración en el que parte del plasma sanguíneo atraviesa unos minúsculos poros presentes en las paredes de los capilares glomerulares y pasa al espacio urinario comprendido entre las dos capas de la cápsula de Bowman, para luego seguir su recorrido por el túbulo renal. La filtración es un proceso pasivo en el que intervienen dos fuerzas antagónicas: por un lado, la presión hidrostática, es decir, la presión del líquido en cada compartimiento, y por otro, la presión coloidosmótica, o sea, el poder de atracción de agua que tienen las proteínas presentes en el plasma y cuyo tamaño no les permite atravesar los poros de las paredes de los capilares del glomérulo. Las sustancias más grandes, como las proteínas, al igual que las células sanguíneas, no pueden atravesar la membrana de los capilares y, por lo tanto, siempre permanecen en la sangre.

Vías urinarias y micción

La orina elaborada de manera constante en los riñones es transportada por los uréteres hasta la vejiga, un órgano hueco y de paredes distensibles donde el líquido se acumula y queda almacenado hasta que, de manera periódica y bajo el control de nuestra voluntad, es eliminado al exterior a través de la uretra en el acto de la micción.

Vías urinarias

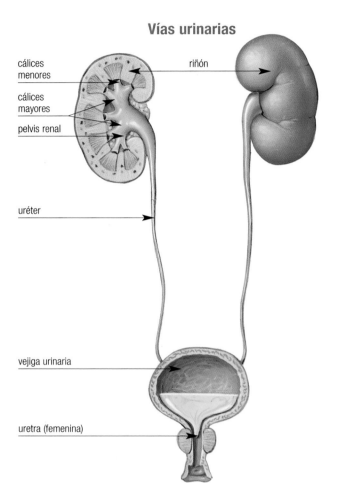

cálices menores
riñón
cálices mayores
pelvis renal
uréter
vejiga urinaria
uretra (femenina)

Uretra masculina

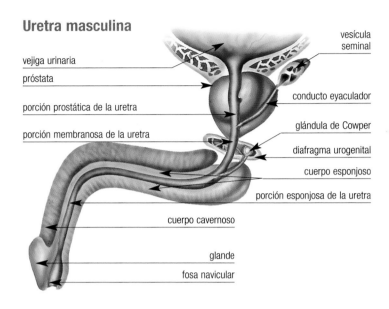

vejiga urinaria
próstata
porción prostática de la uretra
porción membranosa de la uretra
cuerpo cavernoso
glande
fosa navicular
vesícula seminal
conducto eyaculador
glándula de Cowper
diafragma urogenital
cuerpo esponjoso
porción esponjosa de la uretra

La uretra

Es el último tramo de las vías urinarias, el conducto a través del cual se evacúa la orina desde la vejiga hacia el exterior del organismo. En las mujeres, la uretra sólo tiene esta función, pero en los hombres, además, también conduce al exterior el semen procedente de los órganos sexuales internos en el momento de la eyaculación. La uretra se inicia en el orificio uretral de la vejiga y termina en el orificio uretral externo, o meato urinario, directamente en la superficie corporal.

La uretra femenina mide unos 4-5 cm de largo y sigue un trayecto recto descendente para emerger al exterior en el vestíbulo de la vulva. La uretra masculina mide unos 15 a 20 cm de largo y a lo largo de su recorrido se diferencian tres segmentos. El primero, denominado uretra prostática, atraviesa la próstata; el segundo, la uretra membranosa, transcurre desde la próstata hasta la raíz del pene; y el último, la uretra esponjosa, discurre por el interior del pene, por dentro del cuerpo esponjoso, hasta desembocar en el meato urinario situado en la punta del glande.

Las vías urinarias son una serie de estructuras huecas comunicadas entre sí responsables de recoger la continua secreción urinaria, almacenarla temporalmente y, varias veces al día, emitirla al exterior del cuerpo mediante la micción. Se inician en los propios riñones, de donde emergen las respectivas pelvis renales, estructuras con forma de embudo que se continúan directamente con los uréteres, dos largos conductos tubulares que descienden por la cavidad abdominal hasta la región pélvica y desembocan en la vejiga. Este órgano hueco, dilatable y de potentes paredes musculares, tiene como cometido almacenar la orina hasta que, cuando ya está suficientemente lleno, evacúa su contenido a través del último tramo de las vías urinarias, la uretra, por donde surge al exterior.

La vejiga

Es un órgano hueco y dilatable: cuando está vacía, tiene una forma más o menos triangular, pero a medida que se llena adopta una forma ovoide o esférica; en condiciones normales, en el adulto llega a albergar hasta 350 ml de orina.

La vejiga consta de tres partes diferenciadas: la **cúpula**, la parte superior, que está tapizada externamente por el peritoneo; el **cuerpo**, que constituye la mayor parte del órgano y alberga en su cara posterior los dos orificios ureterales a través de los cuales llega la orina procedente de los riñones, y la **base**, que está apoyada sobre el suelo de la pelvis y forma una especie de embudo, el cuello vesical, que desemboca en un único orificio uretral, que comunica la vejiga con la uretra.

Sección de vejiga urinaria, con la uretra femenina

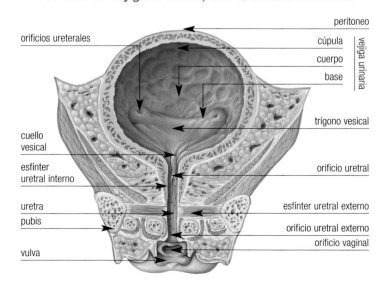

orificios ureterales
cuello vesical
esfínter uretral interno
uretra
pubis
vulva
peritoneo
cúpula
cuerpo
base
trígono vesical
orificio uretral
esfínter uretral externo
orificio uretral externo
orificio vaginal

vejiga urinaria

Mecanismo de la micción

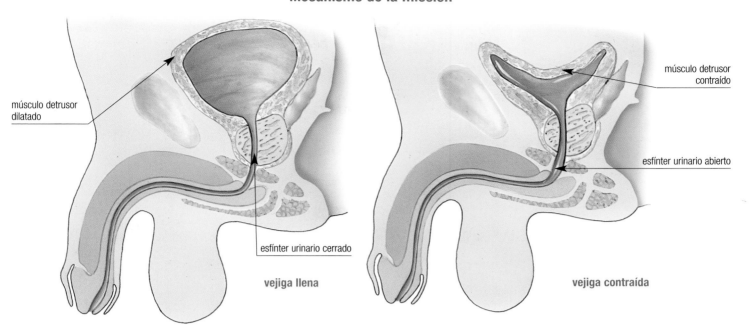

músculo detrusor dilatado

músculo detrusor contraído

esfínter urinario abierto

esfínter urinario cerrado

vejiga llena

vejiga contraída

La vejiga almacena la orina de forma temporal, pues aunque sus musculosas paredes son distensibles, su capacidad para albergar líquido es limitada: cuando el límite se sobrepasa, la orina es expulsada al exterior a través de la uretra gracias al mecanismo de la micción. Este mecanismo depende de una especie de válvula muscular que está situada a la salida de la vejiga y permite mantener la uretra cerrada, con lo cual la orina no puede salir al exterior, o bien abre la uretra para que la orina sea expulsada del cuerpo.

En realidad, esta válvula, conocida como esfínter urinario, está formada por dos estructuras que constituyen sendas barreras para el paso de la orina: el esfínter uretral interno, situado en la desembocadura de la vejiga en la uretra, y el esfínter uretral externo, que se localiza en el segmento medio de la uretra. El primero funciona de manera automática, pero el segundo, hasta cierto punto, puede ser controlado voluntariamente: por ello es posible "aguantar" las ganas de orinar hasta encontrar la oportunidad de realizar la micción en condiciones adecuadas.

Reflejo de micción

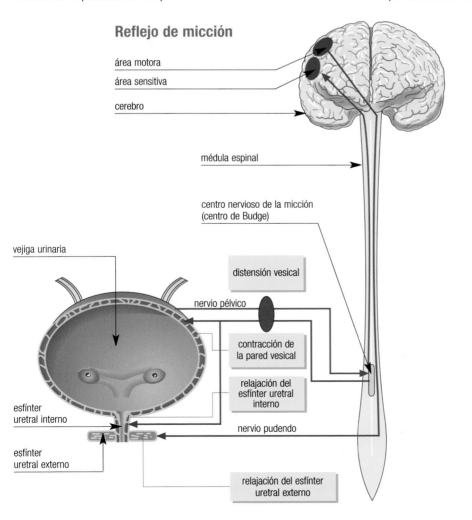

área motora

área sensitiva

cerebro

médula espinal

centro nervioso de la micción (centro de Budge)

vejiga urinaria

distensión vesical

nervio pélvico

contracción de la pared vesical

relajación del esfínter uretral interno

esfínter uretral interno

nervio pudendo

esfínter uretral externo

relajación del esfínter uretral externo

El control voluntario del esfínter uretral externo se aprende durante los primeros años de la vida, pues los niños aprenden a identificar las señales que indican el llenado de la vejiga y a inhibir el reflejo automático hacia los dos años de edad.

El vaciamiento de la vejiga se produce gracias a un reflejo automático que se desencadena cuando las paredes de la vejiga se distienden más allá de cierto límite. Cuando ello ocurre, unos receptores nerviosos localizados en las paredes de la vejiga emiten una señal que llega hasta el centro de la micción situado en la médula espinal, que responde con unos impulsos motores que alcanzan la capa muscular de las paredes vesicales.
Es entonces cuando el músculo detrusor, que forma parte de la pared de la vejiga, se contrae y, a la par, se abre el esfínter uretral interno, dejando salir la orina hacia la uretra. Sin embargo, para que la orina sea evacuada al exterior es necesario que también se relaje el esfínter uretral externo, que está bajo control de la voluntad.

Órganos genitales masculinos externos

El aparato reproductor masculino está formado por un conjunto de órganos genitales –unos externos apreciables a simple vista y otros internos, aunque en comunicación con el exterior– especialmente adaptados para permitir al hombre desarrollar una actividad sexual y participar en el proceso de la reproducción.

Órganos genitales masculinos

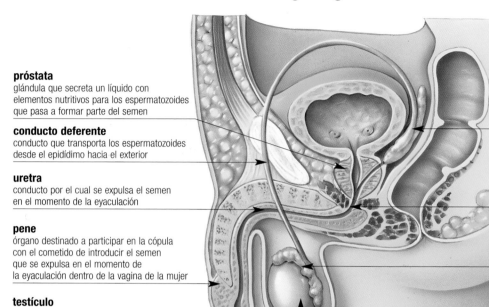

próstata
glándula que secreta un líquido con elementos nutritivos para los espermatozoides que pasa a formar parte del semen

conducto deferente
conducto que transporta los espermatozoides desde el epidídimo hacia el exterior

uretra
conducto por el cual se expulsa el semen en el momento de la eyaculación

pene
órgano destinado a participar en la cópula con el cometido de introducir el semen que se expulsa en el momento de la eyaculación dentro de la vagina de la mujer

testículo
gónada masculina, se encarga de producir los espermatozoides (gametos o células germinales masculinas) y elabora las hormonas masculinas (andrógenos)

vesícula seminal
glándula que produce una secreción que pasa a formar parte del semen y sirve de vehículo a los espermatozoides a la par que les proporciona sustancias nutritivas

conducto eyaculador
tubo que atraviesa la próstata y conduce los espermatozoides procedentes del conducto deferente y las secreciones de la vesícula seminal hacia la uretra

epidídimo
túbulo donde maduran los espermatozoides producidos por el testículo antes de seguir su recorrido hacia el exterior

escroto
bolsa cutánea que pende de la base del pene dentro de la cual se alojan los testículos

Genitales masculinos externos

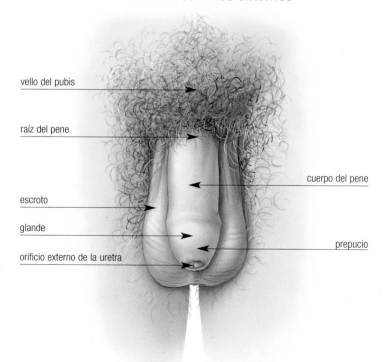

vello del pubis

raíz del pene

escroto

glande

orificio externo de la uretra

cuerpo del pene

prepucio

Situación de los órganos genitales masculinos

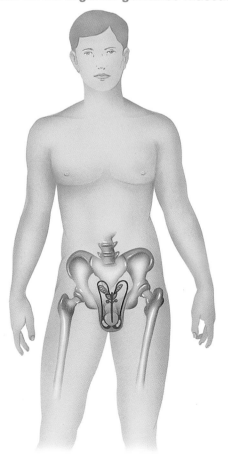

El órgano genital masculino externo más destacado es el **pene**, órgano por cuyo interior discurre la uretra y destinado a participar en la cópula con el cometido de introducir el semen en la vagina de la mujer. También se considera un órgano externo el **escroto**, la bolsa cutánea donde se alojan los testículos, dada su situación en la parte inferior del tronco.

Sección longitudinal del pene

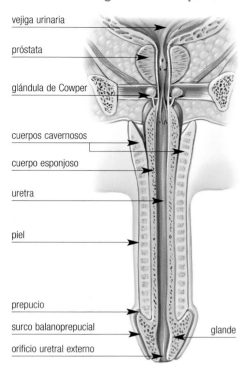

vejiga urinaria

próstata

glándula de Cowper

cuerpos cavernosos

cuerpo esponjoso

uretra

piel

prepucio

surco balanoprepucial

glande

orificio uretral externo

El **pene** es un órgano cilíndrico situado en la parte inferior del tronco por cuyo interior discurre la uretra y en el que se distinguen tres porciones: la raíz, por donde está fijado al tronco; el cuerpo, correspondiente a la parte central, y un extremo de forma redondeada que se denomina glande, en cuya punta se encuentra la abertura de la uretra. El exterior está recubierto por piel, aunque con ciertas peculiaridades: tanto la raíz como el cuerpo del pene están tapizados por piel, pero la superficie del glande está cubierta por una delicada mucosa, muy sensible. Además, del límite entre el cuerpo del pene y el glande surge un capuchón de piel, denominado prepucio, que recubre todo el extremo del pene y puede retraerse.

Estructura del escroto

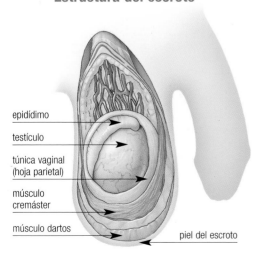

epidídimo

testículo

túnica vaginal (hoja parietal)

músculo cremáster

músculo dartos

piel del escroto

Sección transversal del pene

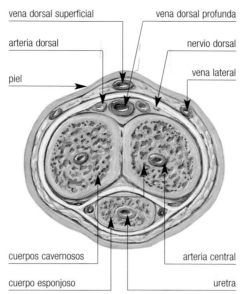

vena dorsal superficial

arteria dorsal

piel

vena dorsal profunda

nervio dorsal

vena lateral

cuerpos cavernosos

cuerpo esponjoso

arteria central

uretra

La particularidad del pene es su especial capacidad de modificar de **dimensiones** y **consistencia** cuando entra en estado de erección. Ello depende de tres cuerpos cilíndricos alojados en el interior del pene que están constituidos por un particular tejido eréctil, compuesto por numerosos tabiques de fibras conjuntivas y musculares que separan gran cantidad de diminutas cavidades intercomunicadas entre sí y que en determinadas condiciones, por ejemplo en respuesta a un estímulo sexual, se rellenan de sangre, con el consiguiente aumento de tamaño y consistencia. Dos de tales estructuras son los cuerpos cavernosos, simétricos y situados uno junto al otro en la parte superior del cuerpo del pene; el tercero es el cuerpo esponjoso, situado en una posición central por debajo de los anteriores y atravesado longitudinalmente por la uretra, cuyo extremo se expande de tal modo que ocupa todo el interior del glande.

El **escroto** es una especie de bolsa que cuelga bajo la raíz del pene y donde se alojan los testículos. Esta situación es más adecuada para los testículos que dentro de la cavidad abdominal, puesto que la temperatura a la que allí se ven expuestos es ligeramente inferior a la existente en el interior del organismo y resulta idónea para la generación de los espermatozoides. Para poder cumplir tan importante misión, la pared del escroto está formada por diversas capas, una más externa de piel fina y arrugada, con surcos más o menos profundos, y por debajo una capa muscular cuyo grado de contracción o relajación modifica la profundidad de los surcos cutáneos y sirve para regular el grado de temperatura a la cual se ven expuestos los testículos.

Caracteres sexuales secundarios masculinos

Se desarrollan a partir de la pubertad bajo influencias hormonales. Unos están relacionados con la pilosidad: en el hombre, el vello corporal es más abundante que en la mujer y surge también en el pecho (1), el vello púbico adopta una forma romboidal y tiende a extenderse casi hasta el ombligo (2), la línea de implantación del cabello presenta unas entradas de amplitud variable en las zonas laterales (3), y en el rostro crecen la barba y el bigote (4). En el aspecto general del cuerpo: la musculatura del hombre tiende a desarrollarse más que en la mujer, los hombros y la espalda son más anchos (5), mientras que, por el contrario, las caderas son más estrechas (6). Por otra parte, entre ambos sexos se observa una distinta distribución de los depósitos de grasa subcutánea, que en el hombre tiende a acumularse sobre todo en el abdomen (7) y no en las caderas y los muslos, como ocurre en la mujer. Finalmente, la influencia de las hormonas sexuales masculinas provoca un desarrollo de la laringe (8) responsable de que el tono de la voz del hombre sea más grave que en la mujer.

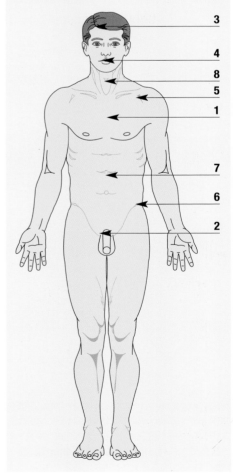

3

4

8

5

1

7

6

2

Órganos genitales masculinos internos

Los órganos genitales masculinos internos se encargan de fabricar las células reproductores masculinas, los espermatozoides, así como el líquido seminal que les sirve de vehículo y les proporciona nutrición a la secreción en la que flotan, el semen, y de transportar el esperma hacia la uretra para que pueda salir al exterior en el momento de la eyaculación.

Testículo y epidídimo

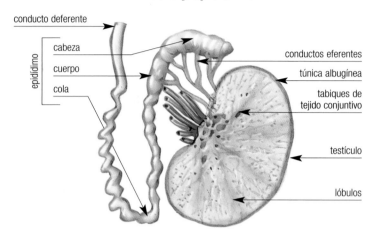

conducto deferente

epidídimo
- cabeza
- cuerpo
- cola

conductos eferentes
túnica albugínea
tabiques de tejido conjuntivo
testículo
lóbulos

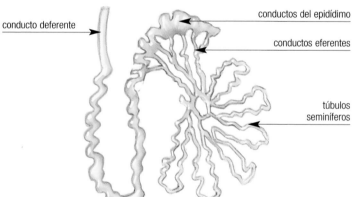

conducto deferente

conductos del epidídimo
conductos eferentes
túbulos seminíferos

Testículos

Son dos órganos glandulares de forma ovoide, con un eje mayor de unos 4-5 cm de longitud en el adulto, localizados simétricamente en la parte inferior del tronco, dentro del escroto. Cada testículo está rodeado por una membrana fibrosa denominada túnica albugínea y su interior está dividido en varios lóbulos separados por tabiques de tejido conjuntivo que encierran un número variable de túbulos seminíferos, unos conductos huecos serpenteantes muy delgados donde se generan los espermatozoides y que confluyen entre sí para formar una tupida red de la cual surgen unos canales más amplios, los conductos eferentes, que desembocan en el epidídimo.

Epidídimos

Son dos pequeños órganos tubulares de forma alargada localizados cada uno sobre la parte superior y posterior del correspondiente testículo, donde maduran los espermatozoides a la par que prosiguen su recorrido hacia el exterior. Cada epidídimo se divide en tres partes: la cabeza, el cuerpo y la cola. La cabeza, situada en el polo superior del testículo, está constituida por una serie de canales que son la continuación de los conductos eferentes, los cuales se unen y forman un único conducto replegado sobre sí mismo que atraviesa el cuerpo del epidídimo y surge por la cola, situada en el polo inferior del testículo, para desembocar en el correspondiente conducto deferente.

Espermatogénesis

La producción de espermatozoides o **espermatogénesis** se inicia en la pubertad y tiene lugar en unos diminutos túbulos seminíferos donde, desde la etapa embrionaria, hay numerosas espermatogonias, células germinales masculinas inmaduras dotadas de 46 cromosomas. Bajo el estímulo de la hormona foliculoestimulante (FSH), estas células se reproducen y se transforman en espermatocitos primarios, que a su vez se dividen y originan espermatocitos secundarios. Estos últimos, también dotados de 46 cromosomas, se dividen por un mecanismo especial llamado meiosis, que da lugar a espermátides, dotadas tan sólo de 23 cromosomas: la mitad con un cromosoma sexual X y la otra, con un cromosoma sexual Y. Finalmente, ya en el epidídimo, acontece el estadio final del proceso y los espermátides se transforman en espermatozoides.

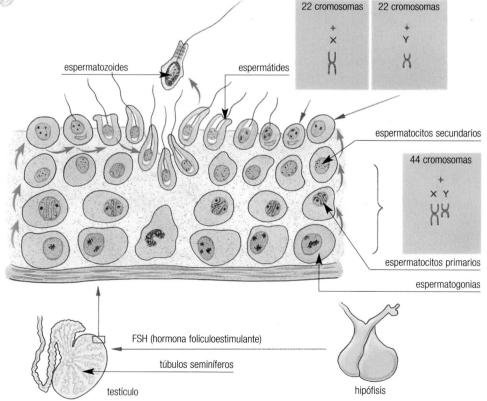

22 cromosomas
+
X

22 cromosomas
+
Y

espermatozoides
espermátides
espermatocitos secundarios

44 cromosomas
+
X Y

espermatocitos primarios
espermatogonias

FSH (hormona foliculoestimulante)
túbulos seminíferos
testículo
hipófisis

Vesículas seminales

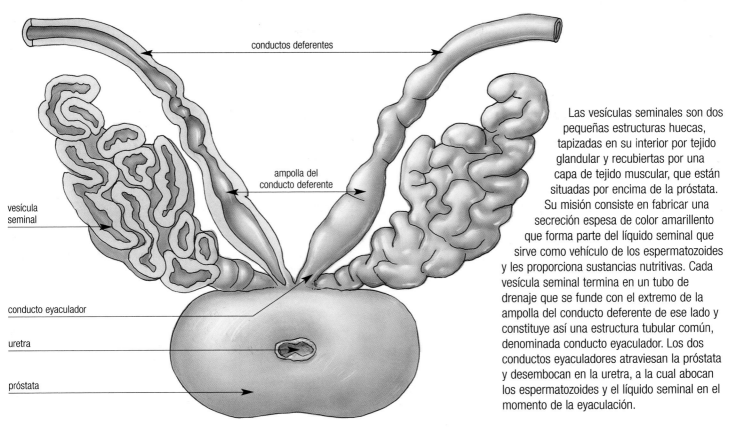

Las vesículas seminales son dos pequeñas estructuras huecas, tapizadas en su interior por tejido glandular y recubiertas por una capa de tejido muscular, que están situadas por encima de la próstata. Su misión consiste en fabricar una secreción espesa de color amarillento que forma parte del líquido seminal que sirve como vehículo de los espermatozoides y les proporciona sustancias nutritivas. Cada vesícula seminal termina en un tubo de drenaje que se funde con el extremo de la ampolla del conducto deferente de ese lado y constituye así una estructura tubular común, denominada conducto eyaculador. Los dos conductos eyaculadores atraviesan la próstata y desembocan en la uretra, a la cual abocan los espermatozoides y el líquido seminal en el momento de la eyaculación.

Próstata

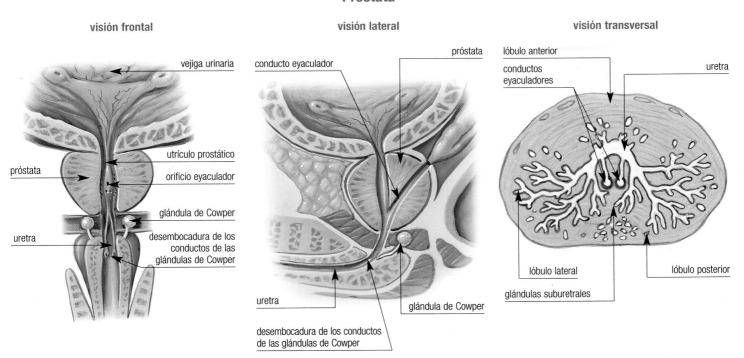

La próstata es un órgano sólido que está situado por debajo de la vejiga urinaria y por delante del recto, atravesado en su centro por la primera porción de la uretra y en su parte posterior también por los conductos eyaculadores que se dirigen a la misma. Se trata esencialmente de un órgano glandular, compuesto por multitud de estructuras tubulares huecas tapizadas en su interior por células encargadas de producir una secreción constituyente del semen, con elementos nutritivos para los espermatozoides. Los diversos túbulos confluyen entre sí y forman una veintena de conductos que desembocan a través de sendas aberturas en la uretra, a la cual arrojan en el momento de la eyaculación la secreción prostática junto con el líquido procedente de las vesículas seminales y los espermatozoides provenientes de los testículos.

Órganos genitales femeninos externos

El aparato reproductor femenino está formado por un conjunto de órganos genitales –unos externos apreciables a simple vista y otros internos, aunque en comunicación con el exterior– especialmente adaptados para permitir a la mujer desarrollar una actividad sexual y participar en el proceso de la reproducción.

Genitales femeninos

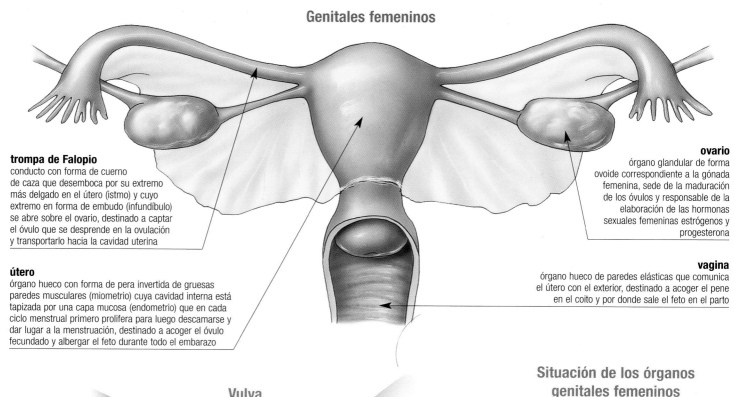

trompa de Falopio
conducto con forma de cuerno de caza que desemboca por su extremo más delgado en el útero (istmo) y cuyo extremo en forma de embudo (infundíbulo) se abre sobre el ovario, destinado a captar el óvulo que se desprende en la ovulación y transportarlo hacia la cavidad uterina

útero
órgano hueco con forma de pera invertida de gruesas paredes musculares (miometrio) cuya cavidad interna está tapizada por una capa mucosa (endometrio) que en cada ciclo menstrual primero prolifera para luego descamarse y dar lugar a la menstruación, destinado a acoger el óvulo fecundado y albergar el feto durante todo el embarazo

ovario
órgano glandular de forma ovoide correspondiente a la gónada femenina, sede de la maduración de los óvulos y responsable de la elaboración de las hormonas sexuales femeninas estrógenos y progesterona

vagina
órgano hueco de paredes elásticas que comunica el útero con el exterior, destinado a acoger el pene en el coito y por donde sale el feto en el parto

Vulva

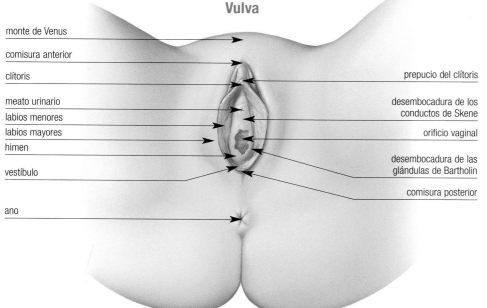

monte de Venus

comisura anterior

clítoris

meato urinario

labios menores

labios mayores

himen

vestíbulo

ano

prepucio del clítoris

desembocadura de los conductos de Skene

orificio vaginal

desembocadura de las glándulas de Bartholin

comisura posterior

Situación de los órganos genitales femeninos

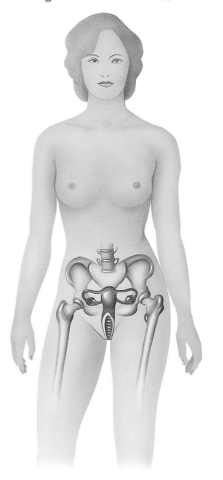

Se denomina vulva al conjunto de órganos genitales femeninos localizados por completo en el exterior y visibles a simple vista. En realidad, manteniendo los muslos juntos sólo se aprecia desde el exterior el monte de Venus, una almohadilla de grasa situada por delante del pubis que forma una prominencia cubierta de vello, y más abajo los labios mayores, dos gruesos repliegues de piel cuya superficie externa también está recubierta de vello y con la superficie interna humedecida por las secreciones viscosas de diversas glándulas, que se extienden desde el monte de Venus hasta el perineo y cubren los elementos subyacentes. Al separar los labios mayores pueden observarse los labios menores, dos repliegues de piel más delgados y desprovistos de vello que por la parte anterior se unen y constituyen una cubierta del clítoris, pequeño órgano eréctil equivalente al pene masculino y provisto de numerosas terminaciones nerviosas sensitivas.

Sección longitudinal de la vagina

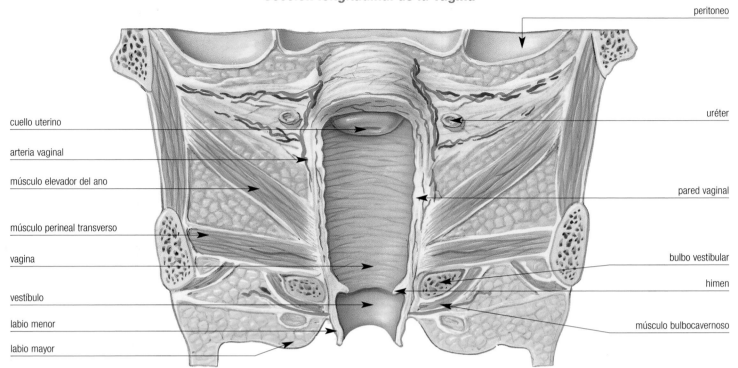

peritoneo

cuello uterino

arteria vaginal

músculo elevador del ano

músculo perineal transverso

vagina

vestíbulo

labio menor

labio mayor

uréter

pared vaginal

bulbo vestibular

himen

músculo bulbocavernoso

La vagina es un órgano hueco situado entre la vejiga urinaria y el recto, comunicado en la parte superior con el útero, cuyo cuello hace prominencia en el fondo del conducto vaginal, y abierto por el extremo inferior al exterior mediante un orificio situado en el vestíbulo de la vulva, entre los labios menores. En la mujer adulta tiene unos 8-12 cm de longitud y un diámetro muy variable, porque sus paredes son muy elásticas y pueden dilatarse tanto para acoger el pene durante el coito como, de manera más notoria, para permitir la salida del feto en el momento del parto. En las mujeres vírgenes, el orificio de la vagina está parcialmente cubierto por una membrana denominada himen.

Examen vaginal

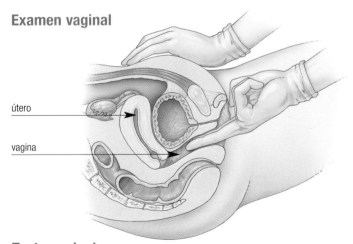

útero

vagina

Tacto vaginal

Entre las principales maniobras utilizadas para efectuar una **exploración ginecológica** destaca el tacto vaginal, efectuado por el médico mediante la introducción de los dedos índice y medio de una mano en el interior de la vagina de la paciente. En esta maniobra, en primer término el médico palpa detenidamente las paredes de la vagina y la superficie del cuello uterino. A continuación, procede a un tacto vagino-abdominal combinado: apoya la mano libre en el abdomen de la paciente y efectúa suaves compresiones, a fin de desplazar los órganos genitales internos hacia abajo y palpar entre las dos manos el útero, determinando su situación, tamaño y consistencia.

Caracteres sexuales secundarios femeninos

Los caracteres sexuales secundarios femeninos, que se desarrollan a partir de la pubertad, son diversos. Entre los más evidentes consta el desarrollo de las mamas (1), pero hay otros también típicos: la mujer tiene un cutis más suave, un cabello más abundante y sedoso que presenta una línea de implantación circular en el borde superior de la frente (2), ausencia de vello facial (3), mucho menos vello corporal y un vello púbico que adopta una forma triangular con una línea recta a la altura del borde superior del pubis (4). En cuanto al desarrollo de los huesos y los músculos, la mujer tiene de promedio una talla inferior a la del hombre, una musculatura menos desarrollada y un esqueleto más ligero, con los hombros y la espalda más estrechos (5) y, en cambio, unas caderas más anchas (6). Asimismo se observa una distinta distribución de los depósitos de grasa subcutánea, que en la mujer tienden a redondear las formas del cuerpo y a acumularse en las caderas y los muslos (7), así como en los senos. Finalmente, el tono de la voz de la mujer es más agudo (8).

2
3
8
5
1
6
4
7

Órganos genitales femeninos internos

Los órganos genitales femeninos internos son los ovarios, donde se forman los óvulos y se elaboran las hormonas sexuales femeninas; las trompas de Falopio, dos estructuras tubulares que eventualmente constituyen la sede de la fecundación, y el útero, dentro del cual, en caso de producirse una fecundación, se desarrolla el nuevo ser.

Sección sagital del aparato genital femenino

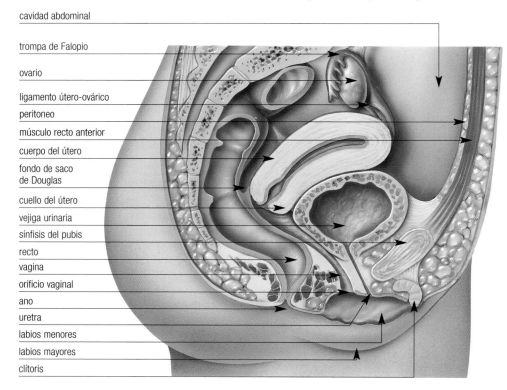

cavidad abdominal

trompa de Falopio

ovario

ligamento útero-ovárico

peritoneo

músculo recto anterior

cuerpo del útero

fondo de saco de Douglas

cuello del útero

vejiga urinaria

sínfisis del pubis

recto

vagina

orificio vaginal

ano

uretra

labios menores

labios mayores

clítoris

El útero

Es un órgano hueco que tiene la forma de una pera invertida, con unos 7-8 cm de longitud, unos 3-4 cm de diámetro en su parte más ancha y un peso algo inferior a los 100 g, aunque sus dimensiones se modifican de manera extraordinaria en el curso de la gestación. Se diferencian en el órgano dos porciones: el cuerpo, que corresponde a la parte superior, en cuyo interior hay una cavidad donde eventualmente se aloja el producto de la gestación, y el cuello, que es la porción inferior y está en comunicación con la vagina. Las paredes del útero constan de diversas capas: el **endometrio**, una capa mucosa que tapiza por dentro la cavidad uterina; el **miometrio**, una gruesa capa de tejido muscular, que constituye la mayor parte del espesor del órgano, y el perimetrio, una delgada capa externa de tejido conjuntivo, que en la mayor parte del órgano está recubierta por el peritoneo.

Las trompas de Falopio

Son dos estructuras tubulares huecas con forma de cuerno de caza, de unos 10-12 cm de longitud y unos pocos mm de diámetro. Cada trompa se abre por su el extremo más delgado directamente en la cavidad uterina, mientras que el otro extremo, el más ancho, se abre a la cavidad peritoneal en la proximidad del ovario: su misión, precisamente, es captar el óvulo que se desprende del ovario en la ovulación y transportarlo hacia el útero, con la posibilidad de que en el camino resulte fecundado por espermatozoides que siguen el camino inverso. La parte más próxima al útero se denomina istmo; la siguiente, progresivamente más ancha, se llama ampolla, y la última porción es el infundíbulo o pabellón, en forma de embudo, cuyos bordes son irregulares y presentan unas prolongaciones denominadas fimbrias, que están aplicadas sobre el ovario.

Visión frontal interna de los genitales internos femeninos

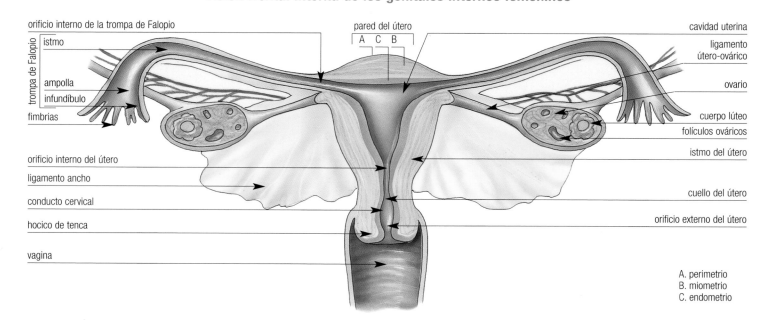

orificio interno de la trompa de Falopio

trompa de Falopio

istmo

ampolla

infundíbulo

fimbrias

orificio interno del útero

ligamento ancho

conducto cervical

hocico de tenca

vagina

pared del útero

A C B

cavidad uterina

ligamento útero-ovárico

ovario

cuerpo lúteo

folículos ováricos

istmo del útero

cuello del útero

orificio externo del útero

A. perimetrio
B. miometrio
C. endometrio

Estructura interna del ovario

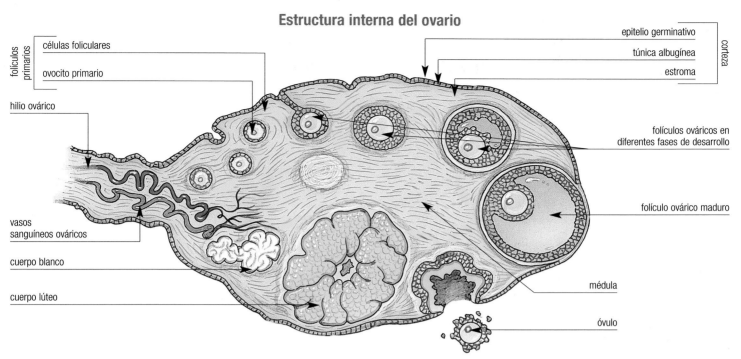

Los ovarios son dos órganos glandulares con forma de almendra, de unos 3-4 cm de longitud y alrededor de 2 cm de ancho en la mujer adulta. En cada ovario se distinguen dos zonas: una periférica, la corteza, donde se encuentran las células reproductoras, y otra central, la médula, formada fundamentalmente por tejido conjuntivo. La superficie externa de la corteza está tapizada por una capa celular denominada epitelio germinativo, bajo la cual hay una delgada membrana fibrosa de color blanquecino llamada túnica albugínea.

Por debajo de esta capa se encuentra el estroma, formado por abundantes células y fibras conjuntivas, que contiene en su espesor las principales estructuras del órgano: los folículos ováricos, de diferente tamaño, contenido y denominación según el grado de maduración. En el momento del nacimiento hay presentes en los ovarios unos 400.000 folículos primarios, de tamaño diminuto, cada uno de los cuales está compuesto por un ovocito primario, que constituye la célula germinal femenina inmadura, rodeado por una capa de células foliculares.

Citología cervicovaginal

Esta prueba diagnóstica, también conocida como frotis cervical o prueba de Papanicolau, consiste en la toma de una muestra de células descamadas tanto de la mucosa que tapiza la vagina como del cuello uterino y su posterior estudio microscópico. La principal utilidad de este procedimiento es que permite detectar la presencia de células atípicas procedentes de una lesión precancerosa o de un tumor maligno incipiente cuando todavía no ha dado lugar a manifestación alguna y puede eliminarse con facilidad. Así pues, constituye una actuación preventiva de primera línea frente al cáncer de cuello de útero. Es una prueba muy sencilla y apenas comporta molestias. Para efectuarla, el médico coloca un espéculo en la vagina e introduce a través del mismo una espátula, con la cual se raspa suavemente las paredes del fondo de la vagina y la superficie del cuello uterino. El material obtenido se extiende en un portaobjetos y se envía al laboratorio, donde se procede a una tinción especial y luego se estudia al microscopio. De este modo, puede determinarse si las células recogidas en la toma son normales o si presentan algún rasgo atípico.

Obtención de muestra de frotis cervical

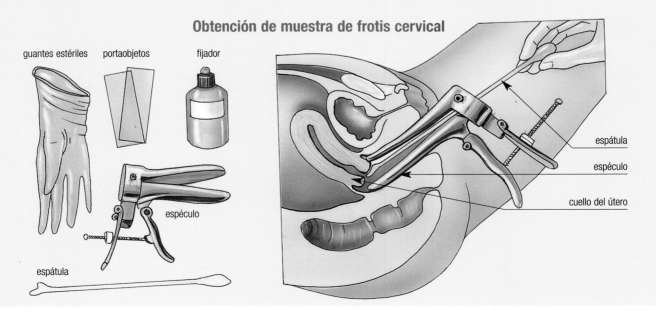

El ciclo menstrual

El aparato genital femenino tiene una actividad cíclica, pues su funcionamiento se desarrolla en ciclos de aproximadamente 28 días de duración y caracterizados por la aparición regular de una hemorragia menstrual que se repite de manera incesante desde la pubertad hasta la menopausia excepto en caso de producirse un eventual embarazo.

Regulación hormonal del ciclo menstrual

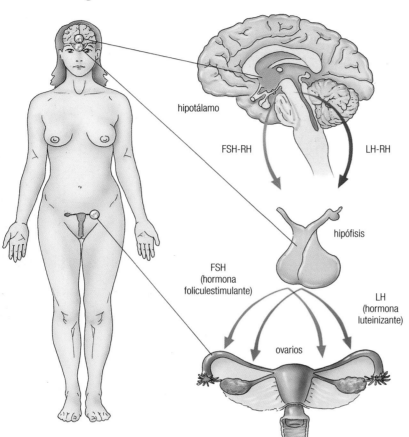

hipotálamo

FSH-RH

LH-RH

hipófisis

FSH
(hormona
foliculestimulante)

LH
(hormona
luteinizante)

ovarios

La **actividad** del aparato genital femenino está bajo el control del hipotálamo y la hipófisis, que producen unas hormonas que tienen efectos sobre los ovarios y regulan su funcionamiento. A partir de la pubertad, el hipotálamo comienza a elaborar de manera cíclica unas hormonas que actúan sobre la hipófisis y estimulan en esta glándula la producción de las hormonas que modulan el funcionamiento de los ovarios, llamadas gonadotropinas: la hormona foliculestimulante, o FSH, y la hormona luteinizante, o LH. Estas hormonas regulan la actividad de los ovarios, pues estimulan el crecimiento de algunos folículos ováricos, la elaboración de hormonas sexuales femeninas (estrógenos y progesterona) y la ovulación. A su vez, las hormonas producidas por los ovarios, entre otros efectos, preparan cíclicamente al útero para que, en caso de producirse una eventual fecundación, pueda acoger al embrión y posibilitar el desarrollo de un embarazo.

Los ovarios se encargan de la **producción de óvulos** y tienen una actividad endocrina, ambas funciones reguladas por las gonadotrofinas hipofisarias. La producción de óvulos se inicia en la pubertad, cuando, de manera cíclica, bajo la influencia de la hormona FSH algunos de los folículos primarios presentes en los ovarios desde el nacimiento comienzan a madurar, a la par que lo hacen los ovocitos o células germinales inmaduras que contienen en su interior. A medida que maduran, los folículos producen estrógenos, que preparan al útero para la posible acogida de un óvulo fecundado.

Por lo general, sólo un **folículo ovárico** culmina su maduración, mientras que el resto se atrofia. Al cabo de 14 días de iniciado el ciclo, el folículo ya está maduro y estalla en la superficie del ovario, dando lugar a la ovulación: el ovocito, ya convertido en óvulo, se desprende del ovario y se introduce en la trompa de Falopio en busca de algún espermatozoide que lo fecunde. Bajo la influencia de la hormona LH, los restos del folículo se transforman en el cuerpo lúteo o amarillo, que sigue secretando estrógenos y también comienza a producir progesterona. Si no se produce una fecundación, el cuerpo lúteo se atrofia, se convierte en cuerpo blanco y cesa su producción hormonal, lo cual da lugar a la menstruación. Y el ciclo se repite, una y otra vez mientras no se produzca un embarazo, hasta la menopausia.

Ciclo ovárico

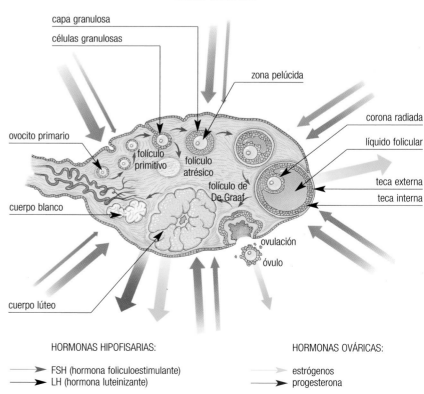

capa granulosa

células granulosas

zona pelúcida

ovocito primario

folículo
primitivo

folículo
atrésico

corona radiada

líquido folicular

folículo de
De Graaf

teca externa

teca interna

cuerpo blanco

ovulación

óvulo

cuerpo lúteo

HORMONAS HIPOFISARIAS:

→ FSH (hormona foliculoestimulante)
→ LH (hormona luteinizante)

HORMONAS OVÁRICAS:

→ estrógenos
→ progesterona

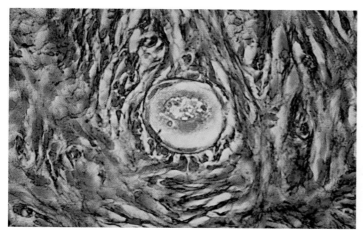

Visión microscópica de los folículos ováricos primitivos.

Fases del ciclo menstrual

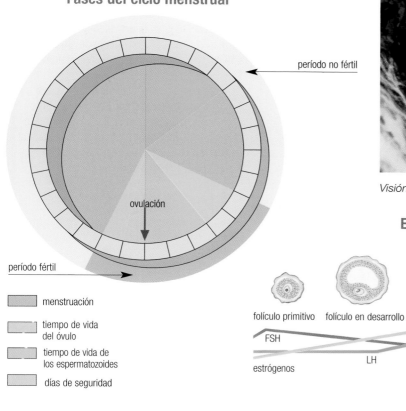

período no fértil

ovulación

período fértil

menstruación

tiempo de vida
del óvulo

tiempo de vida de
los espermatozoides

días de seguridad

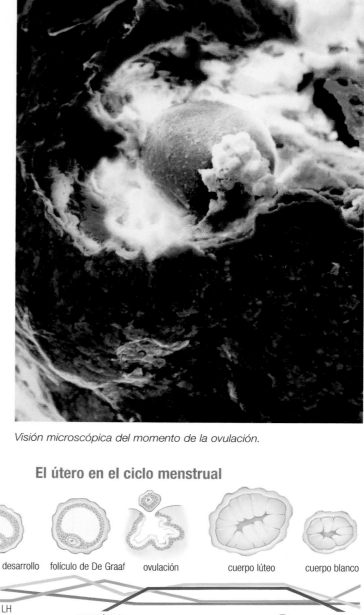

Visión microscópica del momento de la ovulación.

El útero en el ciclo menstrual

folículo primitivo   folículo en desarrollo   folículo de De Graaf   ovulación   cuerpo lúteo   cuerpo blanco

FSH

LH

estrógenos   progesterona

modificaciones
en el endometrio

día 5   día 14   día 28

menstruación   fase proliferativa   fase secretora

El ciclo menstrual tiene una duración promedio de **28 días**, pero es absolutamente normal que dure entre 21 y 35 días. En cada ciclo menstrual, los ovarios producen y liberan un óvulo maduro, apto para ser fecundado, a la par que secretan hormonas femeninas que acondicionan al útero para acoger el producto de una fecundación en caso de producirse, aunque también tienen múltiples efectos en el conjunto del organismo femenino. Dado que la expulsión del óvulo u ovulación se produce hacia la mitad del ciclo y que tanto la vida del óvulo como la de los espermatozoides tienen una duración limitada, se distinguen en el ciclo menstrual una fase fértil, en que una relación sexual podría dar lugar a un embarazo, y un período no fértil, en que, en teoría, resulta difícil que se produzca una fecundación.

La función del útero es acoger al óvulo fecundado y albergar al feto durante el embarazo, y para ello se prepara en cada ciclo menstrual bajo la influencia de las hormonas femeninas producidas por el ovario. En la primera parte del ciclo, los estrógenos secretados por los folículos ováricos dan lugar a la fase proliferativa: la capa mucosa que tapiza el interior del útero, el endometrio,

aumenta de espesor y se va preparando para la eventual anidación de un óvulo fecundado.

Tras la ovulación, en la segunda parte del ciclo, la progesterona elaborada por el cuerpo lúteo da lugar a la fase secretora: el endometrio sigue aumentando de grosor, sus glándulas se activan y su vascularización alcanza un notable desarrollo.

La mama

La mama es un órgano par y simétrico situado en la parte anterior del tórax que pertenece al aparato reproductor femenino y, aunque destaca por su condición de carácter sexual secundario, tiene una función privilegiada: se encarga de elaborar la leche que constituye el alimento básico del recién nacido.

Durante la infancia, las mamas apenas contienen tejido glandular, mientras que los pezones están poco pigmentados y son prácticamente planos. Estas características persisten en los niños, mientras que en las niñas puede observarse que hacia los 8 o 9 años de edad los pezones empiezan a hacerse prominentes, se forman los denominados "botones mamarios" y se produce un auténtico desarrollo de las mamas que, bajo el influjo de los estrógenos, progresa a lo largo de un período de unos cinco a nueve años y culmina con la transformación de las mamas infantiles en mamas adultas.

Desarrollo de las mamas

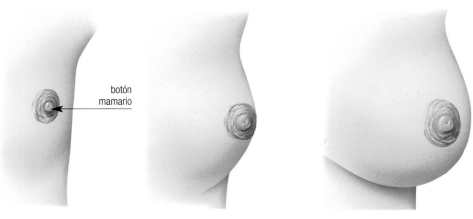

botón mamario

10 años

mama puberal

mama adulta

Estructura interna de la mama

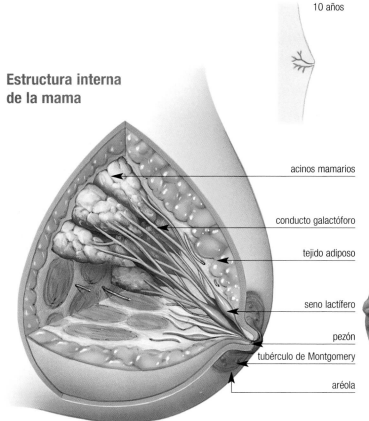

acinos mamarios

conducto galactóforo

tejido adiposo

seno lactífero

pezón

tubérculo de Montgomery

aréola

Visión frontal de las mamas

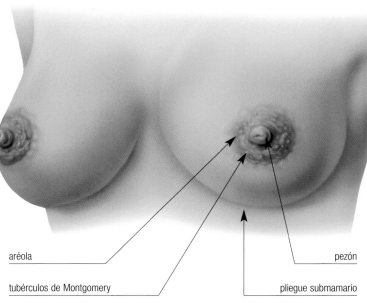

aréola

pezón

tubérculos de Montgomery

pliegue submamario

En el interior se encuentra la **glándula mamaria**, de forma arracimada y compuesta por 15 a 20 lóbulos separados por acúmulos de tejido adiposo. El tejido glandular está constituido por unas unidades denominadas acinos, diminutos sacos cuyas paredes están formadas por células especializadas en la secreción de leche. Estos acinos desembocan en unos delgados conductillos, que van convergiendo entre sí y formando otros de mayor calibre, hasta constituir unos más gruesos, uno por cada lóbulo, denominados conductos galactóforos, que se dirigen al exterior y finalmente, tras dilatarse y presentar una especie de depósitos, los senos lactíferos, desembocan en el pezón.

En la mujer adulta, las mamas tiene una forma semiesférica o cónica, aunque tanto su forma como su tamaño y su aspecto son muy variados. Aproximadamente en el centro se encuentra el **pezón**, una prominencia circular de color oscuro en la cual desembocan las glándulas mamarias, rodeada por la aréola, una zona circular de piel pigmentada, de tamaño y tonalidad también variables. En la **aréola** se encuentran entre 12 y 20 relieves, los tubérculos de Montgomery, que corresponden a unas glándulas sebáceas especiales.

Influencias hormonales sobre la mama durante el ciclo menstrual

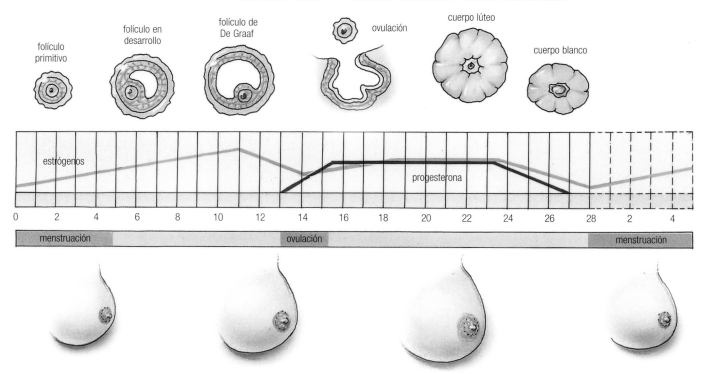

En cada ciclo menstrual, bajo la influencia de las hormonas ováricas, las mamas experimentan una serie de modificaciones típicas en preparación para un eventual embarazo. En la **primera fase** del ciclo, bajo el influjo de los estrógenos secretados por los folículos ováricos en desarrollo, se produce una proliferación de las células de los conductos galactóforos. Debido a ello, a partir del octavo día del ciclo puede advertirse ya un ligero aumento del volumen de las mamas.

En la **segunda fase** del ciclo, tras la ovulación, la progesterona secretada por el cuerpo lúteo induce el desarrollo de los acinos glandulares, a la par que provoca cierta retención de agua en el organismo. Ello ocasiona un nuevo aumento del volumen de las mamas: hacia el final del ciclo, las mamas están agrandadas y presentan una mayor consistencia. Y coincidiendo con la menstruación, las mamas pierden tamaño y consistencia, para recomenzar un nuevo ciclo.

Regulación hormonal de la lactancia

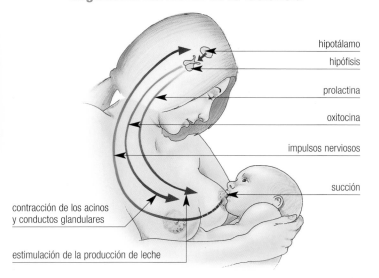

Modificaciones de la mama durante el embarazo

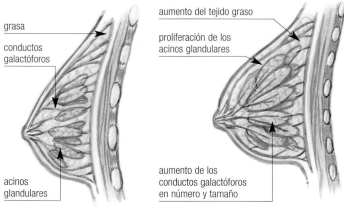

Tras el parto, bajo la influencia de la **hormona prolactina**, las glándulas mamarias se activan y comienzan su secreción. El propio estímulo de la succión del bebé provoca la liberación de prolactina y mantiene la secreción láctea durante todo el tiempo que el pequeño siga con la lactancia materna. Además, en cada mamada la succión del bebé provoca la liberación de **oxitocina**, hormona que provoca una contracción de las glándulas mamarias y facilita la salida de la leche por el pezón. Cuando termina la lactancia y cesa la producción de prolactina, las glándulas mamarias dejan de fabricar leche, involucionan y vuelven al estado de reposo previo al embarazo.

A lo largo del embarazo, en respuesta a las influencias hormonales que se producen en el organismo de la mujer, sobre todo bajo el influjo de la **progesterona**, las mamas experimentan notorias modificaciones. Ya a partir del primer mes de gestación se puede apreciar una notoria proliferación de los conductos galactóforos, hecho que determina un aumento de volumen de los pechos, uno de los primeros signos del embarazo. En la última fase de la gestación se produce también una proliferación de los acinos glandulares, con lo que las mamas quedan preparadas para iniciar su actividad secretora.

Impulso y prácticas sexuales

La sexualidad es un concepto muy amplio que abarca un conjunto de aspectos tanto biológicos como psicológicos y también emocionales que están relacionados por una parte con la capacidad de procreación, para garantizar la continuidad de la especie, y, por otra, con la posibilidad de obtener y brindar placer.

Adquisición de la identidad sexual

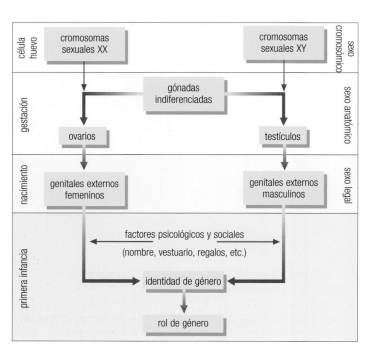

La especie humana está integrada por ejemplares de dos sexos, masculino y femenino, y desde la más tierna infancia todas las personas tienen un sentimiento de pertenencia a uno de ambos. El sexo de una persona se establece en el mismo momento de la fecundación, pues depende de la aportación de cromosomas sexuales de las células germinales: en el mismo instante de la concepción, por lo tanto, queda determinado el sexo cromosómico del individuo. Bajo las influencias hormonales, los órganos genitales, inicialmente indiferenciados, evolucionarán de una u otra manera, y hacia los tres meses de embarazo queda establecido el sexo anatómico del individuo. En el momento del nacimiento, en función de los genitales externos que presente, se establecerá el sexo legal del bebé; y a partir de entonces incidirán muchos otros condicionantes y factores psicológicos hasta que, hacia el año y medio o los dos años, se establece la identidad de género: la niña o el niño, aunque todavía no es capaz de establecer diferencias anatómicas en cuanto a los genitales se refiere, tendrá la sensación subjetiva de pertenencia a uno u otro sexo. A partir de entonces, se autoclasificará como perteneciente a un sexo y, siguiendo los modelos imperantes en el entorno, adoptará las conductas que se esperan de su condición: se establecerá así el rol de género, la expresión pública de la identidad sexual.

Factores que intervienen en el impulso sexual

En condiciones normales, todas las personas tenemos cierto grado de impulso sexual, un estímulo interno que actúa como fuente de fantasías, nos induce en mayor o menor medida a buscar situaciones eróticas y a ser receptivo a las mismas. El impulso sexual depende en primera instancia de la actividad del sistema nervioso central y también de factores hormonales. Al parecer es en la parte más primitiva del cerebro, el diencéfalo, sede del hipotálamo y relacionado con el sistema límbico, donde por mecanismos sutiles surge la "chispa" que enciende el deseo sexual. Pero si bien en los animales inferiores la parte más primitiva del cerebro es la que rige en esencia la vida sexual, en el ser humano la corteza cerebral, la parte más evolucionada del encéfalo, tiene la capacidad de modular su actividad: la corteza cerebral es la sede de las funciones intelectuales, genera estímulos internos y filtra los externos, siendo por tanto capaz de potenciar o de anular el impulso sexual, razón por la cual son de la máxima importancia también los condicionantes psíquicos.

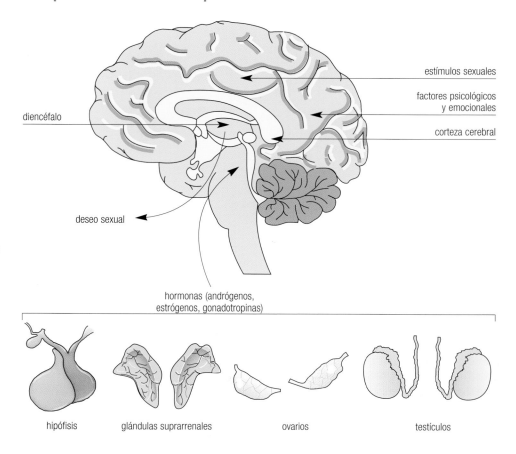

diencéfalo

estímulos sexuales

factores psicológicos y emocionales

corteza cerebral

deseo sexual

hormonas (andrógenos, estrógenos, gonadotropinas)

hipófisis   glándulas suprarrenales   ovarios   testículos

Zonas erógenas

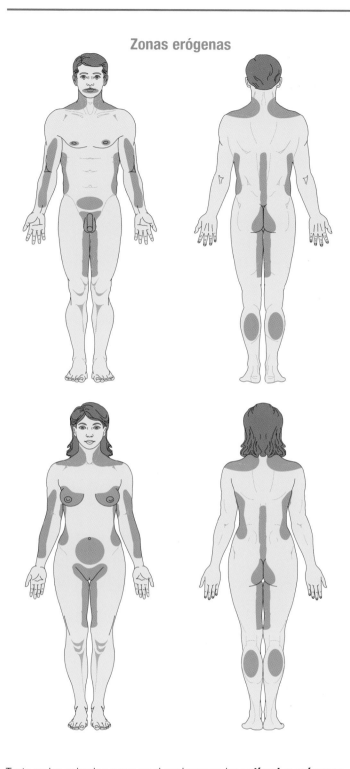

Coito vaginal

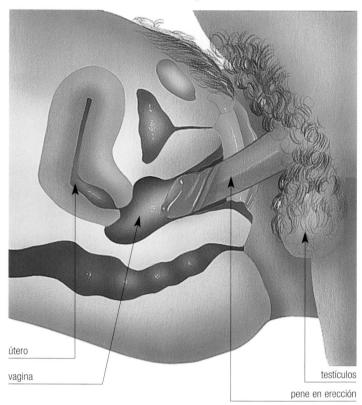

útero

vagina

testículos

pene en erección

Prácticas sexuales

A diferencia de los animales, que tienen unas pautas de comportamiento sexual estereotipadas, los seres humanos pueden gozar de una sexualidad muy rica y variada. Forman parte de las prácticas sexuales comunes besos y caricias de todo tipo, estimulaciones de los genitales tanto manuales como bucales –lo que se ha dado en llamar "sexo oral"–, el coito vaginal, el coito anal... Cualquier práctica efectuada entre personas adultas y con el libre consentimiento de ambas puede considerarse "normal". La práctica más extendida en todas las sociedades, sin embargo, cuando no la única, corresponde al coito vaginal, es decir, la introducción del pene erecto en la vagina, lo que se conoce como cópula y a lo que habitualmente se hace referencia cuando se habla de "acto sexual".

Tanto en los animales como en el ser humano, los **estímulos erógenos** físicos pueden ser muy variados: visuales, olorosos, auditivos, táctiles... Así como en los animales tienen una mayor efectividad los estímulos olfativos, en el ser humano tienen una mayor efectividad los estímulos táctiles, habiéndose elaborado auténticos "mapas" de zonas donde las caricias o incluso los roces casuales desencadenan sensaciones erógenas.

Sin embargo, la capacidad del cerebro humano para interpretar estímulos como eróticos es muy amplia y variada, hasta tal punto que resulta completamente imposible enumerar todos los factores que pueden desencadenar el deseo sexual. En el ser humano tienen una importancia capital los estímulos de índole **psicológica** y, aunque también variados estímulos puramente físicos pueden desencadenar una respuesta sexual, el filtro del cerebro muchas veces resulta determinante en lo que se refiere a su categorización: el mayor potencial erógeno, sin duda, se encuentra en el área psicológica, sobre todo en la **imaginación**.

Los besos en la boca constituyen una de las formas de contacto sexual más extendidas, tanto como preludio al coito como una actividad sexual en sí misma. En la fotografía, escultura de A. Rodin titulada El beso.

La respuesta sexual humana

Ante un determinado nivel de estimulación erótica que genere cierto grado de tensión sexual se desencadena de manera automática una serie de reacciones físicas secuenciales que constituyen la denominada respuesta sexual humana, que es semejante en todas las personas y tanto en los hombres como en las mujeres, a pesar de sus evidentes diferencias corporales.

Aunque resulta difícil esquematizar la respuesta sexual humana, pues se trata de una sucesión de acontecimientos que pueden adoptar diferentes formas, suele tomarse como base para su descripción la obra de los prestigiosos sexólogos William Masters y Virginia Johnson, posteriormente avalada por otros expertos. De manera arbitraria y con finalidades pedagógicas se divide la respuesta sexual humana en cuatro fases: de **excitación**, de **meseta**, de **orgasmo** y de **resolución**.

Respuesta sexual masculina

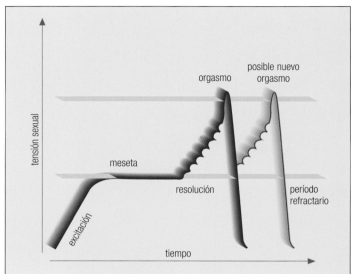

Reacciones extragenitales en la respuesta sexual

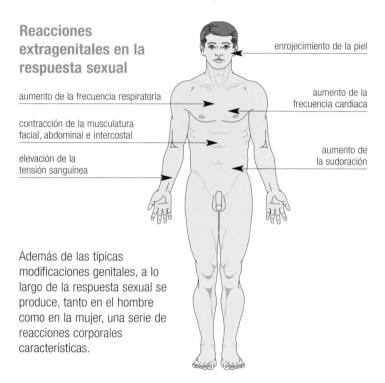

enrojecimiento de la piel

aumento de la frecuencia respiratoria

aumento de la frecuencia cardíaca

contracción de la musculatura facial, abdominal e intercostal

aumento de la sudoración

elevación de la tensión sanguínea

Además de las típicas modificaciones genitales, a lo largo de la respuesta sexual se produce, tanto en el hombre como en la mujer, una serie de reacciones corporales características.

En el hombre, la **fase de excitación** se traduce en un reflejo neurovascular que determina una gran afluencia de sangre a la zona genital y la ingurgitación de los cuerpos eréctiles del pene, y la erección. En la **fase de meseta** se mantiene el estado de erección del pene, con un grado de firmeza que permite la práctica del coito. Si la tensión sexual alcanza un cierto umbral, se produce de manera refleja la eyaculación, lo cual se acompaña de intensa sensación de placer, el orgasmo. Luego, en la **fase de resolución** la zona genital se descongestiona y ello se traduce en una pérdida de la erección. Después del orgasmo aparece el "período refractario", durante el cual, aun cuando persista cierto grado de erección, no puede producirse una nueva eyaculación.

Modificaciones en los órganos genitales masculinos durante la respuesta sexual

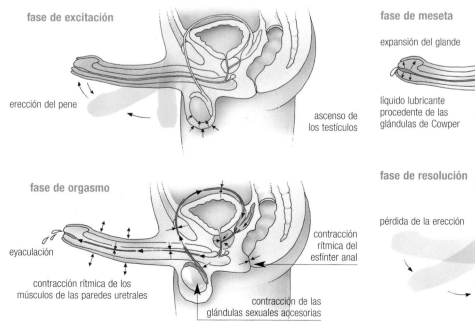

fase de excitación

erección del pene

ascenso de los testículos

fase de orgasmo

eyaculación

contracción rítmica de los músculos de las paredes uretrales

contracción rítmica del esfínter anal

contracción de las glándulas sexuales accesorias

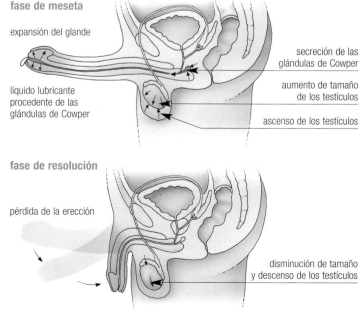

fase de meseta

expansión del glande

secreción de las glándulas de Cowper

líquido lubricante procedente de las glándulas de Cowper

aumento de tamaño de los testículos

ascenso de los testículos

fase de resolución

pérdida de la erección

disminución de tamaño y descenso de los testículos

Respuesta sexual femenina

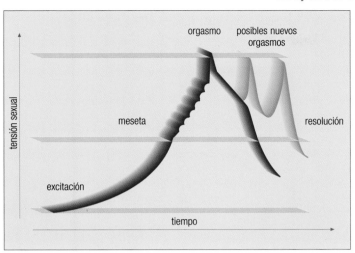

En la mujer, la **fase de excitación** se corresponde con un incremento de la irrigación sanguínea genital que se traduce en una vasocongestión de la zona y, sobre todo, de las paredes de la vagina, fenómeno que comporta una trasudación de líquido con la consiguiente lubricación del conducto. A la par, las mamas experimentan un ligero incremento de su volumen, mientras que los pezones adoptan un estado de erección. Si la tensión sexual se mantiene, se alcanza una fase estacionaria en que acontece una intensa vasocongestión del tercio externo de la mucosa vaginal, que es la zona más sensible, y se constituye la denominada "plataforma orgásmica". Cuando la tensión sexual supera un determinado umbral, se desencadena el **orgasmo**: se produce una serie de contracciones rítmicas de la musculatura uterina, de los músculos que rodean la vagina y del esfínter anal, a la par que surge una intensa sensación de placer. Luego, en la fase de resolución, acontece una progresiva descongestión de la zona genital.

Modificaciones en los órganos genitales y las mamas durante la respuesta sexual femenina

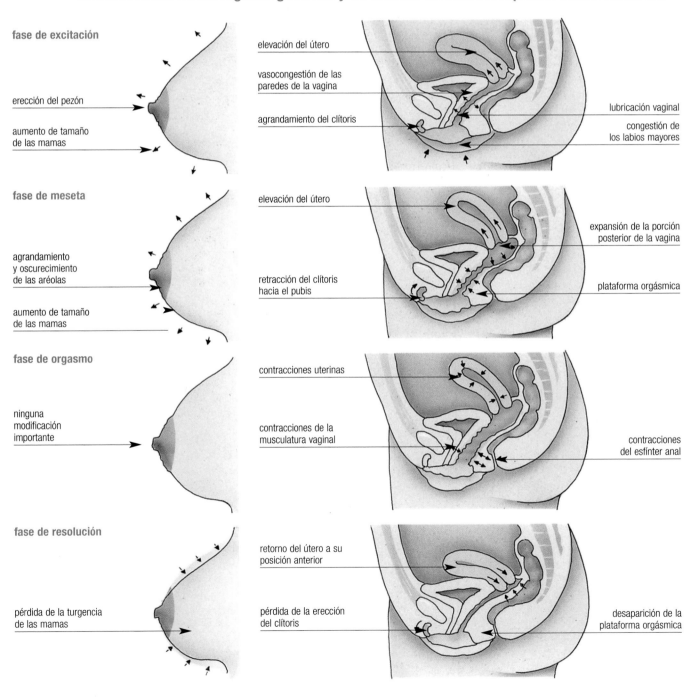

El inicio del embarazo

El proceso de reproducción se inicia con la unión de un óvulo materno y un espermatozoide paterno, que se funden en una célula huevo o cigoto, punto de partida de un nuevo ser que se desarrollará durante unos nueve meses en el útero de la mujer embarazada antes de enfrentarse al mundo y comenzar una vida autónoma.

Las células germinales

El inicio de un nuevo ser corresponde a un particular acontecimiento, la fecundación, que consiste en la fusión de dos células muy especiales llamadas células germinales o reproductoras, denominadas también gametos: un óvulo y un espermatozoide. Cada una de estas dos células contiene sólo 23 cromosomas, es decir, la mitad que las demás células que componen el organismo humano: por ello, la unión de ambas dará lugar a la formación de una célula huevo, o cigoto, con 46 cromosomas, a partir de la cual, merced a sucesivas divisiones, se formarán todas las estructuras del nuevo ser.

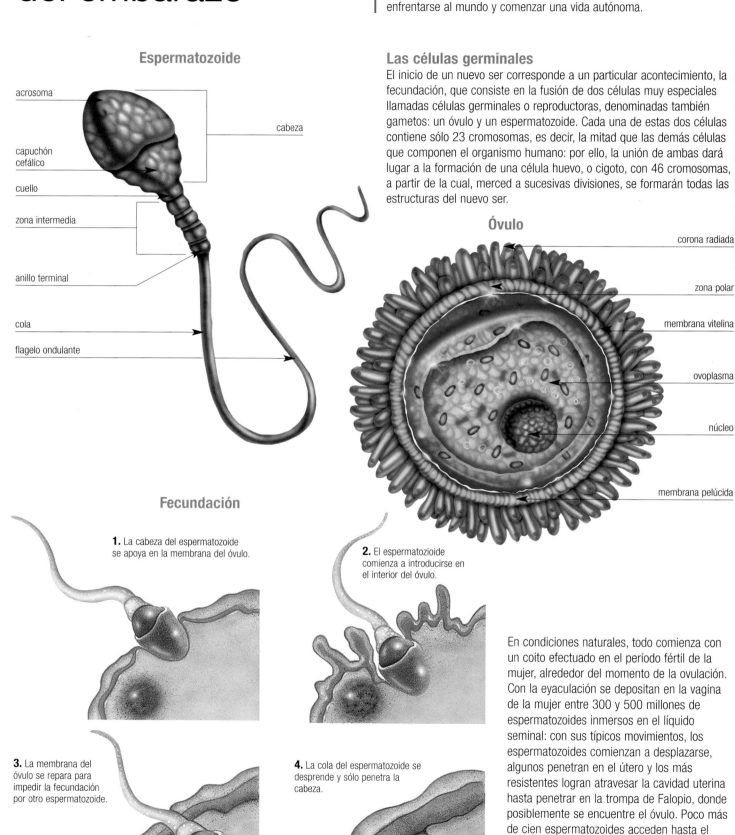

Espermatozoide

- acrosoma
- capuchón cefálico
- cuello
- zona intermedia
- anillo terminal
- cola
- flagelo ondulante
- cabeza

Óvulo

- corona radiada
- zona polar
- membrana vitelina
- ovoplasma
- núcleo
- membrana pelúcida

Fecundación

1. La cabeza del espermatozoide se apoya en la membrana del óvulo.

2. El espermatozoide comienza a introducirse en el interior del óvulo.

3. La membrana del óvulo se repara para impedir la fecundación por otro espermatozoide.

4. La cola del espermatozoide se desprende y sólo penetra la cabeza.

En condiciones naturales, todo comienza con un coito efectuado en el período fértil de la mujer, alrededor del momento de la ovulación. Con la eyaculación se depositan en la vagina de la mujer entre 300 y 500 millones de espermatozoides inmersos en el líquido seminal: con sus típicos movimientos, los espermatozoides comienzan a desplazarse, algunos penetran en el útero y los más resistentes logran atravesar la cavidad uterina hasta penetrar en la trompa de Falopio, donde posiblemente se encuentre el óvulo. Poco más de cien espermatozoides acceden hasta el tercio externo de la trompa: si se topan con un óvulo, lo rodean e intentan atravesar las capas de células y membranas presentes alrededor a fin de acceder a su superficie y penetrar en su interior, pero sólo uno lo consigue.

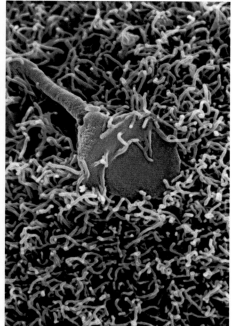

Visión microscópica de un espermatozoide en el momento que penetra en el interior de un óvulo.

Proceso de segmentación

óvulo

espermatozoide

fecundación

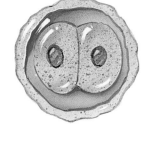

célula huevo

primera división celular

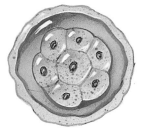

segunda división celular

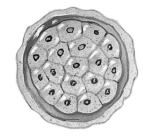

divisiones celulares posteriores

mórula

Tras la fecundación, los núcleos del **óvulo** y el **espermatozoide** se funden y queda constituida así la célula huevo, el cigoto. De inmediato, comienza un proceso denominado segmentación, caracterizado por una ininterrumpida división celular. Las dos células derivadas de la escisión de la célula primordial, denominadas blastómeras, también se dividen en dos, con lo que se generan cuatro, que también se dividen y así sucesivamente. Al cabo de tres días, el huevo está constituido ya por 16 células, que forman un conglomerado cuyo aspecto recuerda una diminuta mora, motivo por el cual se conoce como mórula. Hacia el quinto día, las células del huevo, además de dividirse, comienzan a diferenciarse y organizarse. En el interior de la mórula se produce una progresiva acumulación de líquido que desplaza un grupo de células hacia un extremo: el huevo se transforma así en una estructura denominada blástula, constituida por dos porciones diferenciadas: el embrioblasto, que corresponde al conjunto de células a partir del cual se formará el embrión, y el trofoblasto, una delgada capa de células que delimita el espacio lleno de líquido, o blastocele, a partir de la cual poco más adelante se formará la placenta.

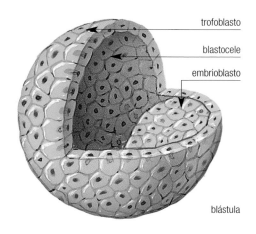

trofoblasto

blastocele

embrioblasto

blástula

Recorrido del huevo hasta su implantación en el útero

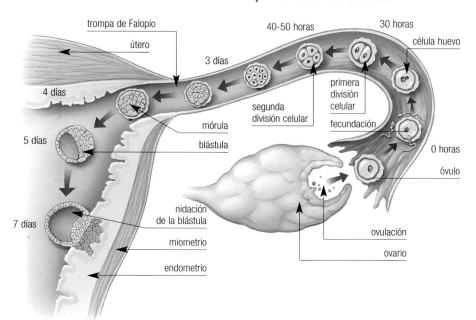

trompa de Falopio

útero

40-50 horas

30 horas

célula huevo

3 días

4 días

primera división celular

segunda división celular

fecundación

mórula

blástula

5 días

0 horas

óvulo

7 días

nidación de la blástula

miometrio

endometrio

ovulación

ovario

A medida que se produce la segmentación, el huevo avanza por el interior de la trompa de Falopio en dirección al útero gracias a las contracciones de la musculatura del conducto tubárico y a los acompasados movimientos de los diminutos cilios de las células de la mucosa que lo tapiza: el viaje hasta que el huevo llegue al interior de la cavidad del útero que lo albergará durante nueve meses toma alrededor de cuatro o cinco días. Cuando el huevo termina su recorrido por la trompa de Falopio, llega a la cavidad uterina, donde permanece libre durante dos o tres días, mientras el endometrio termina de prepararse para acogerla. Es hacia el séptimo día de producida la fecundación cuando la blástula se apoya suavemente sobre la superficie del endometrio en busca de un sitio para asentarse y obtener sustancias nutritivas: es lo que se conoce como nidación o implantación.

El desarrollo embrionario

Los primeros dos meses del embarazo constituyen el período embrionario y representan una fase muy importante y en extremo delicada de la gestación, pues en esta etapa se produce la diferenciación de los diversos tejidos y se forman y comienzan a funcionar prácticamente todos los órganos del cuerpo.

Primeras fases del desarrollo embrionario

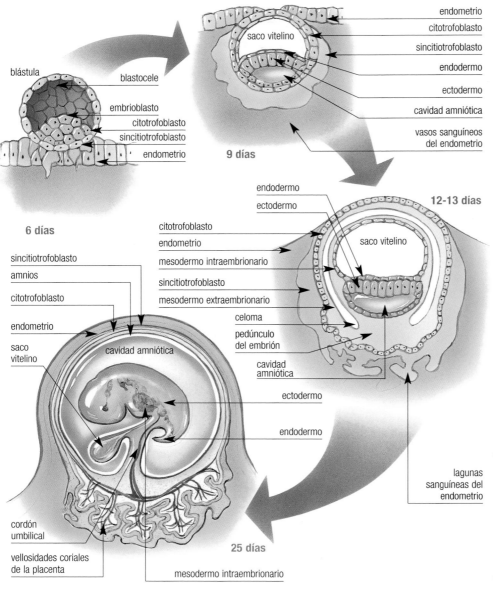

endometrio
citotrofoblasto
sincitiotrofoblasto
endodermo
ectodermo
cavidad amniótica
vasos sanguíneos del endometrio

saco vitelino

9 días

blástula
blastocele
embrioblasto
citotrofoblasto
sincitiotrofoblasto
endometrio

6 días

sincitiotrofoblasto
amnios
citotrofoblasto
endometrio
saco vitelino
cavidad amniótica

cordón umbilical
vellosidades coriales de la placenta

mesodermo intraembrionario

25 días

endodermo
ectodermo
citotrofoblasto
endometrio
mesodermo intraembrionario
sincitiotrofoblasto
mesodermo extraembrionario
celoma
pedúnculo del embrión
cavidad amniótica
ectodermo
endodermo

saco vitelino

12-13 días

lagunas sanguíneas del endometrio

Tras la implantación de la blástula en el útero, se suceden unas transformaciones espectaculares: en unos pocos días, un simple conglomerado de células se diferencia en diversas estructuras que constituirán por un lado el embrión y por el otro, unas membranas que lo protegerán, y la placenta, órgano responsable de su oxigenación y nutrición. El trofoblasto se diferencia en dos capas, una externa (sincitiotrofoblasto) y otra interna (citotrofoblasto), a la par que se forma un espacio que se rellena de líquido (cavidad amniótica) que va aumentando de tamaño y queda recubierto por una capa que constituirá el amnios o saco amniótico (la "bolsa de las aguas"). El sector correspondiente al incipiente embrión (embrioblasto) queda convertido en un disco con tres capas celulares u hojas blastodérmicas: el ectodermo, que dará origen a la piel y el tejido nervioso; el mesodermo, del que derivará los aparatos locomotor y el circulatorio, y el endodermo, origen del aparato digestivo, el respiratorio y el urinario.

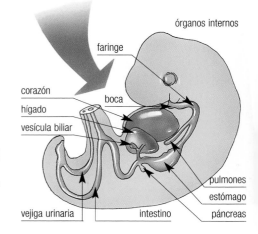

3 semanas
cabeza
porción inferior de la columna

4 semanas
cabeza
prominencia cardíaca
cordón umbilical
cola

6 semanas
ojo

8 semanas
oído
nariz y boca
miembros
cordón umbilical

órganos internos
faringe
corazón
hígado
vesícula biliar
boca
pulmones
estómago
vejiga urinaria
intestino
páncreas

Desarrollo del embrión

Al final del primer mes, el embrión mide apenas 5 mm y su peso ni siquiera alcanza 1 g, pero ya presenta una forma alargada, tiene en un extremo una prominencia correspondiente a la cabeza y unas yemas de los que serán los miembros. Se ha empezado a formar ya el sistema nervioso así como el aparato circulatorio. En el segundo mes ya aparecen los esbozos de todos los demás órganos y el crecimiento del embrión se intensifica: en la quinta semana se duplica su longitud, y el embrión adopta una forma que recuerda a un renacuajo o un caballito de mar, con una cabeza muy grande respecto del

cuerpo y un tronco que se adelgaza. Durante este mes pueden distinguirse en la cabeza los orificios de la boca y la nariz, e incluso los brotes de los primeros dientes, así como los botones de los oídos y los ojos. A los lados del tronco crecen los miembros y se desarrollan las manos y los pies; se forman los órganos del aparato digestivo, el hígado, el páncreas, los riñones, los diversos músculos... Al finalizar la octava semana el embrión tiene una longitud de 3-4 cm y un peso de 2-3 g, su aspecto es más humano y cuenta con todos los aparatos y sistemas orgánicos.

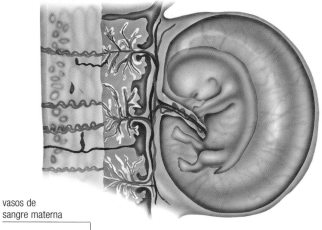

Embrión de seis semanas.

La placenta

vasos de
sangre materna

miometrio

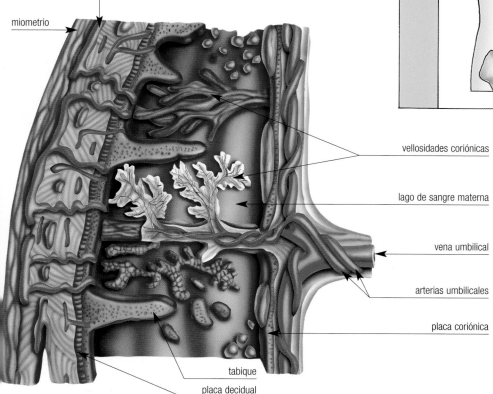

vellosidades coriónicas

lago de sangre materna

vena umbilical

arterias umbilicales

placa coriónica

tabique

placa decidual

Fases del desarrollo intrauterino

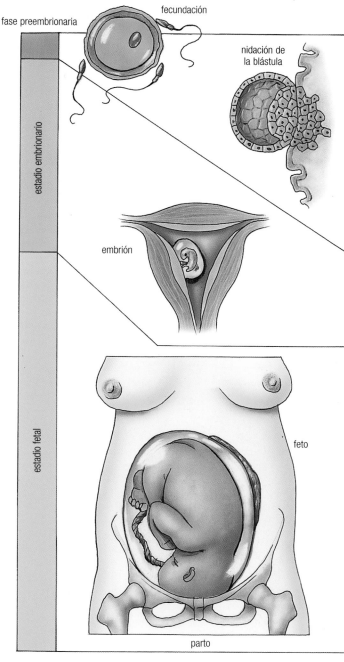

fase preembrionaria

fecundación

nidación de
la blástula

estadio embrionario

embrión

estadio fetal

feto

parto

La placenta es un órgano que sólo existe durante la gestación y su cometido es hacer de puente entre el organismo materno y el fetal. Se forma poco después de la nidación a partir del tejido externo del embrión, llamado corion, y la membrana uterina adaptada para el embarazo, o decidua. A la placenta llegan vasos maternos y de la misma parten vasos que llegan hasta el feto por el cordón umbilical. En la placenta se produce un intercambio de sustancias entre la sangre de la madre y la del feto, que nunca están en contacto directo: de la circulación materna pasan a la fetal nutrientes y oxígeno, mientras que en dirección inversa pasan los residuos metabólicos del bebé que luego son eliminados por el organismo de la madre.

El desarrollo fetal

El estadio fetal, que comprende la mayor parte de la gestación, desde el tercer mes del embarazo hasta el momento del parto, se inicia cuando ya están esbozados o incluso formados todos los órganos del cuerpo y sólo falta que completen su maduración y se pongan en funcionamiento.

Evolución del desarrollo fetal

El crecimiento del producto de la gestación en longitud y peso es constante y progresivo durante todo el embarazo.

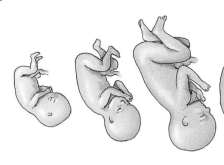
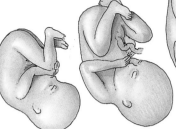
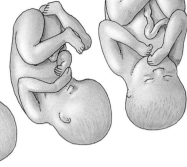

edad gestacional	2º mes	3º mes	4º mes	5º mes	6º mes	7º mes	8º mes	9º mes
longitud	3-4 cm	10 cm	16 cm	25 cm	32 cm	40 cm	47 cm	50 cm
peso	2-3 g	30 g	150 g	250-300 g	600 g	1,2-1,4 kg	2-2,5 kg	3-3,5 kg

Desarrollo fetal en el útero materno

A lo largo de este período, el feto experimenta infinidad de cambios que se suceden de manera ininterrumpida, aunque en cada mes se producen algunas transformaciones características.
A medida que crece, el feto se adapta al espacio disponible en la cavidad uterina, y en la última etapa se acomoda en la posición más favorable para el parto.

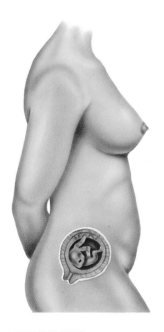
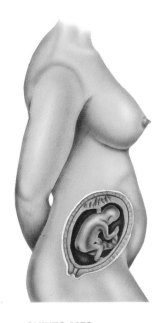
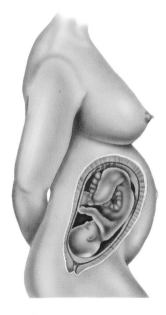
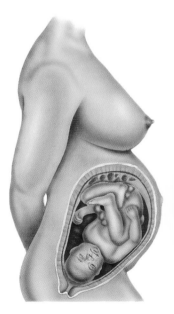

TERCER MES
el feto está completamente formado, la mayoría de sus órganos ya están funcionantes y comienza un período de crecimiento muy rápido

QUINTO MES
el feto comienza a moverse de manera activa, ya perceptible por la madre, y reacciona a los estímulos

SÉPTIMO MES
se produce una importante maduración de los órganos internos y el feto prácticamente está en condiciones de sobrevivir si se adelantara el nacimiento

NOVENO MES
el feto está totalmente desarrollado y se encaja en la pelvis materna, preparándose para el inminente parto

Feto en el útero materno hacia el final del embarazo

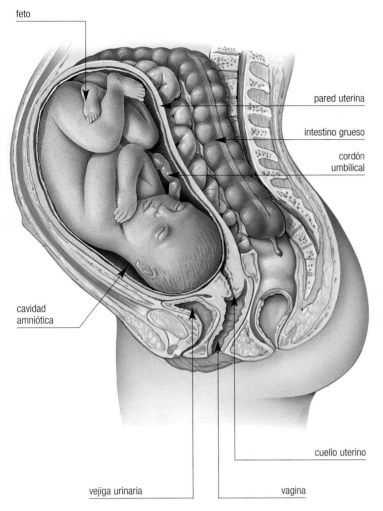

feto

pared uterina

intestino grueso

cordón umbilical

cavidad amniótica

cuello uterino

vejiga urinaria

vagina

En las últimas semanas de embarazo se acelera el desarrollo de los huesos y la piel se vuelve más gruesa. La cabeza está mucho más proporcionada, aunque mide un cuarto de la longitud total del cuerpo, las orejas están separadas del cráneo, la nariz bien formada y los ojos adoptan un color azul grisáceo. Los genitales externos adquieren las características definitivas según el sexo: en los varones, los testículos descienden del abdomen y se sitúan dentro del escroto; en las niñas se configura la vulva, casi cubierta por los labios mayores. Los reflejos están muy perfeccionados, sobre todo el de succión: pronto será indispensable para mamar correctamente. El organismo del feto ya está preparado para el nacimiento.

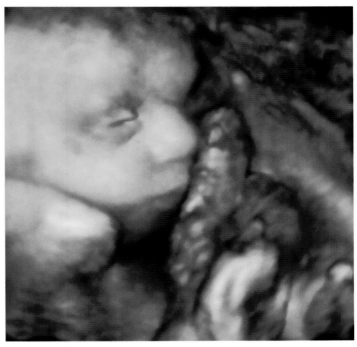

Feto de seis meses, flotando en el líquido amniótico.

Embarazo múltiple

Aunque en la mayor parte de los embarazos se forma un solo feto, puede ocurrir que en el vientre materno se desarrollen simultáneamente dos o incluso más fetos, lo que da lugar al nacimiento de sendos hermanos denominados genéricamente gemelos. A veces ello se debe a que dos óvulos distintos resultan fecundados por dos espermatozoides diferentes: se desarrollan entonces gemelos dicigóticos, bivitelinos o fraternos, que cuentan cada uno con una placenta propia y pueden ser del mismo sexo o no, con el mismo parecido que si hubieran nacido por separado. Otras veces sucede que del cigoto derivado de la fusión de un solo óvulo y un único espermatozoide se divide en dos o más fragmentos y se forman sendos embriones: se desarrollan entonces gemelos monocióticos, univitelinos o idénticos, que comparten una sola placenta y disponen de la misma dotación genética, por lo que siempre son del mismo sexo y tienen un gran parecido.

Mecanismos de producción del embarazo gemelar

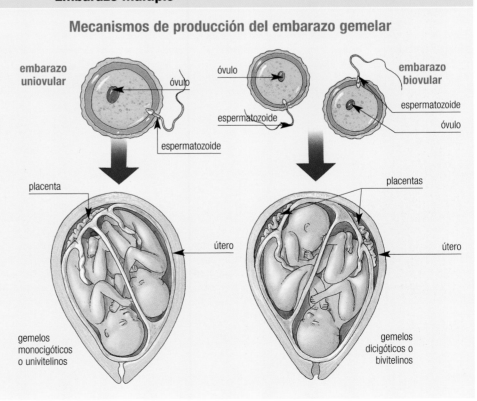

embarazo uniovular

óvulo

espermatozoide

espermatozoide

óvulo

espermatozoide

óvulo

embarazo biovular

espermatozoide

óvulo

placenta

placentas

útero

útero

gemelos monocigóticos o univitelinos

gemelos dicigóticos o bivitelinos

El parto

El parto constituye la culminación del embarazo tras nueve meses de espera, un proceso provocado por el desencadenamiento de potentes contracciones uterinas que comprende la dilatación del cuello uterino, la expulsión del feto del interior del útero y, por último, la salida de la placenta o alumbramiento.

Encajamiento de la cabeza del feto en la pelvis materna

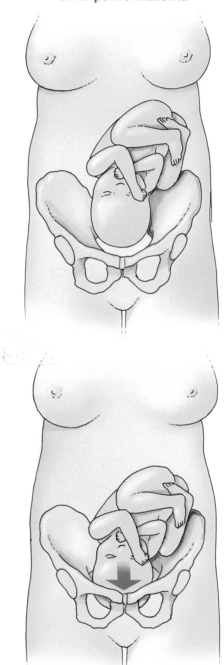

Maduración y borramiento del cuello uterino

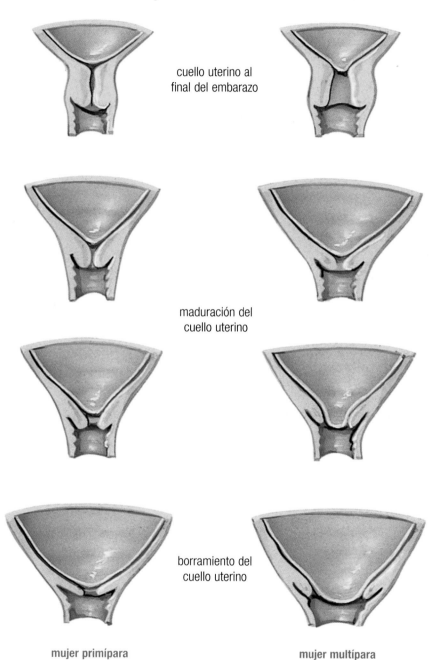

cuello uterino al final del embarazo

maduración del cuello uterino

borramiento del cuello uterino

mujer primípara

mujer multípara

Durante gran parte del embarazo, el feto flota libremente en el líquido que lo rodea dentro del saco amniótico, pero a medida que crece el espacio disponible disminuye y sus movimientos se restringen. Cuando se aproxima el momento del nacimiento, el feto desciende y su cabeza queda "encajada" entre los huesos de la pelvis materna: todo está a punto para que comience el proceso del parto.

Fase de dilatación

El primer período del parto corresponde a la dilatación del orificio del útero que establece la comunicación con la vagina, por donde el feto será expulsado al exterior. Este período se divide en dos fases: una de latencia y otra activa. La fase de latencia, que se incluye en el período preparto, abarca desde el inicio de las contracciones regulares hasta que se alcanza una dilatación del cuello uterino de 3 cm; durante esta fase se produce la maduración y el borramiento del cuello uterino, que se vuelve cada vez más blando y se aplana, hasta que su conducto interno desaparece y el orificio central comienza a dilatarse. La fase activa, cuyo inicio marca el comienzo efectivo del trabajo de parto, empieza cuando el cuello uterino presenta una dilatación de 3 cm y finaliza cuando la dilatación alcanza unos 10 cm, diámetro suficiente para permitir el paso de la cabeza fetal.

Período de expulsión

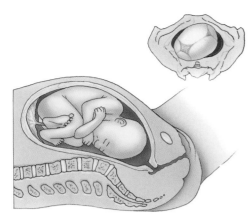

Las contracciones uterinas hacen que el feto descienda por el canal del parto y su cabeza se oriente de manera que aproveche al máximo los diámetros de la pelvis materna.

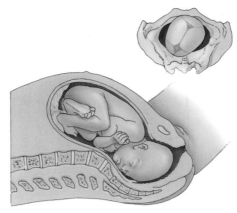

Cuando el feto comienza a encontrar resistencia durante el descenso, flexiona la cabeza de manera que el vértice del cráneo se orienta hacia el exterior.

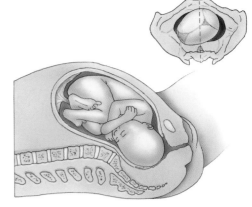

Posteriormente, el feto gira la cabeza unos 45º, orientando la frente hacia el sacro materno y la parte posterior del cráneo hacia la sínfisis del pubis de la madre.

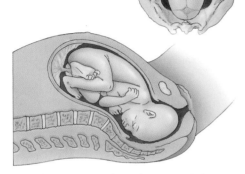

Después de la rotación, el feto extiende la cabeza, haciendo servir el pubis materno como punto de apoyo: en este instante su cabeza comienza a ser visible desde el exterior.

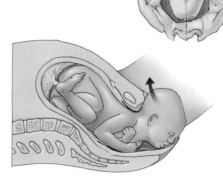

El feto continúa extendiendo la cabeza y las contracciones uterinas lo empujan hacia el exterior: sale primero la coronilla, después la frente y luego el resto de la cara.

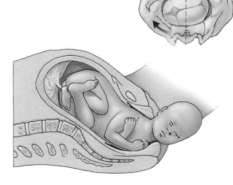

Una vez que ha salido la cabeza, el feto gira 90º para facilitar la salida del tronco, quedando con un hombro hacia arriba y el otro hacia abajo.

En el período de expulsión, el feto debe recorrer unos 10-12 cm hasta alcanzar la vulva materna, atravesando lo que se denomina "canal del parto", para finalmente salir al exterior. Esto es posible gracias a las potentes contracciones de la musculatura uterina que, tras dilatar el orificio del útero, impulsan al feto hacia el exterior por un estrecho conducto que se amplía a su paso.

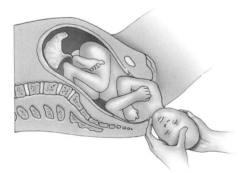

A continuación salen los hombros; el movimiento suele realizarse espontáneamente, pero el médico puede ayudar desplazando la cabeza del feto hacia abajo para facilitar la salida del hombro orientado hacia arriba.

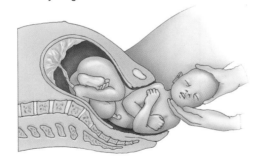

Después, moviendo la cabeza hacia arriba, el médico facilita la salida del hombro inferior; finalmente, el resto del cuerpo sale rápido y sin dificultades.

Período de alumbramiento

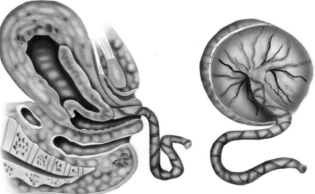

La última fase del parto corresponde a la expulsión de la placenta y las membranas anexas, todavía retenidas en el útero tras la salida del feto. De hecho, tras la expulsión del feto las contracciones uterinas continúan e incluso aumentan de potencia, aunque no resultan dolorosas porque la matriz ya está casi vacía, provocando el progresivo desprendimiento de la placenta de la pared uterina. Como consecuencia de las contracciones, la placenta se desprende de la pared uterina y al cabo de un lapso que oscila entre cinco y treinta minutos sale al exterior.

El hipotálamo y la hipófisis

El sistema endocrino está compuesto por una serie de glándulas de secreción interna que, bajo la dirección del hipotálamo y la hipófisis, producen y vierten a la sangre hormonas, sustancias que actúan como mensajeros químicos para controlar el metabolismo, el crecimiento y el desarrollo corporal, así como la actividad de diversos tejidos y órganos.

Componentes del sistema endocrino

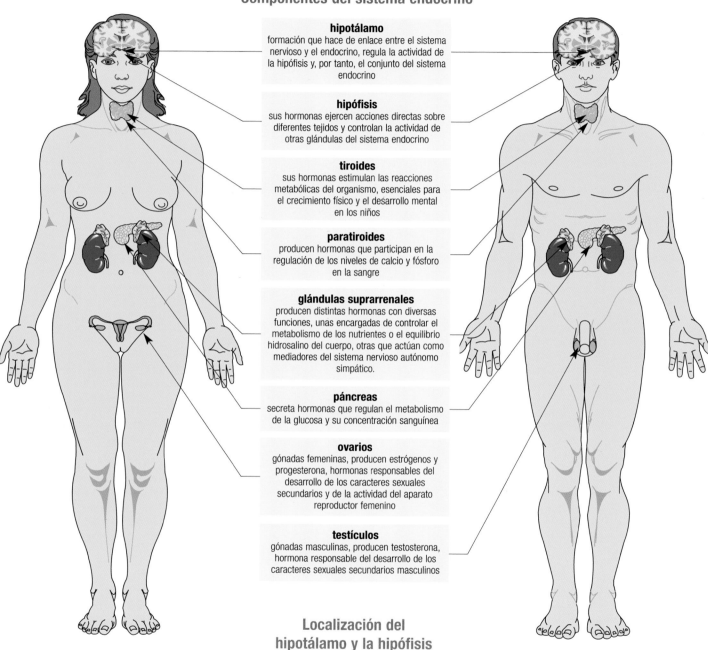

hipotálamo
formación que hace de enlace entre el sistema nervioso y el endocrino, regula la actividad de la hipófisis y, por tanto, el conjunto del sistema endocrino

hipófisis
sus hormonas ejercen acciones directas sobre diferentes tejidos y controlan la actividad de otras glándulas del sistema endocrino

tiroides
sus hormonas estimulan las reacciones metabólicas del organismo, esenciales para el crecimiento físico y el desarrollo mental en los niños

paratiroides
producen hormonas que participan en la regulación de los niveles de calcio y fósforo en la sangre

glándulas suprarrenales
producen distintas hormonas con diversas funciones, unas encargadas de controlar el metabolismo de los nutrientes o el equilibrio hidrosalino del cuerpo, otras que actúan como mediadores del sistema nervioso autónomo simpático.

páncreas
secreta hormonas que regulan el metabolismo de la glucosa y su concentración sanguínea

ovarios
gónadas femeninas, producen estrógenos y progesterona, hormonas responsables del desarrollo de los caracteres sexuales secundarios y de la actividad del aparato reproductor femenino

testículos
gónadas masculinas, producen testosterona, hormona responsable del desarrollo de los caracteres sexuales secundarios masculinos

Localización del hipotálamo y la hipófisis

El hipotálamo y la hipófisis son dos pequeñas estructuras situadas en la base del cerebro que tienen una particular relación anatómica: por un lado, algunas neuronas del hipotálamo emiten prolongaciones que llegan hasta el lóbulo posterior de la hipófisis (neurohipófisis); por otro, una red de vasos venosos, o sistema porta, lleva factores hormonales producidos por el hipotálamo al lóbulo anterior de la hipófisis (adenohipófisis).

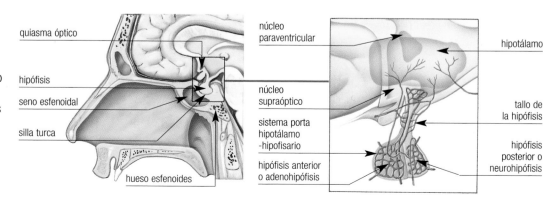

quiasma óptico

hipófisis

seno esfenoidal

silla turca

hueso esfenoides

núcleo paraventricular

núcleo supraóptico

sistema porta hipotálamo -hipofisario

hipófisis anterior o adenohipófisis

hipotálamo

tallo de la hipófisis

hipófisis posterior o neurohipófisis

El hipotálamo tiene una actividad muy variada, pues alberga centros nerviosos que regulan la sed, el apetito, la temperatura corporal y el sueño. Pero esta pequeña glándula, conectada con diversas zonas del sistema nervioso y por tanto capaz de recibir múltiples estímulos tanto físicos con psíquicos, destaca por otra función: su papel como modulador del sistema endocrino. Es la estructura que realmente controla la actividad de las glándulas internas y adapta su funcionamiento a las necesidades cambiantes del organismo.

La hipófisis regula la actividad del sistema endocrino a través de sus hormonas, que actúan o bien directamente sobre los tejidos orgánicos o bien sobre otras glándulas endocrinas. Produce siete hormonas que rigen cuestiones tan fundamentales como el crecimiento corporal o que controlan la actividad del tiroides, la corteza suprarrenal y las gónadas. Además, almacena y libera cuando corresponde dos hormonas fabricadas por el hipotálamo, la hormona antidiurética y la oxitocina.

Funciones del hipotálamo

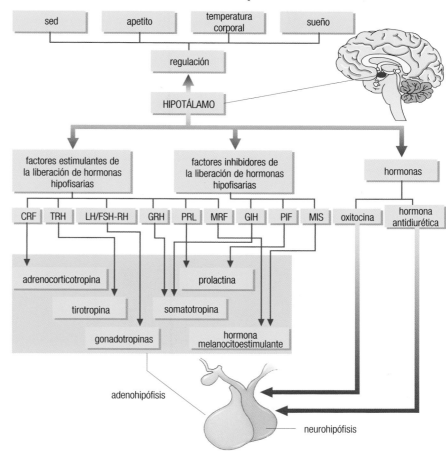

Secreción hormonal de la hipófisis

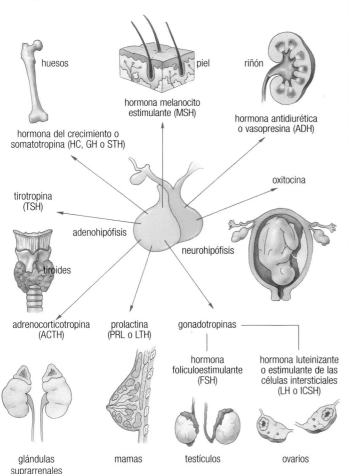

Hormonas hipofisarias			
Nombre	**Sigla**	**Órgano diana**	**Función**
Hormona melanocito-estimulante	MSH	piel	estimula los melanocitos, que fabrican el pigmento que da color a la piel
Hormona antidiurética o vasopresina	ADH	riñón	retiene agua en los riñones; regula la presión arterial
Hormona del crecimiento o somatotropina	HC, STH o GH	todo el organismo	estimula el crecimiento de huesos, músculos y órganos durante la infancia y la pubertad
Tirotropina	TSH	tiroides	estimula la actividad de la glándula tiroides
Oxitocina		útero	provoca las contracciones del útero durante el parto
Adrenocorticotropina	ACTH	suprarrenales	estimula la producción de corticosteroides en las glándulas suprarrenales
Prolactina	PRL	mamas	provoca la secreción de leche después del parto
Gonadotropinas • Hormona foliculoestimulante • Hormona luteinizante o estimulante de las células intersticiales	FSH LH o ICSH	gónadas (ovarios y testículos)	regulan la maduración de los espermatozoides y los óvulos, así como la producción de hormonas sexuales

El tiroides y las glándulas paratiroides

El tiroides es una pequeña glándula endocrina situada en la parte anterior del cuello cuyas secreciones regulan el metabolismo orgánico, mientras que las paratiroides, cuatro diminutas glándulas llamadas así porque están situadas en la cara posterior del tiroides, producen una hormona que participa en la regulación de los niveles sanguíneos de calcio.

Anatomía del tiroides

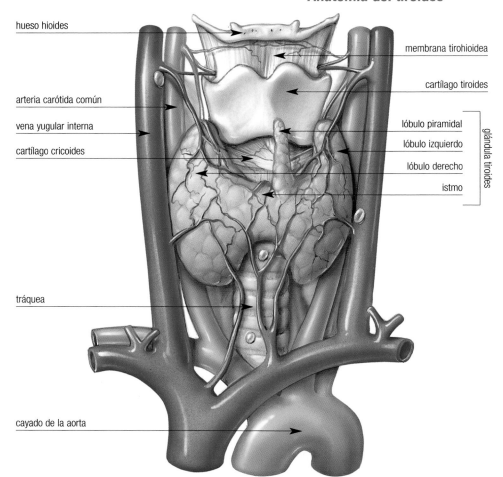

hueso hioides

arteria carótida común

vena yugular interna

cartílago cricoides

tráquea

cayado de la aorta

membrana tirohioidea

cartílago tiroides

lóbulo piramidal

lóbulo izquierdo

lóbulo derecho

istmo

glándula tiroides

El tiroides es una glándula situada en la parte anterior del cuello, formada por dos lóbulos laterales que rodean el inicio de la tráquea unidos entre sí por una estrecha porción de tejido llamada istmo, aunque a veces presenta también una pequeña prolongación superior denominada lóbulo piramidal.

Función de la glándula tiroides

La glándula tiroides produce unas hormonas que estimulan la combustión celular y, por tanto, activan el metabolismo y la producción de calor. Además, durante la infancia las hormonas tiroideas influyen decisivamente en la maduración del sistema nervioso y en el crecimiento corporal, por lo que condicionan el desarrollo físico y mental. Las dos hormonas tiroideas principales, caracterizadas por contener yodo, son la tiroxina (T_4) y la triyodotironina (T_3). Estas hormonas tienen una acción semejante: provocan, en la práctica totalidad de los tejidos orgánicos, un incremento de las reacciones metabólicas. Por otra parte, el tiroides también fabrica otra hormona, la calcitonina, que interviene en la regulación de los niveles sanguíneos de calcio.

Producción de hormonas tiroideas

Bajo el estímulo de la tirotropina, las células del tiroides captan de la sangre yodo (I) y, por otra parte, sintetizan una proteína denominada tiroglobulina. En el seno de las células, el yodo se acopla a las moléculas de tiroglobulina y ello da origen a la formación de dos productos: la monoyodotironina, que dispone de un átomo de yodo, y la diyodotironina, que cuenta con dos. Un subsiguiente acoplamiento de estos productos da lugar a la formación ya sea de T_3, que consta de tres átomos de yodo, o bien de T_4, que cuenta con cuatro. Una vez elaboradas, las hormonas se almacenan en el tiroides hasta que, cuando las necesidades orgánicas así lo demandan, son liberadas a la circulación sanguínea.

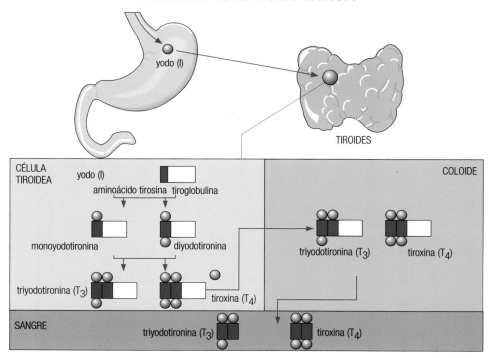

yodo (I)

TIROIDES

CÉLULA TIROIDEA

yodo (I)

aminoácido tirosina   tiroglobulina

monoyodotironina

diyodotironina

triyodotironina (T_3)

tiroxina (T_4)

COLOIDE

triyodotironina (T_3)

tiroxina (T_4)

SANGRE

triyodotironina (T_3)

tiroxina (T_4)

Regulación de la actividad tiroidea

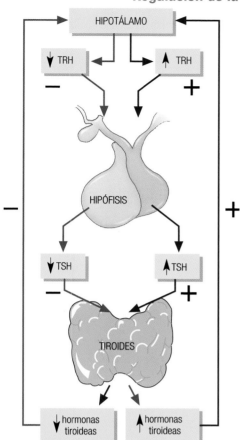

La actividad del tiroides está regida por el eje hipotálamo-hipofisario, pues la glándula responde al estímulo de la hormona tirotropina (TSH) elaborada por la hipófisis, cuya producción, a su vez, depende del factor liberador de tirotropina (TRH) elaborado por el hipotálamo. La producción de hormonas tiroideas se basa en un mecanismo de retroalimentación negativa: la propia concentración sanguínea constituye el principal condicionante de la actividad del hipotálamo y la hipófisis al respecto.

Cuando los niveles sanguíneos de hormonas tiroideas son elevados, el hipotálamo lo detecta y secreta menos TRH y deja de estimular a la hipófisis para que produzca TSH: desciende entonces la producción de tirotropina, el tiroides resulta menos estimulado y reduce su producción hormonal. Cuando los niveles de hormonas tiroideas descienden demasiado, el hipotálamo incrementa su secreción de TRH, que actúa sobre la hipófisis y da lugar a un aumento de la liberación de TSH: se eleva entonces la producción de tirotropina y ello estimula la actividad tiroidea.

Localización de las glándulas paratiroides

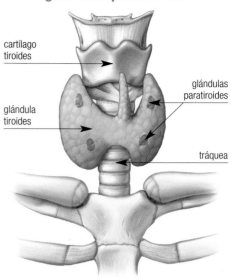

Las glándulas paratiroides son cuatro pequeñas formaciones redondeadas u ovaladas de color amarillento, de unos pocos milímetros de diámetro y un peso total de 25-40 mg: consideradas de forma individual, son los órganos más pequeños de todo el cuerpo. Están localizadas por pares, a cada lado de la tráquea. En cada lóbulo tiroideo hay dos glándulas paratiroides: una en la parte superior, más externa, y otra en la parte inferior, más interna.

Función de las glándulas paratiroides

Las paratiroides fabrican la hormona paratiroidea o parathormona, que, junto con la calcitonina producida por la glándula tiroides y la vitamina D, participa en la regulación de los niveles de calcio en la sangre. La hormona paratiroidea tiende a aumentar los niveles sanguíneos de calcio, para lo cual actúa sobre los huesos, sobre los riñones y en el tubo digestivo. En los huesos, estimula la actividad de los osteoclastos y por lo tanto promueve la destrucción de tejido óseo, con lo cual los huesos liberan parte del calcio que almacenan a la sangre. En los riñones, propicia la reabsorción del calcio, con lo cual disminuye la eliminación urinaria de este mineral y aumentan sus niveles en la sangre. Y en el tubo digestivo, mediante la activación de la vitamina D en los riñones, favorece la absorción intestinal del calcio contenido en los alimentos.

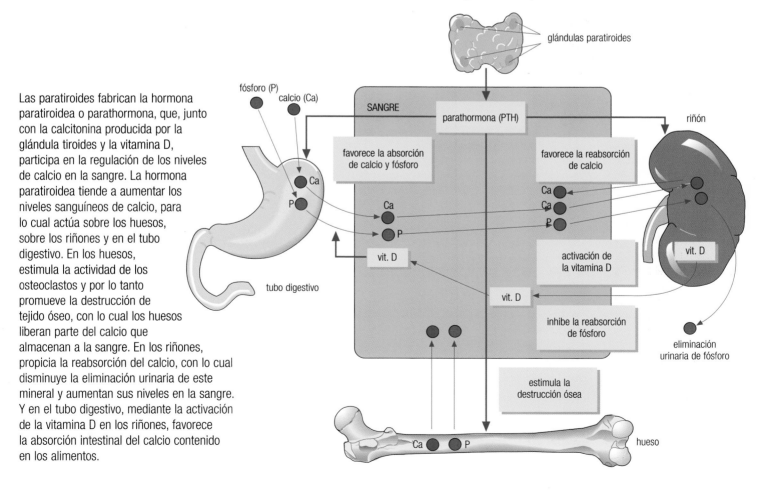

Suprarrenales y páncreas

Las glándulas suprarrenales elaboran hormonas con acciones tan diversas como la regulación de la presión arterial, el equilibrio orgánico de líquidos y minerales, el metabolismo de los nutrientes y el desarrollo de los caracteres sexuales secundarios, mientras que el páncreas produce dos hormonas, la insulina y el glucagón, que regulan el nivel sanguíneo de glucosa.

Situación de las glándulas suprarrenales

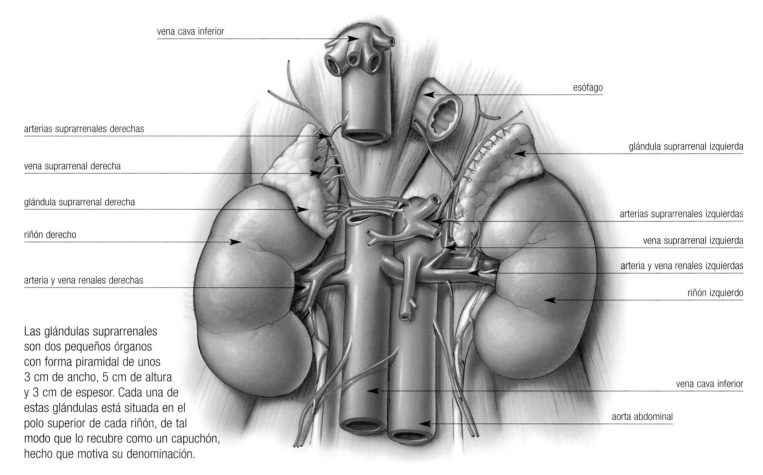

vena cava inferior

arterias suprarrenales derechas

vena suprarrenal derecha

glándula suprarrenal derecha

riñón derecho

arteria y vena renales derechas

esófago

glándula suprarrenal izquierda

arterias suprarrenales izquierdas

vena suprarrenal izquierda

arteria y vena renales izquierdas

riñón izquierdo

vena cava inferior

aorta abdominal

Las glándulas suprarrenales son dos pequeños órganos con forma piramidal de unos 3 cm de ancho, 5 cm de altura y 3 cm de espesor. Cada una de estas glándulas está situada en el polo superior de cada riñón, de tal modo que lo recubre como un capuchón, hecho que motiva su denominación.

Sección de una glándula suprarrenal

Cada glándula suprarrenal está envuelta en una cápsula de tejido conjuntivo rodeada de tejido adiposo y en su interior se diferencian dos partes completamente distintas: la corteza y la médula. La **corteza suprarrenal**, situada inmediatamente por debajo de la cápsula, constituye la mayor parte de la glándula: una gruesa capa de tejido formado por células epitelioides que fabrican hormonas conocidas genéricamente como esteroides. En realidad, la corteza consta de tres capas de tejido diferenciadas, una más externa, denominada zona glomerular, otra intermedia, llamada zona fasciculada, y otra más interna, conocida como zona reticular. Cada una de estas zonas de la corteza suprarrenal fabrica hormonas diferentes, con funciones netamente distintas. La **médula suprarrenal**, que ocupa la región central de la glándula, está compuesta por

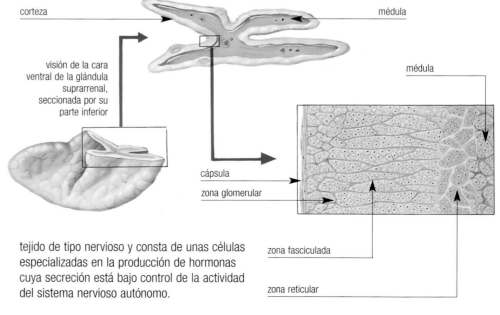

corteza

médula

visión de la cara ventral de la glándula suprarrenal, seccionada por su parte inferior

médula

cápsula

zona glomerular

zona fasciculada

zona reticular

tejido de tipo nervioso y consta de unas células especializadas en la producción de hormonas cuya secreción está bajo control de la actividad del sistema nervioso autónomo.

Actividad de la corteza suprarrenal

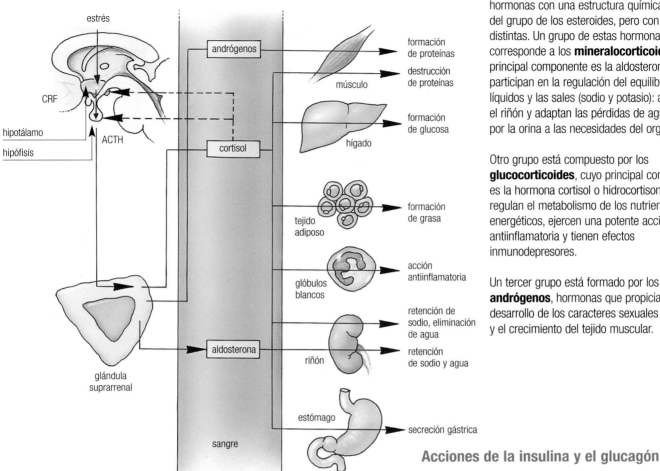

La corteza suprarrenal produce diversas hormonas con una estructura química parecida, del grupo de los esteroides, pero con funciones distintas. Un grupo de estas hormonas corresponde a los **mineralocorticoides**, cuyo principal componente es la aldosterona, que participan en la regulación del equilibrio de los líquidos y las sales (sodio y potasio): actúan en el riñón y adaptan las pérdidas de agua y sales por la orina a las necesidades del organismo.

Otro grupo está compuesto por los **glucocorticoides**, cuyo principal componente es la hormona cortisol o hidrocortisona, que regulan el metabolismo de los nutrientes energéticos, ejercen una potente acción antiinflamatoria y tienen efectos inmunodepresores.

Un tercer grupo está formado por los **andrógenos**, hormonas que propician el desarrollo de los caracteres sexuales masculinos y el crecimiento del tejido muscular.

Páncreas endocrino

Además de producir una secreción rica en enzimas que vierte en el intestino delgado y cumple un papel fundamental en el proceso digestivo, el páncreas también actúa como una glándula endocrina, pues produce dos hormonas que participan en el metabolismo de los hidratos de carbono y regulan los niveles de glucosa en la sangre, es decir, la glucemia. Esta doble actividad se refleja en la anatomía del órgano: el páncreas endocrino está compuesto por una serie de microscópicos grupos de células, los islotes de Langerhans, distribuidos por todo el órgano y principalmente en la cola, rodeados de acúmulos del tejido pancreático que fabrica las secreciones digestivas, los acinos pancreáticos. Los islotes de Langerhans sólo cuentan con dos tipos de células especiales: las células alfa, que fabrican glucagón, y las células beta, que elaboran insulina.

Acciones de la insulina y el glucagón

La insulina y el glucagón tienen efectos antagónicos. La insulina propicia la entrada de la glucosa que circula en la sangre al interior de las células del organismo, que utilizan este nutriente como principal fuente de energía. Así pues, la acción de la insulina tiene un efecto hipoglucemiante, ya que provoca un descenso de la concentración de glucosa en la sangre. Además, actúa sobre las células hepáticas y musculares para que transformen la glucosa en glucógeno –la reserva energética del organismo–, propicia la transformación de glucosa en ácidos grasos y lípidos, que se acumulan en los adipocitos, y favorece la síntesis de proteínas. El glucagón, por el contrario, tiene un efecto hiperglucemiante, puesto que promueve la degradación del glucógeno almacenado en las células hepáticas y el paso de glucosa a la sangre.

Islote de Langerhans

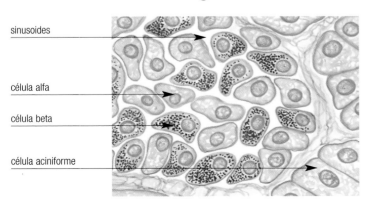

sinusoides

célula alfa

célula beta

célula aciniforme

Órganos linfoides e inmunidad

El sistema inmunitario está integrado por un conjunto de tejidos y órganos linfoides donde se producen y maduran los glóbulos blancos, que constituyen los elementos responsables de su misión fundamental: la defensa del organismo frente a los elementos extraños potencialmente nocivos, especialmente los gérmenes procedentes del medio externo.

Órganos linfoides

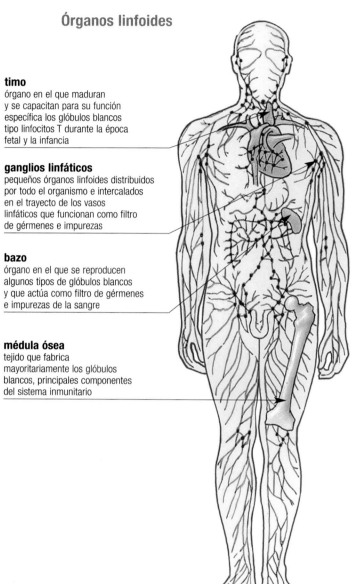

timo
órgano en el que maduran y se capacitan para su función específica los glóbulos blancos tipo linfocitos T durante la época fetal y la infancia

ganglios linfáticos
pequeños órganos linfoides distribuidos por todo el organismo e intercalados en el trayecto de los vasos linfáticos que funcionan como filtro de gérmenes e impurezas

bazo
órgano en el que se reproducen algunos tipos de glóbulos blancos y que actúa como filtro de gérmenes e impurezas de la sangre

médula ósea
tejido que fabrica mayoritariamente los glóbulos blancos, principales componentes del sistema inmunitario

El timo

tráquea

timo

pulmón

El timo es un pequeño órgano situado en el centro del tórax, por detrás del esternón cuya función y evolución son muy particulares, puesto que este órgano desarrolla su actividad en la primera época de la vida y posteriormente se atrofia. Durante la infancia, en el timo maduran linfocitos procedentes de la médula ósea que se convierten en linfocitos T, capacitados para ejercer su función inmunitaria. Tal actividad ocurre a lo largo de la infancia, época en que el timo aumenta de tamaño, hasta alcanzar un peso de 45 g, y finaliza en el período de la pubertad, hacia los 14-16 años, cuando la maduración del sistema inmunitario se completa: a partir de entonces el órgano experimenta una progresiva atrofia, de tal modo que en el adulto apenas pesa 15 g.

Ganglio linfático

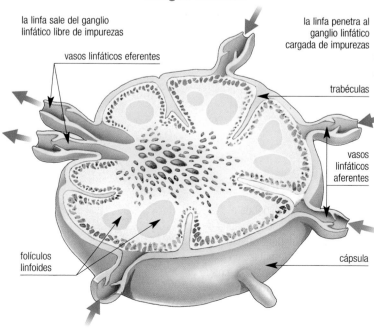

la linfa sale del ganglio linfático libre de impurezas

la linfa penetra al ganglio linfático cargada de impurezas

vasos linfáticos eferentes

trabéculas

vasos linfáticos aferentes

folículos linfoides

cápsula

En el organismo hay numerosos ganglios linfáticos, distribuidos por todo el cuerpo, que son de capital importancia para la defensa, pues albergan gran cantidad de glóbulos blancos que se encargan de detectar y neutralizar o destruir gérmenes o impurezas transportados por los vasos linfáticos que drenan los tejidos del organismo. Cada ganglio está formado por una cápsula de tejido conjuntivo de la cual parten unas trabéculas que dividen al ganglio en varias porciones donde hay folículos linfoides repletos de glóbulos blancos. Al ganglio llegan unos vasos linfáticos aferentes que transportan la linfa recogida en los tejidos, la cual es filtrada en el interior y liberada de elementos nocivos o potencialmente peligrosos, para luego salir por unos vasos linfáticos eferentes y seguir su recorrido hacia el sistema circulatorio. Como los ganglios linfáticos están situados en lugares estratégicos del cuerpo, su acción impide la difusión de agentes nocivos por todo el organismo.

Mecanismos de la inmunidad inespecífica

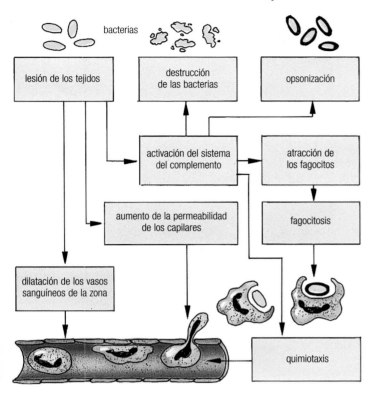

El organismo dispone de una serie de recursos para protegerse de manera inespecífica contra el ataque de gérmenes potencialmente patógenos. En primer término, existen unas barreras protectoras constituidas por la piel, que impide su entrada al organismo, y por diversos fluidos que contienen enzimas capaces de destruir muchos microbios, como el moco nasal, la saliva o las lágrimas. Si los gérmenes superan estas líneas de defensa, se enfrentan a la acción de los fagocitos, glóbulos blancos que recorren todo el organismo e ingieren y digieren toda partícula extraña con la que se topan, así como a la de un conjunto de proteínas plasmáticas que constituyen el sistema de complemento, capaz de atacar a las paredes de los gérmenes y destruirlos o de facilitar la acción de los glóbulos blancos.

Si algún microorganismo supera los primeros mecanismos defensivos, se pone en marcha una reacción inmunitaria destinada a proteger al organismo exclusivamente contra cada agente agresor en particular. La respuesta defensiva, a cargo de los glóbulos blancos, se basa en reconocer los elementos estructurales del agente extraño, denominados antígenos, y activar una serie de mecanismos celulares y humorales para destruir o neutralizar al agresor. La respuesta inmunitaria celular corresponde a los linfocitos T, de los cuales hay diferentes variedades: unos detectan al germen y secretan sustancias químicas que generan una señal de alarma en la zona, mientras que otros actúan como "células asesinas" que atacan y destruyen al microbio. La respuesta inmunitaria humoral corresponde a los linfocitos B, que ante la señal de alarma se multiplican y se transforman en células plasmáticas encargadas de elaborar anticuerpos, es decir, gammaglobulinas que se acoplan a los antígenos del germen atacante y facilitan el ataque de las células inmunitarias presentes en la zona.

Mecanismos de la inmunidad específica

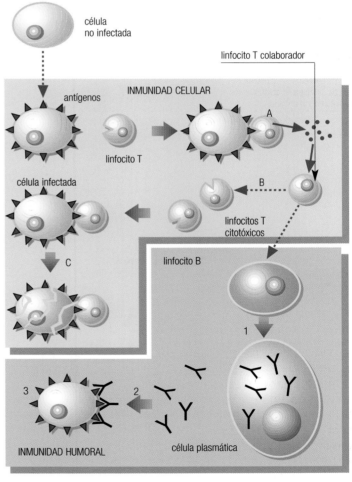

A. el linfocito T reconoce el antígeno y libera sustancias químicas
B. los linfocitos T colaboradores activan a los linfocitos T citotóxicos y a los linfocitos B
C. los linfocitos T citotóxicos se unen a los antígenos y destruyen la célula
1. los linfocitos B se diferencian en células plasmáticas
2. las células plasmáticas liberan anticuerpos
3. los anticuerpos se unen a los antígenos y destruyen o inactivan la bacteria

Alergia

La alergia corresponde a una alteración funcional del sistema inmunitario, que reacciona de manera exagerada ante el contacto con algunas sustancias que resultan inocuas para la mayor parte de la población y que, en este caso, desencadenan una respuesta inflamatoria, con diversas manifestaciones según la localización: estornudos, dificultad respiratoria, erupción cutánea...

ariz, la 72, 74
asal (hueso) 20, 22, 23
avicular (hueso pie) 29
ecesidades nutritivas, las 98-113
efrona, la 153
ervio(s)
    auditivo 140, 147
    axilar 146
    cervical 140
    ciático 41
    coclear (oído) 123, 125
    craneales 138, 147
    cubital 146
    cutáneo sural 146
    digitales palmares 146
    espinal 138, 140, 147
    estructura de un 146
    facial 140, 147
    femoral 146
    femorocutáneo 146
    genitofemoral 146
    glosofaríngeo 140, 147,150
    hipogloso 140, 147
    intercostales 146
    intermediario 140
    maxilar 140
    mediano 146
    motor 140, 147, 150
    musculocutáneo 146
    neumogástrico 147
    obturador 146
    ocular 147
    oftálmico 140
    olfatorio 140, 147
    óptico 114, 117, 140, 147
    patético 147
    periféricos, los 138, 150
    peroneos 146
    radial 146
    raquídeos 145
    safeno 146
    tibiales 146
    trigémino 140
    vago 140, 147, 150
    vestibular (oído) 125, 126
euralgia cervicobraquial 40
eurona, la 139
    motora 146
    sensitiva 146
    tipos de 139
eutrófilos (leucocitos) 49
acina (vitamina) 107
dación de la blástula 173, 175
ño, porcentaje de agua en 110
odos de Ranvier (neurona) 139
ódulo sinusal 62
úcleo
    de una célula 12
    caudado (cerebro) 142
    lenticular (cerebro) 143
    de la neurona 139
ucléolo (célula) 12
ucleótido 13
utrición, la 98-113
utrientes, los 98

licuo mayor del abdomen (músculo) 32
ccipital (hueso) 21, 22, 23
ccipital (músculo) 33
do, el 122-127
    anatomía del 122-123
    externo 122, 125
    interno 122, 123, 125
    medio 122, 123, 125
    sonidos y 125
o, el 114-121, 150
    y equilibrio 127
fato, el 136, 137
    mecanismo del 137
ores, los 136, 137

omohioideo (músculo) 40
omóplato (hueso) 20, 21, 25
ondas sonoras (audición) 125
orbicular
    de los labios (músculo) 32
    de los párpados (músculo) 32
organismo humano, partes del 16-17
órgano de Corti (oído) 123
órganos genitales, los
    femeninos 160-163, 171
    masculinos 156-159, 170
orgasmo (respuesta sexual) 170-171
orificio
    de Luschka 141
    de Magendie 141
    uretral 154
    vaginal, el 154, 160
orina, elaboración de la 153
osteoblasto 18
osteocito 18
osteoclasto 18
ovárica (arteria) 66
ovario, el 160, 162, 163
ovocito primario 163, 164
ovulación, la 165
óvulo, el 163, 164, 165, 172, 173
oxígeno (en la respiración), el 80, 81
oxígeno (molécula de agua) 110
oxihemoglobina, la 56
oxitocina, la 167, 181

P

pabellón auricular, el 122
paladar, el 84
palatino (hueso) 22, 23
palmar mayor y menor (músculo) 32
páncreas, el 94-95, 96
    y digestión, el 82
    endocrino 95
pancreatitis, la 95
Papanicolau, prueba de 163
papila(s)
    dérmica 129
    folicular (del pelo) 132
    gustativas, las 136
    menor (intestino delgado) 88
    del duodeno 94
    de la pirámide (riñón) 152
parada cardíaca 64
parathormona 183
paratiroides, las 180, 183
pared del intestino delgado 88
pared posterior (faringe), la 84
pares craneales, los 147, 150
parietal (hueso) 20, 21, 22, 23
párpados, los 115
parto, el 178-179
pectíneo (músculo) 32
pectoral mayor (músculo) 32
pedúnculos (cerebelo) 144
pedúnculo cerebral 140
pelo, un 128, 132, 133
    crecimiento del 132
pelvis, huesos de la 25
pelvis renal 152, 154
pene, el 156, 157
pericardio, el 60
perimetrio, el 162
perimisio, el 30
perineuro, el 146
período refractario (respuesta sexual)
    170-171
periostio (hueso) 18, 19
peritoneo, el 96
    parietal, el 96
periumbilical, región 83
peroné (hueso) 20, 21, 28
peronea (arteria) 66
peroneo
    anterior (músculo) 32
    lateral corto (músculo) 32
    lateral largo (músculo) 32
pescados, los 98

pestañas, las 115
pezón, el 166, 167, 171
pie(s)
    deformaciones de los 38-39
    huesos del 28-29
    plano 38
piel, la 17, 128-135
    coloración de la 129
    funciones de la 130-131
pierna, huesos de la 28
píloro (estómago) 87, 88
piramidal (hueso mano) 27
pirámide de Malpighi (riñón) 152
pirámide nasal, la 74
piridoxina (vitamina) 107
pisiforme (hueso mano) 27
pituitaria, la 74
placa olfatoria, la 74
placenta, la 175
plano (hueso) 19
plano (pie) 38
plaquetas (hematopoyesis) 51
plaquetas, las 49
plasma sanguíneo, el 48
plataforma orgásmica, la 171
pleura 72
plexo
    braquial 145, 146
    cervical 145
    coroide (encéfalo) 140
    hemorroidal 91
    lumbar 145
    pudendo 145
    sacro 145
pliegue submamario, el 166
poliinsaturados (ácidos grasos) 104, 105
polisacáridos, los 101
polo superior e inferior (riñón) 152
polos (cerebro), los 142
poplítea
    arteria 66, 67
    vena 68, 69
poro (piel) 130
postura corporal, la 42, 43
potasio, el 108
PP (vitamina) 107
prácticas sexuales, las 168-169
predominancia del hemisferio cerebral 149
premolares (dientes), los 85
premotora (área del cerebro) 148
prepucio del clítoris 160
prepucio, el 156, 157
presión arterial, la 67
    límites normales 67
PRL (prolactina) 181
proeritroblasto (hematopoyesis) 51
profundas (venas) 69
progesterona, la 167
prolactina, la 167, 181
prolinfocito (hematopoyesis) 51
promielocito (hematopoyesis) 51
promonoblasto (hematopoyesis) 51
promonocito (hematopoyesis) 51
pronador redondo (músculo) 32
próstata 154, 156, 157, 159
proteínas, las 102-103, 112
    calorías y 99
    cuerpo humano y 98
    digestión de las 103
    funciones de las 103
    en sangre 48
prótesis
    de cadera 37
    de rodilla 37
prótidos, los 102-103
protrombina 54
protuberancia anular 140
prueba de Papanicolau, la 163
psoas (músculo) 32
PTH (parathormona) 183
pubis (hueso) 25
pulgar 27
pulmón(es) 72-73, 80-81
pulmonar (arteria) 58, 60, 61

pulmonares (venas) 58, 60, 61
pulpa (diente), la 85
pulso arterial, el 67
puntos lagrimales 115
pupila (ojo) 114, 116
Purkinje, red de 62

Q

quiasma óptico, el 117
quilomicrones, los 105
quimo, el 91

R

raciones alimentarias 113
radiaciones ópticas de Gratiolet 117
radial (arteria) 66, 67
radio (hueso) 20, 21, 26, 27
rafe palatino, el 84
raíz
    de la médula espinal 144
    de un diente, la 85
    del pene 156
    de la uña 133
rampa
    timpánica (oído) 123
    vestibular (oído) 123
reacciones transfusionales 53
receptor (transfusión) 52, 53
recesivo (gen) 14, 15
recién nacido, porcentaje de agua en 110
recto anterior del muslo (músculo) 32
recto del abdomen (músculo) 32
recto, el 90-91, 96
    y digestión, el 82
red de Purkinje 62
reflejo de micción, 155
refracción ocular, la 118-119
regiones de la médula espinal 144
registro electrocardiográfico 65
renal (vena) 68
replicación del ADN 13
reproducción humana, la 172-177
resolución (respuesta sexual) 170-179
respiración, la 72-73
    control nervioso de la 73
    mecanismo de la 73
respuesta sexual humana, la 170-171
retículo endoplasmático (célula) 12
reticulocito (hematopoyesis) 51
retina (ojo) 114
    función de la 116
retinol (vitamina) 106
Rh, el factor 52, 53
ribosoma (célula) 12
rinitis, la 75
riñón, el 152-155
risorio de Santorini (músculo) 32
rivoflavina (vitamina) 107
rodilla
    huesos de la 28
    prótesis de 37
romboides (músculo) 33
rotación (movimiento) 35
rótula (hueso) 20, 28, 29
Ruffini, corpúsculo de 134

S

sabores, los 136, 137
sacarosa, la 101
saciedad, centro de la 83
saco endolinfático (oído) 126
sacos alveolares, los 79
sacro (hueso) 20, 21, 25, 145
sáculo (oído) 126, 127
safena (vena) 68, 69
salado (gusto) 136, 137
sangre, la 16, 48-57
    coagulación de la 54-55
    componentes 48
    filtración de la 153
    formación de la 50-51